# Les marchés ont toujours raison

Alain Fiorucci

# Les marchés ont toujours raison

*Quarante années de révolution silencieuse*

L'Harmattan

**5-7, rue de l'Ecole-Polytechnique, 75005 Paris**

http://www.editions-harmattan.fr

ISBN : 978-2-343-16106-8
EAN : 9782343161068

*Je ne pouvais pas publier cet ouvrage sans rendre un hommage particulier à un adhérent qui est devenu au cours du temps une aide précieuse et un ami. L'histoire a commencé, car il est possible de parler d'histoire, quand deux frères m'ont contacté dans le bureau d'études que je dirigeais. Très impliqués dans la gestion de leurs affaires, ils voulaient en savoir plus sur l'approche des marchés que j'avais mise en œuvre. Le dialogue s'est instauré jusqu'au jour où, convaincus de la passion que je manifestais pour l'économie, tous deux m'ont encouragé à créer une société de conseil. Fidèles à leur parole, ils ont été d'un soutien sans faille.*

*D'une modestie qui n'a d'égal que son intelligence, Paul-Edmond Montus, le plus jeune des deux, a cherché à comprendre mon approche iconoclaste. Très curieux, il a fini par adhérer à ma démarche au point d'aider à la parfaire.*

*Si je n'avais pas découvert une mécanique tellement différente de celles dont on nous rebat les oreilles, je n'aurais pas persévéré dans un domaine qui accumule les contrevérités à force de se laisser convaincre par le leurre. C'est ce qui a attiré cet ami qui m'a offert ce qu'il y a de mieux dans l'homme : la générosité, la curiosité et le désir d'apprendre.*

*Je tiens à l'en remercier et à lui rendre hommage ici.*

*"A contrarian is someone who opposes or rejects popular opinion, and no one does it better than Alain Fiorucci. In the 25 years I have known him, Alain has consistently looked beyond popular views of economic behavior to find relationships and interactions that are far better in explaining and forecasting macroeconomic trends. Consistent with what he has done so often in the past, Alain provides valuable, "contrarian" insights into: the causes of the 2008 financial crises and central bank responses to it; the application of fixed exchange rates; the results of the Maastricht Treaty and what should be done now; the relevance, or lack thereof, of flow-of-funds and debt-to-GDP data; and much more. Be prepared for a valuable, alternative way at looking at economic behavior."*

Barry Anderson

Barry Anderson, former Acting Director at the U.S. Congressional Budget Office and Senior Career Budget Official at the White House Office of Management and Budget.

## Sommaire

***« Quality is never an accident.<br>It is always the result<br>of high intention,<br>sincere effort,<br>intelligent direction<br>and skillful execution.<br>It represents the wise choice<br>Of many alternatives ».***

Bureau of Economic Analysis Commerce Department,<br>Washington

*« La qualité n'est jamais un accident. Elle résulte toujours d'une forte intention, d'efforts sincères et d'une mise en œuvre adroite. Elle est la conséquence d'un choix avisé parmi de nombreuses alternatives »*

De l'importance de la qualité. J'ai été ravi de découvrir cette épitaphe à Washington à l'entrée du *Bureau of Economic Analysis* dont j'allais régulièrement rencontrer le directeur, Chuck Wait, devenu un ami, un homme dont la gentillesse n'avait d'égal que ses compétences et son ouverture d'esprit. Cet encadré résume tout le travail que j'ai mené depuis 1972 après avoir découvert que l'ambition de vouloir tout quantifier en économie et en finance était non seulement vaine mais qu'elle était trompeuse.

Au cours de plus de quatre décennies de déplacements à Washington j'ai rencontré des interlocuteurs de haut niveau avec comme facteur commun celui d'accepter le dialogue, qualité qui est loin d'être l'apanage des Français. Je tiens à les remercier pour m'avoir fait progresser tant dans ma connaissance des Etats-Unis que dans ma culture économique. Arthur Laffer, connu pour sa courbe, est un ami de très longue date. Esprit vif, s'il en est, il est remarquable par sa créativité mais aussi par sa capacité d'écoute et de répartie. Nous en avons passé des soirées au Département du Trésor, le ministère des finances des Etats-Unis, à échanger des idées sur des théories mais aussi sur le devenir de l'économie américaine. Arthur est unique par son pragmatisme qui rend ses avis si concrets et si séduisants.

Les Administrations américaines sont réputées changer les équipes à leur arrivée mais ces changements concernent essentiellement les politiques. C'est ainsi que j'ai eu la chance d'avoir eu comme interlocuteur pendant plus de vingt-cinq ans John Auten dont je salue la mémoire. Il était le patron inamovible de la direction de la politique économique au Département du Trésor. Un puits de culture économique d'une modestie rare. John m'a beaucoup marqué mais ce fut particulièrement le cas quand, un jour de 1996, lui demandant son avis sur des théories à la mode jusqu'en France, il m'avait dit les réserver à Harvard car, lui, devait faire face à la réalité de la conjoncture. Le PHD du MIT qui est ce qui se fait de mieux aux Etats-Unis m'a donné une leçon de pragmatisme que je n'ai jamais oubliée.

Lors de mes passages dans la capitale américaine, j'ai rencontré de très fortes personnalités qui m'ont marqué. Je voudrais seulement les remercier pour leur simplicité d'accueil et leur ouverture d'esprit. Que ce soit Beryl Sprinkel, alors ministre adjoint des finances au temps du premier mandat de Ronald Reagan ou Donald Kohn, vice-chairman du *Federal Reserve Board* sous Alan Greenspan et Ben Bernanke, qui m'a régulièrement ouvert sa porte pendant plus de trente ans de carrière au *Federal Reserve Board.* Ev Ehrlich sous-secrétaire aux affaires économiques au département du Commerce dans l'Administration Clinton à la répartie formidable et avec un esprit d'entrepreneur remarquable m'a impressionné par la qualité de ses propos et par sa grande ouverture d'esprit. C'est lui qui a lancé la réforme de la comptabilité nationale américaine en 1996. Barry Anderson, un haut responsable du budget d'abord à la présidence puis directeur du *Congressional Budget Office,* d'une compétence impressionnante et d'un sens du marketing hors du commun, m'a aidé à avancer dans la connaissance de son domaine. Ev et Barry sont devenus des amis. Ce qui m'a toujours frappé c'est que ces personnes avec des responsabilités élevées ont toujours manifesté une grande simplicité. Je voudrais aussi dire toute mon amitié à Arthur Alexander, professeur à *Georgetown University* et longtemps président du *Japan Economic Institut* à Washington.

Je n'ai pas rencontré ailleurs cette ouverture d'esprit si ce n'est en Chine aussi étonnant que cela puisse paraître avec la rencontre, à

Pékin en 2004, du Président de l'académie des sciences sociales et économiques, Li Yang, le principal responsable d'un domaine qui s'étend de l'économie à la banque centrale du pays. Il m'a fait prendre conscience du degré très élevé de connaissance de l'économie de marché des hauts responsables chinois. Je ne veux pas oublier Cheng Yuifang, la doyenne de l'Université de haute technologie d'Hangzhou dans la province du Zhejiang, friande de dialogue et chef d'entreprise dans l'âme. C'est elle qui m'a invité à coprésider l'une des conférences sur l'Organisation Mondiale du Commerce qu'elle a lancée dans sa ville en 2002.

Pour terminer, je voudrais faire référence à une déclaration d'un ancien ministre des finances de George W. Bush car elle introduit bien ce que je veux exprimer dans cet ouvrage :

" What is it you know that the market doesn't know?"
*Paul O'Neill, ancien secrétaire au Trésor*

Il m'est vite apparu que seuls les faits économiques importaient, les déplacements de capitaux n'en étant que la conséquence. Cet ordre des choses explique la rigueur insoupçonnée du comportement des marchés. Quarante ans plus tard, les commentaires sont toujours les mêmes tournés vers ce qu'ont fait et pourraient faire les investisseurs et, bien sûr, vers les décisions potentielles des banquiers centraux.

Une remarque du professeur René Courtin qui enseignait l'économie à la Sorbonne dans les années 1960 m'avait profondément marqué alors que, jeune étudiant, je suivais ses cours. Elle soulignait la différence entre le comportement de l'individu et celui de leur ensemble. Elle a contribué à toutes mes recherches et reste comme le fondement de l'approche proposée dans cet ouvrage.

Un vrai marché est un tout où l'offre contrebalance la demande à tout moment. Plus il devient grand et plus l'individu est marginalisé. Ce dernier contribue à la détermination de cours qui s'établissent sur une tendance dont il ignore le futur. C'est cette dynamique apparemment « spéculative » qui a provoqué l'explosion du système des changes fixes au début des années 1970 à laquelle les banquiers centraux ne se résolvent toujours pas ! Ce n'est plus comme avant, quand ils croyaient maîtriser le comportement de leur monnaie. Tout a changé avec l'essor des marchés. Non seulement, les mentalités ne se sont pas ajustées à ce changement spectaculaire mais les banquiers centraux ont vu leur aura grandir au moment où leur influence n'a cessé de diminuer. Un besoin de sécurité, sans doute... En tout cas, un paradoxe qui ne trouble pas la communauté financière.

Ce qui touche à la finance fait l'objet de fantasmes entretenus par une grande méfiance populaire à son égard. Ils sont parfaitement infondés mais quand il s'agit de croyance, la raison a du mal à s'imposer. Certains opérateurs ont des comportements condamnables qui entretiennent une image négative des marchés. La spéculation existe au niveau des opérateurs, mais les marchés ne sont pas concernés.

Les marchés financiers sont insidieusement devenus de plus en plus sensibles aux variables économiques et cela au détriment des variables financières. Avec cette évolution, le rôle des opérateurs est devenu accessoire là où il est resté longtemps important. Aujourd'hui, son influence ne compte pratiquement plus mais elle est toujours considérée comme si rien n'avait changé. C'est ainsi que les marchés continuent d'être condamnés dès que leur comportement ne cadre pas avec des théories apparemment immuables sans imaginer qu'elles puissent être dépassées. Et cela pour une simple raison : le futur n'a guère de chance d'être identique au passé. La remarque est d'importance car le devenir des marchés est dicté par celui de la conjoncture. Il ignore les avis subjectifs des intervenants.

Le doute n'a pas droit de cité et l'exercice de remise en cause encore moins dans ce qui touche aux marchés. Les banquiers centraux ont peur de leur réaction alors qu'ils devraient les considérer comme des alliés, comme des indicateurs précieux.

Les idées émises dans cet ouvrage ont été corroborées par les faits qui confirment que la prise de risques dans les marchés a été d'un grand apport. Elle a permis à la science économique d'avancer. Sans la multiplication de ce qui peut être qualifié d'expériences, l'analyse ne peut pas être rigoureuse. Il est facile de faire parler un marché qui ne répond pas pour se construire des arguments souvent à base de corrélations trompeuses. Elles sont parmi les instruments les plus utilisées à des fins d'illustration dont les fondements reposent sur du sable. Elles peuvent paraître parlantes, elles ont pourtant toutes les chances de tromper leur monde car elles visent à convaincre et non à démontrer. L'université qui trouve un brevet de sérieux dans l'utilisation du long terme passé devrait revoir sa position au lieu de condamner ce que d'aucuns appellent le « courtermisme ». Elle a tort car le dogme du long terme trompe ou endort au choix de ceux qui l'utilisent.

L'objet de cet ouvrage est de montrer que les marchés n'ont pas le caractère inquiétant qui leur est donné. Ils sont une source de connaissance qui n'a pas été utilisée à sa juste valeur. Les fantasmes d'hier n'ont plus leur place car leur comportement est beaucoup plus sérieux et objectif qu'une certaine culture passéiste voudrait le faire croire.

# DES PRÉJUGÉS QUI FAUSSENT TOUT

« Les conseilleurs ne sont pas les payeurs », c'est un dicton qui ne m'a jamais quitté avant même de diriger le bureau d'études d'analyse financière le plus réputé de la place de Paris au cours des années 1970. J'avais constaté la fragilité d'idées conventionnelles qui s'imposaient et qui s'imposent encore en déni de la réalité sans faire l'objet de la moindre contestation. Elles servent à expliquer le comportement des marchés a posteriori, mais a priori, n'étant pas des rêveurs, les opérateurs n'en tiennent pas vraiment compte ! Leur activité ne peut pas se contenter de mots. Ils doivent générer des résultats.

Une mauvaise querelle entretient l'idée que les marchés animés par des spéculateurs perturbent l'évolution de la conjoncture. Leur comportement est considéré comme irrationnel en raison de l'influence prêtée à la spéculation. C'est ce qu'il se dit mais la vérité est ailleurs. À force d'observations sans concession, j'ai bâti une approche très éloignée du consensus mais elle avait besoin d'être appliquée sur le terrain pour tester son bien-fondé. C'est ce que j'ai fait en prenant des responsabilités opérationnelles qui ont confirmé les observations faites dans mes activités initiales de conseil. Les marchés ne correspondaient pas à l'image de grands prédateurs qu'ils traînaient. Elle était non seulement infondée mais elle empêchait d'exploiter toutes les qualités qu'ils détenaient et dont nous ne savions pas profiter.

La méfiance voire l'animosité dont ils font l'objet semble induite par des peurs irrationnelles que le Moyen-Âge pouvait engendrer. Cette période est bien révolue mais ils conservent une mauvaise image qui est à l'opposé de ce qu'ils sont dans la réalité. Les intervenants qui les animent ne les représentent en rien. Les marchés sont victimes d'une invraisemblable confusion entre la précieuse mécanique qui les caractérise et les opérateurs qui cherchent à en tirer profit. Ces derniers, en occupant une place médiatique qui n'a cessé de grandir en particulier au cours des dernières décennies, ont contribué involontairement à l'entretien de leur réputation délétère. C'est ainsi que le financier américain George Soros a pu révolter les bonnes âmes de gauche en 1992. Une telle réaction était en totale contravention avec la réalité des faits. Ce ne sont pas des individus mais leur ensemble qui anime les marchés. Et ça change tout car cette particularité rend objectif le comportement de ces derniers.

Cet ouvrage tient à souligner combien l'apparence peut être trompeuse. Il conduit à rappeler les faiblesses de la méthode déductive utilisée en économie pour élaborer des règles. La science économique se veut être une science mais ce n'est pas en se fondant sur le passé qu'elle y parviendra pleinement. Elle ne le sera pas vraiment tant qu'elle n'adoptera pas la méthode expérimentale. Jamais, les marchés n'ont subi autant de transformations que depuis le début des années 1970 quand le système des taux de changes fixes a explosé. Ils ont alors donné l'impression d'imposer leur loi alors qu'ils se sont libérés de contraintes imposées par des constructions humaines imparfaites pour laisser libre cours à leur mode de fonctionnement naturel dont personne ne supposait l'existence. Toutes les preuves que j'ai pu accumuler au cours du temps dans des conditions parfois extrêmes comme ce fut encore le cas en 2008 donnent une force à mon approche qui remet en cause la masse des idées qui, pour être acquises, n'en sont pas moins fausses.

Ce livre tire les leçons d'une très longue expérience qui me permet d'affirmer que les flux de capitaux n'ont guère d'influence sur le devenir des marchés. Au contraire, leur gonflement a renforcé de manière spectaculaire la vérité de la fixation des cours et donc la pertinence de leur évolution. La taxe destinée aux transactions financières apparaît, dans son esprit, comme une grave erreur car en cherchant à freiner le développement des marchés, elle ne peut que diminuer l'efficacité de leur fonctionnement. Elle va à l'encontre de l'énorme progrès réalisé au cours des quatre dernières décennies qui ont fait des marchés des observateurs objectifs de la situation économique. Les soi-disant progressistes sont, en fait, de bien mauvais conservateurs !

La seule méthode capable de contenir l'imaginaire consiste à privilégier le futur immédiat en se prononçant sur les raisons de son

Un graphique de l'INSEE de 1972 m'avait ouvert les yeux sur une relation entre les marchés financiers et l'économie très différente de celles imposées par des théories qui font office de véritables lois. Il restait à le démontrer. Voilà, désormais, plus de quarante ans que je déroule la pelote de la conjoncture. Elle n'a cessé de confirmer mes premières intuitions. L'accumulation de faits précis a permis de bâtir une approche qui a non seulement résisté à la redoutable épreuve du temps mais a continué à se renforcer. Après avoir découvert cette mécanique, il convenait d'aller la tester sur les marchés avec les risques qu'une telle initiative comportait. La longue expérience que j'en ai retirée a donné une grande force à un travail qui ébranle ou plutôt fait s'effondrer les idées reçues.

Dans le même article du Figaro, Maurice Allais ajoutait une réflexion attribuée au grand physicien Michael Faraday (1791-1867) qui est d'une formidable actualité : « le savant doit être un homme disposé à écouter toute suggestion mais déterminé à juger par lui-même. Il ne doit pas être influencé par les apparences ; il ne doit pas avoir d'hypothèse favorite ; il ne doit appartenir à aucune école. En matière de doctrine, il ne doit avoir aucun maître. Il ne doit pas être respectueux des personnes mais des faits. La vérité doit être sa préoccupation majeure ». Dans un monde médiatisé à l'extrême où il est bon d'étonner pour se distinguer, la tentation est grande de tomber dans l'artifice. La recommandation de Faraday tombe alors à l'eau. Les experts sollicités par les media adoptent souvent des réflexes de bonimenteurs qui ne sont pas sans rappeler ceux qui s'exercent dans les foires. Ils n'hésitent pas à manifester des certitudes qui masquent le danger des apparences.

Les marchés de capitaux intriguent toujours autant alors qu'il suffirait d'ouvrir grand les yeux pour voir qu'ils n'ont pas le rôle qui leur est prêté. Les relations supposées pérennes entre le comportement des devises, des taux et des bourses sont régulièrement bouleversées mais personne ne semble y voir d'autres raisons que celles qui pourraient motiver les détenteurs de capitaux. L'échappatoire de l'interprétation sans fin de la psychologie de ces derniers permet de tout excuser et d'éviter ainsi d'avoir à s'interroger sur les vraies raisons du comportement des marchés. On est loin des recommandations si pertinentes de Maurice Allais !

Le poids déterminant donné aux flux de capitaux dans l'évolution des marchés est totalement à côté de la réalité des faits et pourtant ils restent un élément considéré comme essentiel par les banques centrales dans leurs décisions de politique monétaire. Récemment, le Fed (*Federal Reserve Board,* l'organe de décision de la banque centrale américaine) craignait de provoquer des réactions sur les marchés émergents en relevant ses taux car, disait sa Présidente Janet Yellen à l'époque, les flux de capitaux pouvaient les quitter pour revenir aux Etats-Unis et provoquer une crise chez eux. Rien de cela ne s'est produit. Il est regrettable de confondre les mécanismes qui animent les marchés avec la manière dont les opérateurs cherchent à en tirer profit.

Longtemps, les bourses n'ont concerné qu'une petite minorité suffisamment riche pour pouvoir « jouer en bourse ». Les choses ont changé. Les marchés se sont considérablement étoffés depuis la fin des années 1970, en particulier. L'accroissement de leur profondeur n'a cessé de rapprocher leur comportement du devenir de la conjoncture. L'osmose est telle, désormais, qu'elle réfute l'idée prétendant qu'il s'agit d'un jeu de hasard. Ce lien que j'avais pressenti quand les volumes de transactions étaient faibles, n'a pas cessé de s'affirmer quand ils se sont accrus. Les marchés sont critiqués mais rarement loués. On voudrait qu'ils s'intéressent au long terme au lieu de répondre à des préoccupations de court terme alors qu'ils ignorent la notion de temps.

Tous ces dires montrent à quel point leur rôle est injustement dévalorisé ou tout simplement mal compris. Lors de la déroute du système des changes fixes, les banquiers centraux ont crié au coup d'état d'un marché devenu fou et incontrôlable. Incapables de lui résister, ils ont pris peur que l'instabilité des cours des devises nuise au développement des échanges. Ils n'ont pas vu l'importance de cet évènement considérable resté sous-évaluée encore aujourd'hui. Les marchés ont obtenu la place naturelle qui leur revenait. En 2008, la déroute de la pyramide des crédits hypothécaires américains et l'effondrement des bourses ont été suivis de ce qu'il est convenu d'appeler désormais la « Grande Récession ». Suivis ? Pas si sûr. L'apparence le laisse croire alors que la réalité est, là encore, tout autre. D'où vient alors ce qu'il faut bien qualifier de confusion entre les causes et les conséquences d'un évènement ? Tout simplement de préjugés qui faussent tout. Les grandes théories économiques impressionnent par la puissance des raisonnements qui les sous-tendent comme est remarquable la construction des gratte-ciels de Dubaï. Mais qu'importe la sophistication de ces derniers s'ils reposent sur du sable. Leur effondrement serait inévitable. Il en va de même des théories que les faits ont le toupet d'ébranler, voire de faire s'écrouler. Mais, contrairement aux bâtiments, elles survivent. L'analyse du passé permet d'éviter de répéter de graves erreurs mais elle n'offre pas la possibilité d'en tirer des règles universelles.

Ce livre veut dénoncer les malentendus, les mauvaises interprétations qui nuisent à la vraie compréhension du comportement des marchés. Il montre comment la finance a conduit, par son importance médiatique, à des interprétations discutables des faits avant de souligner combien les banques centrales sont loin d'avoir le pouvoir conjoncturel qui leur est donné. Une longue expérience dans les marchés est irremplaçable pour observer en temps réel la relation qui n'a cessé de se renforcer entre l'économie et les marchés.

Les accusations plus ou moins partisanes portées contre les marchés et les banques, en particulier après 2008, ne sont que les dernières d'une très longue série et cela continue. Elles ont confondu deux entités qui n'ont en commun que la matière première des capitaux. Pour tout le reste, leurs caractéristiques sont différentes. Chaque grande banque constitue une clé de voûte de l'édifice financier mondial. Il n'est donc pas possible de les laisser tomber en faillite. La situation deviendrait incontrôlable. La responsabilité de leurs dirigeants est engagée, et sans une intervention massive du Trésor américain aidé par le Fed auprès des banques d'investissement de Wall Street en septembre 2008, le monde aurait été exposé à une crise aussi grave que celle des années 1930.

Les banques ont une responsabilité sociétale qui dépasse largement celle des autres secteurs. N'étant pas immunisées contre des risques qui peuvent les déséquilibrer, il est du rôle des banques centrales de surveiller leur activité et de s'assurer de leur survie. En revanche, les gouvernements n'ont aucune raison objective de se méfier des marchés même si les banquiers centraux s'agacent maladroitement, face à leurs difficultés à maîtriser leur comportement.

Les crises financières sont réputées déclencher des récessions. Les bourses sont considérées comme des oiseaux de malheur parce que leurs baisses annoncent régulièrement un ralentissement, quand ce n'est pas une récession suivie d'une remontée du chômage. Par ses répétitions, la relation de causalité est apparue incontestable. La crise de 2008 n'a pas échappé à ce qui est devenu une règle. C'est ainsi qu'elle est considérée comme financière alors que son origine est avant tout économique. Le fait que les capitaux « fuient » alors que la conjoncture peut paraître encore solide participe à ce mythe. Ce genre d'affirmation est faux car la notion de temps n'est pas perçue de la même manière par l'homme et par les marchés. C'est à partir de ce genre d'observation que se cultive la mauvaise image de ces derniers. Leur « tort » est de prendre acte d'évènements qui ne seront perçus que plus tard. C'est ce décalage qui entretient des mythes dont celui qui voudrait que les marchés anticipent. Une telle affirmation vient en contradiction avec l'idée qu'ils sont fauteurs de troubles économiques mais cette contradiction ne gêne personne !

À force de critiquer les marchés, on en oublie les deux raisons de leur existence, celle de faciliter le financement de l'activité économique et celle de rendre négociables les titres émis en contrepartie pour permettre à leurs détenteurs de les céder. Les entreprises et surtout les Etats ont considérablement accru leurs appels aux marchés pour financer leurs activités au cours des dernières décennies. Le gonflement spectaculaire des émissions d'obligations, en particulier depuis 2009, n'a visiblement pas été déterminant du comportement des taux. Il a eu le mérite de souligner que le jeu de l'offre et de la demande ne jouait pas le rôle traditionnel qui lui était attribué. Pourtant, le développement d'instruments financiers de plus en plus sophistiqués a donné du grain à moudre à des contestataires qui n'y ont vu que la mainmise de la finance sur des économies supposées être les victimes de spéculateurs sans moralité. Les films touchant à Wall Street doivent leur grand succès d'audience à l'image sulfureuse qu'ils ont donnée de la place américaine, pas de son utilité. Contrairement à ce qu'il se dit, la spéculation ne peut pas faire dérailler une économie.

La zone euro débordée par sa crise financière de 2011 en était arrivée à considérer que les marchés étaient des menaces contre la démocratie ! La démission des Premiers ministres grec et italien n'a-t-elle pas été provoquée par la crise financière qui a frappé leur pays ? L'idée selon laquelle les marchés pouvaient avoir un rôle néfaste a conduit des gouvernements méfiants à tout faire pour les « rassurer » ! La manière dont les évènements ont été présentés a transformé la Grèce en agneau menacé par les loups. Une fable bien difficile à croire. De là, la volonté de Bruxelles de renforcer l'austérité budgétaire pour vaincre les déficits, contrainte inscrite dans les traités fondateurs de la zone euro.

La crise financière des dernières années a été trompeuse. Elle a fait des dettes souveraines, après celles des banques, une bombe potentielle dont il convenait d'ôter le détonateur. Cette idée a coûté cher à ceux qui y ont cru. « Le monde est tragique parce que les hommes inventent de toutes pièces des tragédies superflues, c'est-à-dire qu'ils ne sont pas sérieux ». Le pessimisme d'Henri de Montherlant dans *La Rose des Sables*, pourrait s'appliquer à la relation des hommes avec les marchés. Les gouvernements s'en méfient tellement qu'en cherchant à les apaiser ils se retrouvent dans un rôle d'esclave alors qu'ils croyaient en être les maîtres.

S'il est clair pour tout le monde qu'une ombre ne déplace pas l'objet qu'elle ne fait que projeter, la détermination du sens de la relation entre les marchés et l'économie est plus difficile à cerner. Si le sens de la relation va de l'économie vers les marchés, ces derniers n'ont pas d'impact sur la conjoncture. Si l'inverse prévaut, alors les marchés sont une composante de la vie économique avec laquelle il faut compter. Cette version qui est fausse est partagée par le plus grand nombre. C'est elle qui nourrit la peur de leurs réactions et de leurs conséquences sur la conjoncture. La croyance dans l'influence des marchés sur l'économie demeure bien ancrée.

Pour l'entretenir, il suffit de regarder la conjoncture au travers d'un zoom. La méthode autorise bien des turpitudes en isolant ce qui arrange. L'utilisation d'un grand angle est redoutable car elle oblige à prendre en compte un paysage conjoncturel élargi. Il est le seul outil qui permette d'aboutir à des conclusions rigoureuses. L'une d'entre elles permet de constater que les théories peuvent être mortelles. Ce n'est qu'à la fin de son mandat que Janet Yellen, la présidente de la banque centrale américaine de 2014 à 2018, dans un discours prononcé à Boston le 14 octobre 2016, s'est inquiétée de la pérennité des théories. Le simple fait que des acteurs aussi importants de la vie économique et monétaire émettent des doutes est la condition du progrès dans la connaissance.

En prétendant, à tort, que les marchés sont irrationnels, on ne cesse d'inverser les choses. On parle de « psychologie des marchés » alors que c'est de la psychologie des intervenants dont il s'agit ! Il suffit, pour s'en convaincre, de constater le très bas niveau du moral de ces derniers quand les bourses baissent comme ce fut encore le cas début 2009 et leur euphorie quand elles montent rapidement. Ce suivisme conduit à critiquer le comportement si souvent jugé excessif des marchés. Cette condamnation procède d'une démarche qui refuse ce que les marchés reflètent objectivement. En résumé, les marchés font des erreurs mais pas ceux qui font les politiques économique et monétaire. Ce genre de jugement très permissif est pour le moins contestable !

Les idées toutes faites ne seraient pas préoccupantes si d'aucuns ne s'en servaient pour reprocher au capitalisme toutes les déconvenues économiques et sociales. Marx n'est pas mort. La dernière crise lui a donné un coup de jeune en soulignant les faiblesses de l'économie de marché. Le naufrage des pays socialistes, l'hyperinflation provoquée par des Etats trop envahissants dans les démocraties occidentales avaient mis en sourdine ces idées. La « Grande Récession » de 2008 a offert une opportunité de revanche à ceux qui avaient été longtemps dépassés par la vague libérale. « Le grand capital accumule les profits alors que la masse des pauvres ne cesse de s'accroître », c'est ce qui se dit de plus en plus à un moment où les écarts de revenus entre le petit nombre des plus riches et tous les autres n'ont probablement jamais été aussi importants. Il s'agit là d'une conséquence de la révolution économique des années 1980, exacerbée par une globalisation qui s'est opérée trop rapidement mais aussi de la création d'activités nouvelles à fort potentiel de croissance.

Les entreprises n'ont eu d'autre choix que de serrer leurs coûts pour répondre à la concurrence internationale dans des économies devenues ouvertes. Leur bonne gestion leur a permis de générer des bénéfices importants. Ces derniers ont profité beaucoup plus à leurs dirigeants qu'à leurs salariés directement ou par l'intermédiaire de leurs stock-options. Ce n'est pas la mécanique qui est en cause mais ce qui est fait des résultats qu'elle produit. Là aussi, l'époque a changé, le simple salaire a perdu de son importance.

Le monde de l'hyperinflation avait conduit à la « stagflation » (mélange des mots : stagnation et inflation) dans les années 1970. À cette époque, tout le monde rêvait d'une croissance sans inflation. Trente ans plus tard, la croissance sans inflation n'est plus à la mode ! La hausse des bourses peut surprendre quand elle est comparée à la faible croissance des années qui ont suivi la crise de 2008. Elle a tout simplement accompagné une amélioration des conditions d'exploitation des entreprises qui s'est traduite par une explosion de leurs résultats. Les marchés n'ont été pour rien dans cette affaire.

La fermeté des bourses et l'absence d'inflation sont le reflet d'un même ensemble, celui d'économies dont la qualité de la gestion est devenue optimale. Les banques centrales ont tort de s'entêter à vouloir plus d'inflation alors que ce n'est pas leur vocation. Elles feraient mieux de s'en rappeler car si elles parvenaient à leur fin, ce serait parce que la qualité de la conjoncture se serait dégradée.

# DES MARCHÉS MAL PERÇUS

Les Français n'aiment pas Margaret Thatcher ni Ronald Reagan sans penser que tous deux ont eu le courage d'affronter la dure réalité des économies britannique et américaine profondément dégradées. Avant de les critiquer de manière arbitraire, il aurait été bon d'imaginer les conséquences du devenir de ces pays si des mesures courageuses n'avaient pas été décidées. Dans les années 1970, New York était sale et les grèves des éboueurs se succédaient avec leur insalubrité. À Washington, les bâtiments délabrés étaient légion. L'hôtel le plus prestigieux de la ville, à trois cents mètres de la Maison-Blanche à vol d'oiseau, où le Président Grant venait fumer son cigare dans le « lobby » qui donnait l'occasion aux courtisans de prendre contact avec lui (d'où le mot « lobbying ») était muré. C'est aujourd'hui un hôtel de très grand luxe. Tout a changé au début des années 1980 après l'arrivée de Ronald Reagan et l'adoption d'une politique économique qui allait débloquer la capacité de croissance du pays. Washington est désormais une capitale rutilante. Il n'est pas besoin d'évoquer les succès de New York.

Londres baignait dans la tristesse au début des années 1980 avec ses bâtiments délavés et ses rues sales. La métropole britannique souffrait de la comparaison avec Paris. Les choses se sont inversées depuis. Les Etats-Unis et la Grande-Bretagne attirent les jeunes alors que la France les laisse partir faute de pouvoir leur offrir des perspectives. Les choses changent trop lentement en raison d'un comportement traditionnellement malthusien. La France tarde à se sortir d'une situation qui rend sa conjoncture trop sensible aux fluctuations de la croissance mondiale.

Les Etats-Unis et le Royaume-Uni se sont dégagés des entraves qui bridaient leur développement. L'Allemagne a suivi le mouvement avec deux décennies de retard. La France n'a pas sauté le pas par peur de la réaction de syndicats affaiblis mais capables de mobiliser pour conduire des grèves. L'emprise de la fonction publique sur l'économie est devenue telle qu'elle agit comme un contrepouvoir qui paralyse. Contrairement à ses trois grands partenaires, elle n'a pas osé prendre des décisions qui font mal dans le court terme mais qui profitent à tous dans le long terme. Une certaine gauche conservatrice ne croit qu'à des avancées sociales sans retour. Un « effet de cliquet » préjudiciable au bon fonctionnement de l'économie. Le meilleur exemple et le plus perfide est celui de l'irréversibilité des avantages acquis sans imaginer que l'économie ne peut pas forcément les soutenir.

Les interventionnistes, en justifiant sans cesse un plus d'Etat social, ont conduit, à la longue, à trop d'Etat. Ils ont oublié un principe incontournable selon lequel il convient de créer de la richesse avant de chercher à la redistribuer. Les tenants de la louable idée de réduire les inégalités sociales feraient bien de prendre garde du danger de pénaliser la croissance par des mesures qui se voudraient généreuses. En tentant de réparer les affres que subissent les victimes de la conjoncture, c'est la classe moyenne qui finit par en pâtir et le chômage par enfler. La France en a offert un exemple qui est devenu détestable. Au lieu de considérer la situation de manière globale, ses gouvernements se laissent aller à décider de mesures au coup par coup qui visent à prendre aux uns pour donner aux autres mais en alourdissant un peu plus, à chaque fois, le bateau de l'économie. Ce n'est pas en procédant ainsi que la croissance peut se renforcer. La mentalité de petit comptable des gouvernements français successifs est devenue une habitude aux effets contreproductifs.

« Je connais des riches qui embauchent, je ne connais pas de pauvres capables d'en faire autant » se plait à répéter mon vieil ami Arthur Laffer[1]. La remarque est simple et replace bien le débat. Ceux qui créent de la richesse assurent les créations d'emplois. Toutefois, cette dynamique tend à conduire au creusement des écarts entre les rémunérations. Le phénomène est condamnable, mais il y a parfois une grande distance entre le souhaitable et le faisable. Ce qui se produit actuellement est une retombée collatérale inévitable d'une

---

[1] Arthur Laffer, économiste américain, auteur de la courbe qui porte son nom, démontre que « trop d'impôt tue l'impôt ». Il est l'inspirateur de la politique de « supply side » qu'il a aidé à mettre en œuvre dans certains pays, en particulier auprès de Margaret Thatcher et de Ronald Reagan.

politique de l'offre, le « supply side », exacerbée par la mondialisation. Si tel est bien le cas, elle doit conduire à des mesures visant à corriger des errements critiquables mais contre lesquels il est très difficile de lutter. Une forme nouvelle de redistribution de la valeur ajoutée des entreprises est la révolution de l'avenir. La vieille manière d'y procéder par l'impôt est dépassée car les temps ont radicalement changé. L'usage de la fiscalité pour réduire les inégalités n'est pas la solution. Le procédé, s'il est utilisé lourdement, peut faire empirer les choses selon la phrase devenue célèbre du même Arthur Laffer à savoir que « trop d'impôt tue l'impôt ». Et derrière cette apostrophe, c'est la croissance et l'emploi qui se trouvent affaiblis. C'est au niveau du capital et, plus généralement, au niveau de l'organisation des relations au sein des entreprises que les choses doivent changer pour assurer une meilleure répartition de la richesse créée.

La dernière crise a redonné une santé à des interventionnistes qui ne se confondent pas, pour la plupart, avec les nostalgiques de régimes communistes dont les résultats ont été affligeants. Le paradoxe peut paraître étonnant, il n'en est pas moins vrai : le socialisme poussé très loin devient antisocial alors que l'économie de marché crée des conditions inverses. En travaillant pour soi, on crée la richesse nécessaire au bonheur des autres à la condition de ne pas tarir la source par des coûts sociaux trop lourds susceptibles de faire fuir ou de décourager les entrepreneurs. Dans cette affaire, les choix des hommes sont en cause. Les marchés financiers n'y sont pour rien. La France est sensible à la notion du plus d'Etat sans renier le principe de l'économie de marché mais elle en arrive à souhaiter le « retour du politique », comme si des décisions régaliennes pouvaient radicalement changer le cours des choses. Il ne faut pourtant pas chercher longtemps pour voir les conséquences désastreuses de l'implication abusive de la puissance publique dans le jeu économique. La révolution bolivarienne a réussi à appauvrir dramatiquement les habitants d'un Venezuela, grand producteur de pétrole, faute d'avoir procédé à la diversification des activités du pays.

C'est bien d'avoir un stock de richesses, mais cet avantage initial ne doit pas faire oublier que l'avenir d'un pays se mesure à la puissance de son économie liée à sa capacité de faire. Au Venezuela, Chavez et son successeur Maduro ont détourné l'argent du pétrole à des fins socialement démagogiques sans lendemain. Le bolivar, sa monnaie, a repris, de plus belle, son habitude de dévaluer non pas à cause d'une relance de sa croissance mais en réaction à la faillite de sa politique uniquement tournée vers l'assistanat.

L'exemple algérien lui fait une triste concurrence avec son pétrole et son gaz. Le pays est riche mais son parti quasiment unique conserve un cap qui l'appauvrit tout en accusant l'ancienne puissance coloniale d'en être la cause avec la caution d'un gouvernement français qui réinvente l'Histoire au détriment des algériens eux-mêmes. En portant un regard sur le monde pour éviter une polémique stérile, il suffit d'observer le cas de la Corée du Sud. Ce pays n'a pas eu la chance de l'Algérie de disposer de richesses naturelles et d'infrastructures en bon état. La Corée du Sud, anciennement partie agricole du pays où le Nord détenait l'industrie, a connu un développement spectaculaire. Elle possède des grands groupes dans des domaines de pointe qui lui permettent de se positionner parmi les pays les plus performants alors qu'en 1954, il n'était que ruine. L'Algérie n'a toujours pas d'industrie digne de ce nom et importe des produits agricoles alors qu'elle en exportait avant 1962. L'Algérie possède des cadres, de haut niveau, capables de la développer si son économie était libérée de l'emprise d'un Etat dirigé par un seul parti qui cherche trop à séduire en distribuant les mânes du pétrole.

« L'Etat ne peut pas tout », Lionel Jospin, alors Premier ministre qui ne peut être accusé d'être un grand libéral s'est vu reprocher cette affirmation par ses amis. Et pourtant, il a dit vrai. Michel Rocard a subi le même sort quand il a dit avec une grande lucidité que « la France ne pouvait pas accueillir toute la misère du monde ». Le plus d'Etat protecteur est facile à décider. Le processus est dangereux car ses limites ne sont perçues que trop tardivement. C'est « l'Etat paiera », formule démobilisatrice qui fait croire que la communauté peut remplacer la responsabilité de chacun. La France adore se leurrer. Elle parle toujours de « l'argent public » comme si l'Etat l'avait gagné alors qu'il a été pris aux agents économiques.

La mondialisation a lancé une grosse boule dans le jeu de quille des rigidités des pays les plus avancés donc les plus exposés à la concurrence de pays aux coûts de production les plus bas. Elle a souligné combien les entraves à la flexibilité étaient les plus grands ennemis du social. Les « avantages acquis » si chers à la France et à l'Italie ne le sont pas autant qu'ils le prétendent. Ils sont basés sur une approche statique alors qu'une approche dynamique de l'économie s'impose. Le renforcement de la protection finit par ne plus protéger. La croyance dans les missions d'un Etat n'empêche pas le pragmatisme qui conduit à constater que, sans une économie forte la cohésion d'un pays est menacée.

Une mauvaise interprétation du comportement des marchés détourne l'attention des vrais problèmes. Certains regrettent et condamnent la « financiarisation » de l'économie. Ils se trompent. Si des excès peuvent être commis au plan individuel, ils ne concernent pas les marchés dans leur ensemble. Au cours du cycle commencé en 2009, la hausse des bourses a surpris par rapport à la mollesse de la croissance des pays industrialisés. Elle n'est que le résultat d'une dynamique qui profite aux entreprises plus qu'aux autres agents économiques. Les marchés n'ont fait que suivre. Certains pays, essentiellement de culture anglo-saxonne, ignorent leur comportement car ils ont constaté empiriquement qu'il n'était pas possible d'en maîtriser le comportement. Il est futile de tenter de changer le cours d'un ruisseau avec un bâton.

La nostalgie demeure. Au lieu de donner aux marchés une importance qu'ils n'ont pas, tous les pays feraient mieux de s'impliquer totalement dans l'optimisation de l'affectation de leurs ressources pour renforcer la position concurrentielle des entreprises. Un Etat joue un rôle nécessaire mais à la condition de contenir ses pulsions interventionnistes. La plupart des pays l'ont compris librement ou par l'intermédiaire de crises au cours des dix dernières années. Plus l'ajustement tardera, plus l'addition sera lourde. Quand on soigne mal les causes, les conséquences deviennent plus graves. L'idée selon laquelle le bien-être est l'affaire de la collectivité fait oublier que ce principe n'est vrai que si chacun y apporte sa contribution. C'est là la force de l'économie de marché. Le drame du collectivisme est de ne pas l'avoir compris. La question du risque que les agents économiques doivent prendre ne s'est probablement jamais posée aussi crûment et aussi intensément qu'aujourd'hui à cause de la globalisation. Quoi que l'on pense des marchés, ils n'y sont pour rien. Ils n'ont aucun rôle dans un jeu économique qu'ils se contentent de refléter.

On aime à se faire peur. Les romans et les films qui donnent le frisson remportent régulièrement un franc succès. Les marchés financiers en offrent des variantes. Si l'audimat des bourses s'est considérablement accru depuis le début des années 1980, ce n'est évidemment pas par hasard. Tous les marchés, les uns après les autres, ont connu un véritable bouleversement qui les a propulsés sur le devant de la scène médiatique. Celui des devises en a donné le coup d'envoi. Longtemps, il n'a attiré l'attention qu'au moment de dévaluations qui intervenaient généralement au cours de week-ends. Sa perception a été bouleversée quand le système des changes fixes a sauté.

Les bourses, jusque dans les années 1970, ne concernaient qu'un petit nombre de *happy few,* la grande majorité des ménages s'y intéressant peu. Le volume des transactions est longtemps resté faible voire confidentiel. À la bourse de Paris, au début des années 1970, un volume de 100 millions de francs sur une journée relevait de l'exception. Aujourd'hui, un montant de 2 milliards d'euros est faible.

L'effondrement des bourses, en particulier entre mai 1973 et décembre 1974 quand les capitalisations des bourses ont été divisées par deux, n'avait pas provoqué d'émoi à sa mesure. On ne parlait pas alors du phénomène de « bulle ». L'attractivité des actions s'est soudain renforcée dans les années 1980 à la suite de la révolution reaganienne qui a remis l'entreprise au centre de l'économie à la place de l'Etat. La politique de « supply side » favorable à l'entreprise a bouleversé un paysage dominé par des politiques des revenus qui avaient abouti à une hyperinflation avec des entreprises dans une situation financière si catastrophique que l'hebdomadaire américain *Business Week* les avait représentées, en page de couverture au cours de l'été 1974, sous la forme de murs d'usines fissurés. Le changement radical de nature de la politique économique a permis aux entreprises de retrouver progressivement une situation financière saine grâce à des marges accrues. Leurs actions se sont envolées. Les bourses ont alors attiré de plus en plus d'adeptes. Malgré la douche froide des reculs spectaculaires mais inévitables des cours selon les fluctuations de la conjoncture, le volume des transactions n'a cessé d'augmenter. Les marchés ont pris une telle place au cours des deux décennies qui ont suivi qu'ils font désormais partie du paysage médiatique.

Les media ont multiplié les journaux et les émissions de radio et de télévision les concernant. À la moindre occasion, on nous explique que les marchés sont des grenouilles qui se prennent trop souvent pour un bœuf, qu'ils sont soumis à des phénomènes de « bulles » inquiétants pour le devenir de la conjoncture. Les marchés présentés ainsi semblent destinés à jouer inlassablement un rôle potentiellement destructeur de croissance et générateur de chômage. Ils sont devenus si présents que la croyance dans l'impact négatif qu'on leur prête sur l'économie s'en est trouvé amplifié. Leur situation se compare alors à celle d'un prévenu condamné sans autre forme de procès. La mauvaise foi et l'ignorance ne tuent pas. Elles peuvent même servir à gagner des élections.

En février 2009, le tocsin sonnait dans les têtes. Rares étaient ceux qui se disaient confiants dans le redressement de la conjoncture après la douche glaciale infligée par les bourses à la fin 2008. En février 2009, des experts comme le Français Jacques Attali et l'Américain Nouriel Roubini ont annoncé l'imminence d'une dépression. Ils se sont laissés piéger par l'inertie de l'ambiance déprimante de l'époque. Ils se sont trompés. Les bourses se sont mises à remonter spectaculairement à la surprise quasi générale, début mars, soit à un moment où le pessimisme atteignait des sommets. Ce mouvement a été mis sur le compte d'une « sous-évaluation » des marchés et de liquidités en quête d'emploi pour expliquer le phénomène. Si tel était bien le cas, pourquoi ne pas l'avoir souligné avant que la hausse ne se déclenche ?

Les bourses ont rebondi spectaculairement à un moment où le pessimisme atteignait des sommets. Pourquoi ? La réponse a été donnée quatre mois plus tard quand les chiffres économiques ont permis de constater que l'intensité de la récession avait commencé à diminuer au milieu du premier trimestre. C'était l'amorce de la reprise qui allait s'affirmer au cours du printemps. Les bourses ont bougé à la surprise de ceux qui les animent, preuve que l'ensemble qui constitue un marché ne se confond pas avec la somme des opérateurs. Un marché a un comportement holistique que l'accroissement du volume des transactions n'a cessé de renforcer. L'évènement a été enseveli sous une montagne de banalités alors que c'est à partir de cas aussi extrêmes que celui-là que des observations constructives peuvent être faites.

Le déroulement des faits aurait du conduire à la remise en cause de la manière conventionnelle d'expliquer le comportement des marchés. Pourtant les exemples parlants ne manquent pas, 2009 n'est pas une exception. En 2005, pendant que les rendements des obligations sensibles au devenir de l'inflation confirmaient leur tendance baissière qui allait les conduire sur des plus bas historiques, les banquiers centraux continuaient de discuter des risques d'inflation. Et cela encore à la veille de la « Grande Récession » ! Un exemple du handicap des hommes par rapport aux marchés qu'ils se refusent à reconnaître. Les hommes ont besoin de temps pour percevoir un phénomène alors que les marchés l'entérinent presque immédiatement à la condition qu'ils soient profonds. Ce handicap entretient des partis pris qui génèrent de fausses accusations. La recherche de la connaissance en souffre. Tout le monde accepte que la chute des bourses soit responsable d'une récession mais il ne viendrait à l'idée de personne d'affirmer que la baisse des taux obligataires a fait disparaître toute tension inflationniste. Les marchés sont-ils voués à jouer les oiseaux de malheur ou se trompe-t-on dans l'interprétation des causalités ? C'est bien sûr la deuxième réponse qui est la bonne.

Le marché des capitaux devenu mondial est un outil formidable de financement dont le fonctionnement n'a jamais été aussi remarquable. Cette grande mutation a mis en valeur le fait qu'un emprunteur solide n'a pas de problème pour trouver des fonds contrairement à celui qui connaît des difficultés économiques. Les grands responsables politiques sont restés sur des vieilles lunes. Ils n'ont rien compris aux bouleversements intervenus au cours des quarante dernières années qui ont vu l'économie devenir souveraine tandis que le financier a été ravalé à un rang subalterne. Le passé conserve, néanmoins, son utilité. Il sert de leçon pour éviter de répéter les mêmes erreurs aux conséquences parfois dramatiques. Ben Bernanke s'y est largement référé pour gérer la dernière récession américaine. Le sauvetage des banques, en 2008, est le produit de l'expérience des années 1930 qui avait mis en évidence la catastrophe que pouvait entraîner le fait de les laisser tomber en faillite. Seulement, cela ne signifie pas que le passé peut être utilisé pour en tirer des théories à vocation prétendument universelle.

Comme l'art militaire, la science économique est une science expérimentale à laquelle manque l'expérience. Les militaires ont eu le temps de se rendre compte que le passé ne se répétait pas. Les leçons tirées des guerres n'ont servi qu'à se laisser surprendre et à se faire battre par des ennemis ayant fait preuve d'innovation en évitant de reprendre la même stratégie. La France en sait quelque chose pour n'avoir pas compris que 1940 ne serait pas 1914 qui ne ressemblait en rien à 1870. Le passé peut donner de la force à l'analyse mais si la méthode est séduisante, elle n'en est pas moins trompeuse. L'économie n'échappe pas à ce danger pour le malheur de ceux qui s'accrochent à des règles prétendument pérennes au lieu de privilégier le pragmatisme et le principe de remise en cause. Ce dernier constitue une qualité essentielle, en particulier, quand l'environnement du moment donne un grand coup de balai aux idées reçues comme c'est le cas actuellement. Les gouvernements qui l'ont ignoré, à commencer par ceux de la zone euro, ont empilé les erreurs de politique économique aux effets socialement désastreux. Les Etats-Unis et la Grande-Bretagne se sont pliés à la réalité de la conjoncture au-delà des dogmes. Ils s'en sont bien mieux sortis qu'un pays comme la France qui ne les a pas suivis.

Le « tout chose égale d'ailleurs » si commodément énoncé au début de la plupart des raisonnements proposés en économie, est trompeur car l'environnement a toutes les chances d'avoir changé. Le raisonnement qui suit risque donc d'en pâtir. Les théories sont relatives à un contexte donné, s'il change, elles sont dévalorisées. Et c'est ce qui ne cesse de se passer, en particulier, depuis quatre décennies. Le passé étant figé, il n'est pas possible de voir clairement le sens dans lequel s'exercent les forces des variables en jeu. Or ce point est déterminant de l'efficacité d'une politique économique. Les marchés financiers n'interviennent pas dans ce jeu. Ils se contentent d'en refléter le devenir.

Les bourses baissent, le dollar monte ? C'est parce que les investisseurs, par « aversion au risque » (le *« risk aversion »* anglo-saxon), abandonnent les actions pour courir vers le dollar. Le lendemain, les bourses remontent, le dollar baisse ? Le goût du risque revenu explique le basculement. Le principe des vases communicants appliqué au fonctionnement des marchés ! L'un se vide pour remplir l'autre… Ce genre d'approche, qui est totalement fausse, ouvre la porte au n'importe quoi. Et sur les marchés, le ridicule ne tue pas. « Ceux qui savent » n'arrivent visiblement pas à se remettre en cause. Cette pétrification des idées tient largement au fait qu'elles sont issues de théories inadaptées alors que le pragmatisme tiré de la seule observation des faits qui se déroulent permet de tirer des conclusions opérationnelles. À coups d'avis péremptoires, les marchés sont accusés, selon les moments, de se tromper, d'être excessifs et, comme cela vient encore d'arriver en 2008, d'être des fauteurs de récession. L'avalanche des critiques se déclenche quand leur comportement ne cadre pas avec les critères généralement acceptés sans que ceux qui les formulent n'imaginent un instant qu'ils puissent être dans l'erreur !

« La volatilité excessive et la variation désordonnée des taux de change nuit à la stabilité économique et financière. Nous continuerons de surveiller étroitement les marchés des changes et de coopérer de manière appropriée ». Ce réquisitoire avec la menace qui l'a accompagné dans le communiqué du G7 réuni à l'occasion des assemblées du FMI et de la Banque mondiale à Istanbul le 3 octobre 2009 n'a rien d'original. Ce verbiage est l'une des caractéristiques de ces réunions. Il se répète sans que personne n'y trouve rien à redire. Parmi les plus célèbres, la réunion du G7 qui s'est tenue au Plaza à New York les 24 et 25 septembre 1984 a particulièrement marqué les esprits. Elle a réussi à s'attribuer le mérite d'avoir fait baisser un dollar jugé à l'époque surévalué alors qu'il ne s'est agi que d'une simple usurpation en bonne et due forme. Les accords qui portent le nom du célèbre hôtel ont seulement entériné une tendance largement engagée depuis février 1984 en relation avec la conjoncture de l'époque.

Les spéculateurs agacent tellement que Nicolas Sarkozy qui avait organisé la première réunion du G20 à Grasse, a cru bon de les avertir, au nom des participants, que « nous ne les laisserons pas se déchaîner sans réagir ». Ces paroles, après bien d'autres, sont révélatrices d'une croyance tellement ancrée qu'elle n'admet pas le doute : les marchés sont dangereux car ils peuvent être manipulés par ceux qui déplacent des flux de capitaux. Il convient donc de chercher à les maîtriser. Le Président français a refusé, comme bien d'autres, de constater qu'un tel objectif n'était pas réaliste.

L'accroissement de la volatilité des bourses au cours des dernières années n'a pu que renforcer la crispation de ceux qui participent à ce genre de grand-messe. Quand on tire dans l'image que renvoie un miroir, on le brise sans toucher à l'objet qui s'y reflète. Il en va de même de la relation entre les marchés et la conjoncture. Loin d'avoir une quelconque influence sur la seconde, les premiers en dépendent totalement. Il ne sert donc à rien de leur accorder une importance qu'ils n'ont pas.

La relation est indiscutablement univoque tant l'inverse possède une faible portée. Et c'est pour cela que les mesures visant à influer sur l'évolution d'une monnaie n'ont aucune chance d'être efficaces si la conjoncture ne s'y prête pas. Après bien d'autres, la Chine en a fait l'expérience en 2015. Elle voulait faire du yuan une monnaie internationale sans imaginer qu'elle perdrait le contrôle de son comportement. Son désir de promouvoir sa demande interne en réaction à l'affaiblissement de ses exportations a fait passer son développement d'un modèle d'inspiration allemande à un modèle plus proche de celui des Etats-Unis. En réaction, sa monnaie a épousé une tendance baissière de long terme contre laquelle son gouvernement et sa banque centrale n'ont rien pu faire.

Le phénomène de bulle que les violentes variations des marchés ont rendu populaire au cours des dernières décennies est l'un des exemples les plus remarquables de la confusion qui peut exister dans l'interprétation de la relation entre l'économie et les marchés. « Une bulle est un phénomène qui n'existe que parce que tout le monde croit qu'il existe, chacun agissant de façon à rendre effective cette existence ; il relève de l'autoréalisation et n'a aucun support réel (telle une bulle de savon qui ne comporte qu'une part infime de matière). Si tout le monde pense, pour une raison ou pour une autre, que le prix du titre considéré va augmenter alors chacun voudra en acheter ce qui provoquera la hausse attendue. Celle-ci est une « bulle » car elle ne résulte que des croyances des individus qui forment le marché ». Cette explication donnée par Bernard Guerrien[2] dans son *Dictionnaire d'analyse économique* correspond à la description d'un phénomène qui ne vivrait que par lui-même. Selon un tel schéma, l'emballement des cours conduit à leur détachement de la réalité économique jusqu'au moment où l'éclatement de la « bulle » provoque un krach boursier avec ses conséquences très négatives sur la conjoncture. Une prise de position dénuée d'ambiguïté : le comportement des marchés est déterminant de celui de la conjoncture.

[2] Bernard Guerrien, économiste français et auteur de plusieurs ouvrages dont le *Dictionnaire d'analyse économique*, Ed. La Découverte, 2012

Ce genre de proposition est mis en défaut pour au moins deux raisons. D'abord, le « tout le monde » se heurte au fait qu'une transaction ne peut se réaliser qu'entre deux parties aux intérêts opposés. Sans cette confrontation, il n'y aurait pas de prix ! Ensuite, le phénomène de bulle comporterait, d'après ceux qui le promeuvent, un effet asymétrique puisque sa création ne serait due qu'à des intervenants sous influence sans avoir une quelconque relation avec la conjoncture alors que son éclatement aurait un impact fort sur cette dernière. La réalité est bien différente. On n'est plus en 1720 quand a été voté par le Parlement britannique le « Buble Act » qui a suivi le krach de la *South Sea Company*. Isaac Newton, alors maître de la monnaie de Londres à qui était demandé comment il expliquait une telle affaire, répondit « qu'il pouvait calculer les mouvements des corps célestes mais pas la folie des hommes ». Il s'agissait d'un mouvement provoqué par les hommes sur des marchés dont la taille n'avait rien à voir avec celle qu'ils atteignent aujourd'hui.

À l'époque, un marché se tenait en un lieu. Il n'avait pas de profondeur. Des rumeurs, des tricheries pouvaient déclencher des paniques ou simplement des mouvements irrationnels des cours dont certains intervenants profitaient. Ce genre de jeu n'a vraiment pris fin qu'à la fin des années 1970, voire au tout début de la décennie suivante. C'est au cours de cette période que les marchés sont devenus suffisamment larges pour ne plus subir les initiatives des plus forts. Cela vaut pour les devises et les bourses mais moins pour les actions individuelles car le volume de leurs transactions reste encore trop limité. Si le concept de « tous les acteurs » ne peut pas influencer le comportement d'un marché financier, l'environnement influence indiscutablement les opérateurs et les prévisionnistes.

Les spécialistes peuvent se tromper, les marchés jamais. Une approche néo-classique voudrait que ces derniers soient « efficaces » parce que les opérateurs censés les animer sont supposés avoir un comportement rationnel mais le modèle des anticipations rationnelles qui a été raffiné au cours du temps reste bien ambitieux. Il l'est d'autant plus que la notion d'anticipation est hautement discutable. Si le rôle des opérateurs est d'anticiper, ils ne déterminent pas le devenir des marchés qui, eux, n'anticipent pas comme on le verra par la suite. Contrairement à ce qui est accepté, les marchés ont un comportement objectif à condition d'être suffisamment profonds. Ils ne peuvent pas créer d'excès. Ils traduisent seulement l'évolution de la conjoncture qui, elle, peut connaître des excès.

# RÉCESSION & DÉPRESSION

Les scandales financiers demeurent des menaces que les organismes de surveillance des marchés tentent d'endiguer en renforçant leurs outils de contrôle. Les délits d'initiés se font plus rares que par le passé et sont lourdement punis mais la course aux profits des sociétés demeure une constante capable de générer des excès aux conséquences détestables comme la crise des « subprime » a pu le rappeler. Malgré toutes les précautions prises, on connaît déjà la suite : les prochains excès seront différents des précédents et éclateront non pas dans une période de croissance mais quand la conjoncture se fera éprouvante. La fermeté de la conjoncture repousse les limites des risques. Sa dégradation les rapproche en fragilisant la situation financière des agents économiques. Au bout de la chaîne, se trouvent les banques. La mécanique est toujours la même, seules ses modalités changent. Dans tous les cas, ce sont les banques, actrices parfois imprudentes de la vie économique, qui sont menacées. Les marchés en sont des victimes compatissantes qui ne font que réagir à la réalité du déroulement de la conjoncture. À aucun moment, ils n'y jouent un rôle actif contrairement aux accusations dont ils font, à tort, si souvent l'objet.

L'effondrement de l'immobilier américain suivi de celui de grands établissements financiers de Wall Street et, pour couronner le tout, la chute des bourses au cours du deuxième semestre de 2008 sont considérés comme les responsables de la « Grande Récession » par référence à la « Grande Dépression » des années 1930 que l'on nous ressert régulièrement. Toutes ses causes se retrouvent sur le banc des accusés de façon totalement injuste. La « Grande Dépression » avait commencé par la dégringolade de Wall Street, un « vendredi noir » d'octobre 1929. À ce moment-là, personne n'imaginait le drame qui s'amorçait et allait se dérouler dans les années suivantes avec la chute historique de l'activité, l'écroulement de grandes banques, l'apparition d'un chômage de masse synonyme de misère et d'horribles phénomènes d'exclusion et, pour finir, une guerre mondiale.

L'effondrement de Wall Street avait été provoqué par la cassure dans le déroulement de la conjoncture, et c'est la même mécanique qui a fonctionné en 2008 sans, heureusement, l'enchaînement des mêmes conséquences. Cependant, elle n'a pas été perçue puisque la crise est considérée comme financière avant d'être économique. La longue période de croissance qui a précédé 1929 a fait oublier les risques pour ne voir que les profits potentiels. Les banques ont financé allègrement cette dynamique et, comme toute entreprise humaine, elles peuvent devenir imprudentes, ce qui accroît leur sensibilité aux accrocs de la conjoncture. Si elles ne jouent pas, en règle générale, le rôle de déclencheur de crise, elles les amplifient comme la dernière récession l'a souligné. Elles ne sont pas des entreprises comme les autres car elles ont la responsabilité de financer l'économie. Leur fragilisation peut donc avoir des conséquences importantes qui n'ont pas été perçues au début des années 1930, à leur juste mesure.

À la différence d'une récession qui marque la fin naturelle d'un cycle, une dépression n'a rien de naturel. Elle résulte d'une succession de très mauvaises décisions de politiques économique et monétaire. La contraction brutale de l'activité intervenue à la fin de 1929 aux Etats-Unis a provoqué une récession en Europe qui a fini par affecter dangereusement les établissements financiers. C'est ainsi que la plus grande banque autrichienne, le Kreditanstalt, est tombée en faillite en mai 1931. Il ne s'agissait là que d'une alerte sur la santé de systèmes bancaires nationaux fragilisés par une prise de risques soudain amplifiée par la déprime. Faute d'une aide musclée des autorités monétaires, un effet de domino résultant d'engagements réciproques a entraîné l'effondrement en série de banques des deux côtés de l'Atlantique. Les gouvernements ont été maladroits. Le robinet de la distribution du crédit à l'économie a été coupé. La récession ne pouvait que s'approfondir. Les bourses ont, comme à leur habitude, entériné la dégradation de la situation.

Une politique économique ne peut pas être la même dans un contexte inflationniste que dans une conjoncture dominée par des pressions désinflationnistes voire déflationnistes. Le bouleversement a été radical mais les gouvernements et les banques centrales n'en ont pas pris la mesure. L'expérience d'Andrew Mellon a été douloureuse mais elle a servi aux Etats-Unis quatre-vingts ans plus tard. Elle a été ignorée dans la zone euro. Andrew Mellon, ministre américain des Finances entre 1921 et 1931, a traversé deux périodes radicalement différentes, celle des *« Golden Twenties »* dont le roman « Gasby le Magnifique » *(The Great Gasby)* de Francis Scott Fitzgerald a rapporté l'atmosphère de gaspillage et d'étalage de la richesse qui devait mal se terminer. Sa faute a été de croire que les règles économiques étaient absolues là où elles ne sont que relatives. La conjoncture florissante des années 1920 pendant lesquelles le solde des finances publiques était positif l'avait convaincu qu'excédent budgétaire rimait avec croissance, ce qui est exact. Encore, fallait-il s'interroger sur le sens de cette relation pour éviter une erreur qui pouvait s'avérer catastrophique dans une conjoncture difficile. Andrew Mellon et ses pairs se sont lourdement trompés entre les causes et les conséquences d'une telle dynamique. La confusion a rappelé l'importance du sens des forces qui composent et animent une économie.

L'équilibre des finances publiques américaines au cours des années 1920 avait fait croire qu'il était indispensable à la croissance alors qu'il en résultait. Leur passage soudain dans le rouge, en 1930, est apparu comme un danger. Le relèvement des impôts, en 1931, pour combattre le déficit a amplifié la crise. Cette décision maladroite a eu pour effet collatéral de gonfler le chômage puis les impayés au point que les banques, à commencer par les plus imprudentes, n'ont pas résisté longtemps à la tempête conjoncturelle. Une action massive des Trésors nationaux et des banques centrales était indispensable à leur soutien. Ce ne fut pas le cas. Le désastre est vite devenu inévitable. L'activité a chuté faute de crédits pour la financer. La faillite de grandes banques laissées livrées à elles-mêmes a transformé la récession en dépression. Les marchés se devaient de l'entériner.

Les bourses ont réagi violemment aux évènements qu'elles ont subis. Elles n'y ont pas participé activement contrairement à ce qu'il se dit. L'effondrement de Wall Street a été provoqué par une crise économique qui allait s'avérer dramatique du fait de l'enclenchement de faits malheureux. Le rappel de cette détestable expérience peut-il immuniser le monde des erreurs humaines ? Visiblement pas, tout au moins pas totalement. Il suffit, pour s'en convaincre, de se rappeler les contraintes du traité de Maastricht de 1992, fondateur de l'euro, suivi de celui d'Amsterdam en 1997 curieusement qualifié de « Traité de stabilité et de croissance », l'ensemble constituant, avec l'emplâtre du Traité de Lisbonne, la construction économique la plus dangereuse depuis le début des années 1930.

Si ses concepteurs avaient seulement lu l'épitaphe qui accompagne le portrait d'Andrew Mellon[3] dans la série de ses homologues ornant les murs à l'étage du ministère des Finances au département du Trésor, à Washington, ils se seraient certainement abstenus d'y imposer des règles coercitives sans prendre en compte l'état de la conjoncture sauf à avoir un comportement suicidaire. Maastricht a juste répété les idées de Mellon en élevant la lutte contre les déficits et la limitation des encours de dettes publiques au rang de priorité sans considération pour la situation conjoncturelle. Ce qui a été envisageable dans les années 1960, quand la croissance était quasiment une donnée, est devenu détestable au moment où elle s'est considérablement affaiblie. On retrouve la comparaison militaire : il n'est pas bon d'être en retard d'une guerre.

Un naufrage général a été évité, après la débandade financière de 2008, grâce aux bonnes initiatives des Etats-Unis dont le poids économique compte toujours le plus dans le monde. Le Trésor américain est intervenu, de conserve avec le Fed (*Federal Reserve Board)*, pour ne pas laisser les banques de la place de New York s'effondrer. L'administration, loin de tenter de réduire le déficit du budget fédéral, l'a augmenté. Il a atteint 10 % en 2009. Les Américains ont adopté une politique offensive au lieu de rechercher une rigueur aux conséquences catastrophiques. Le monde a évité le pire.

Le Royaume-Uni a pris des décisions salutaires à la manière des Etats-Unis, si ce n'est avant eux, à la suite des graves difficultés de *Northern Rock*, établissement financier spécialisé dans les prêts hypothécaires, apparues en septembre 2007. Il a été temporairement nationalisé. Ce n'était, à ce moment qu'un incident de parcours mais la

[3] « Andrew Mellon a été nommé par le président Warren G. Harding en 1921. Alors que la nation entrait dans sa période la plus matérialiste de son Histoire. La philosophie de Mellon était celle d'une réduction de la dette, une diminution des impôts et un budget équilibré. Sa réforme fiscale, connue sous le nom de « Mellon plan », a réduit les impôts sur les entreprises, la théorie à la base de ce choix étant que la prospérité du « big business » en conséquence de l'allègement de son fardeau fiscal profiterait au reste du pays. Pendant l'essentiel du temps passé dans la fonction, une conjoncture très porteuse lui a permis d'appliquer ses choix. La « grande dépression » commencée en 1929, a porté un coup au prestige de Mellon et a généré des critiques de plus en plus acerbes à son égard. Malgré la chute de l'activité, il a continué sa politique visant à assurer un budget équilibré en coupant dans les dépenses et en accroissant les impôts, ce qui a aggravé les effets de la dépression sur le citoyen ordinaire. Il fut remplacé, en 1932, par Ogden L. Mills qui poursuivit cette politique jusqu'en 1933 avec pour objectif un budget équilibré en 1934. Le « New Deal » allait arriver en 1935.

dégradation de la conjoncture un an plus tard a obligé le gouverneur de la Banque d'Angleterre Mervin King à procéder à des interventions massives. Le déficit de budget du Royaume est monté à 10 % du PIB en 2009. Le Royaume a retrouvé la croissance.

La zone euro, donneuse de leçons, s'est refusée à composer. Elle est retombée dans des travers qui ont conduit à la catastrophe des années 1930 pour de bonnes raisons, pensait-elle, mais surtout par son manque impressionnant d'un pragmatisme qui réussit si bien aux anglo-saxons. Si les Etats-Unis avaient été séduits par les contraintes de Maastricht, l'Histoire se serait répétée dans des conditions au moins aussi détestables que dans les années 1930.

# DES MARCHÉS ACCUSÉS À TORT

Les bourses connaissent une chute brutale ? Ce sont les spéculateurs qui ont vendu massivement. Ils sont identifiés aux marchés. Cette explication simpliste ne dit pas comment des vendeurs se sont soudain donné le mot pour précipiter le mouvement. Dans son sketch « Sévère... mais juste », feu l'humoriste Raymond Devos raconte comment il a mis dehors le chat qui avait mangé la pâtée du chien qui avait subi le même sort pour avoir mangé la côtelette de sa femme... pour constater que le déclencheur de ces punitions en cascade n'était autre que lui qui avait bu le lait du chat, au matin. « Ah mon vieux, j'ai fait rentrer tout le monde et... je suis sorti ». Ceux qui accusent les marchés d'exercer une mauvaise influence sur la conjoncture économique, à commencer par les gouvernements et les banquiers centraux, feraient bien de méditer cette parabole car ils se trompent lourdement.

Se remettre en cause est un exercice difficile auquel peu d'experts se prêtent. Pourtant, il aiderait à voir que les marchés subissent les choix économiques des gouvernements. L'idée de spéculation est faussée par une apparence qui sert ceux qui la condamnent. Elle ne peut pas être collective car le marché serait bloqué par l'impossibilité de fixer des cours, tous les intervenants se retrouvant d'un même côté. La spéculation est affaire d'individualités qui peuvent gagner mais aussi perdre à la condition que l'un deux n'ait pas la capacité de maîtriser l'évolution du marché. Même si d'aucuns la conteste encore, l'économie de marché est irremplaçable. Le temps a fini par lui donner raison. La chute du mur de Berlin et l'effondrement des pays de l'Est, au début des années 1990, ont rappelé que l'initiative individuelle restait la meilleure manière d'assurer le bien-être de tous.

La Chine supposée communiste l'a bien compris en 2014 qui, face à un ralentissement structurel qu'elle tente de maîtriser, a décidé de confier au secteur privé un plus grand rôle dans son développement tout en renforçant la préséance du secteur public comme a pris soin de la souligner le nouvel « empereur ». Le gouvernement a mis en œuvre une politique favorable aux entreprises à l'image de ce qui se passe depuis plus de trente ans dans les pays occidentaux. Xi Jinping, son président, a bien compris que l'implication du secteur privé accélèrerait le processus d'optimisation de l'utilisation des ressources du pays et, qu'au bout du chemin, les salariés y retrouveraient leur compte. Malheureusement, les contestataires de ce principe, qui se trouvent exclusivement dans certains pays occidentaux, demeurent virulents pour contester un procédé qui a fait ses preuves.

D'un côté, un mécanisme universel irrésistible conduit les marchés à réagir au devenir de la conjoncture, de l'autre, les intervenants tentent de profiter de son évolution. Cet ordonnancement reste très mal perçu. Les marchés souffrent de préjugés qui les accusent d'avoir une influence négative sur l'économie. J. M. Keynes y a contribué en partant du principe que la « sphère financière » influait sur le comportement de la « sphère économique », que les marchés avaient un impact sur la conjoncture alors que c'est dans le sens inverse que les forces s'exercent. Ce qui n'était pas évident il y a quatre-vingts ans faute de marchés suffisamment profonds, est devenu très visible aujourd'hui à la condition d'abandonner des idées toutes faites. Ceux qui se refusent à regarder la réalité continuent d'occuper le haut du pavé médiatique. L'opposition à une « mondialisation libérale où les marchés financiers font la loi » demeure tenace.

La globalisation, qui n'est rien d'autre qu'un libre-échange généralisé, est libérale par nature, au sens européen du terme. Les marchés financiers n'y ont aucune responsabilité. Elle n'est que l'aboutissement de la politique de « supply side » adoptée au début des années 1980 qui, grâce à ses retombées très positives sur les entreprises, s'est vite répandue dans le monde. L'esprit de conquête s'en est trouvé significativement renforcé. Il a conduit à une ouverture des frontières qui a concerné tous les grands pays occidentaux. La franche accélération du commerce international qui en a résulté a déclenché, dans les années 2000, un formidable développement de l'économie mondiale dans les pays émergents. La Chine en a été le grand bénéficiaire.

Les délocalisations d'industries des pays aux coûts de production élevés vers ceux à bas coûts ont créé des émules locaux qui sont devenus de sérieux concurrents. La dynamique de la mondialisation a encouragé la création de capacités de production dans les pays émergents dont la Chine, qui y ont vu une opportunité formidable. Le mouvement trop rapide a participé à l'amplification de la crise de 2008 déclenchée par la contraction de la demande des ménages dans les pays industrialisés. Elle a généré des surplus de capacités qui ont exacerbé la pression de la concurrence internationale dans le cycle qui l'a suivie. Cette pression a contribué à la faiblesse inhabituelle de la reprise qui a suivi. D'où l'importance de l'Organisation Mondiale du Commerce (OMC) pour faire respecter les règles de libre-échange afin d'éviter la tentation d'un retour au protectionnisme qu'une croissance molle tend à encourager. Elle est bousculée avec de bonnes raisons par un Président américain impatient de contenir des déficits occasionnés par des partenaires opportunistes, à commencer par la Chine enthousiasmée par le libre-échange à la condition qu'il ne s'applique pas chez elle.

Le monde s'est trouvé engagé dans un véritable tourbillon que personne ne maîtrise et donc que tout le monde subit. Dans ce cas, mieux vaut ne pas chercher à le contrer mais plutôt à s'y adapter. Les entreprises se sont vite ajustées à la compétition sous peine de disparaître. Les Etats n'ont pas toujours eu le même réflexe. La France, spécialiste des décisions au coup par coup, a évité de se lancer dans une politique globale de restructuration par peur de provoquer de brutales ruades de ses secteurs protégés rassemblés dans la partie non marchande de son PIB qui est désormais plus importante que celle de son secteur privé réputé productif.

La faiblesse de sa croissance l'a entraînée dans un processus détestable. Elle a fait le choix d'augmenter ses impôts plutôt que de réduire ses dépenses pour limiter la dérive du déficit de ses finances publiques au risque d'alourdir l'économie Ce n'est pas par hasard si sa croissance est restée très faible depuis 1992 car les contraintes financières imposées par la zone ont eu tendance à nourrir ses travers. Ses gouvernements n'ont toujours pas compris que raser les riches ne créait pas d'avantage d'emplois de barbiers. En augmentant les impôts, ils incitent les premiers à quitter le pays en laissant les seconds sans travail.

La France hésite, voire refuse à s'attaquer sérieusement à un défi économique essentiel et l'usure du temps fait son œuvre. Elle se retrouve face aux changements qu'impose la mondialisation. Que de temps perdu par manque de courage ! Les restructurations se heurtent au traditionnel comportement malthusien des Français alors qu'elles pourraient être facilitées par une conjoncture internationale porteuse. Elles permettraient de dégager des gains de productivité qui ne sont pas l'apanage du seul secteur privé. La France bat le record bien malvenu du poids de son secteur non marchand dans son économie (57,01 % en 2015 contre 43,87 % en Allemagne et 48,32 % en moyenne dans la zone euro). Ce secteur n'a pas pour vocation à être productif comme le secteur privé mais en étant mieux géré, il peut alléger la charge qu'il représente pour l'économie.

La France aime se référer aux pays nordiques. Emmanuel Macron a vanté le Danemark pour la gestion de son économie lors de son déplacement à Copenhague en septembre 2018, mais il a oublié de souligner que le pays avait refusé d'adopter l'euro en juin 1992. La Suède a aboli le statut des fonctionnaires en 1994. Ils ne bénéficient plus de la garantie de l'emploi qui dilue les responsabilités et affaiblit l'efficacité. Ces restructurations doublées de la révision de la protection contre le chômage dégagent des gains très importants de productivité passive. La réduction du coût marginal du travail qu'elles peuvent provoquer accroît le niveau de l'emploi. La réduction des dépenses publiques, ne serait-ce qu'en en transférant une partie au secteur privé, comporte beaucoup d'avantages. La France n'est pas consciente du potentiel de croissance que de tels changements pourraient induire.

« La démocratie est le pire des systèmes à l'exception de tous les autres » se plaisait à rappeler Winston Churchill. Elle peut conduire, toutefois, à des dérives en permettant à la démagogie de développer ses travers. C'est comme cela que des mesures impopulaires délicates à mettre en œuvre sont retardées mais le jeu a ses limites car la réalité finit par l'emporter. Le drame des gouvernements français a été de ne pas avoir osé s'attaquer aux frais de fonctionnement excessifs d'un Etat et de collectivités territoriales pléthoriques. La décrue du chômage a tardé à se produire malgré les nombreux artifices pour en déguiser le taux. En Allemagne, il est au plus bas depuis sa réunification. Au Royaume-Uni, pays qui n'est pas dans la zone mais veut quitter l'Union, le dynamisme du marché du travail étonne. Le chômage est revenu à 4,0 %. Tous deux font l'objet de critiques partisanes sur la multiplication des salariés pauvres alors que les choses ne sont pas différentes, si ce n'est sur la forme, dans une France qui a du mal à l'avouer.

Dans un monde soumis à la dynamique de la globalisation, le coût marginal du travail est une variable incontournable. En refusant cette réalité, la « politique » peut faire beaucoup de dégâts sociaux. Un pays paie son excès de rigidités quand il n'a pas le courage de les réduire. La France en offre un exemple. Les Etats-Unis, temple de l'économie de marché ont créé près de dix-sept millions d'emplois entre 2010 et 2018. Le taux de chômage est tombé à 3,7 % de la population active en septembre 2018. Dans aucun grand pays, la situation n'est merveilleuse, mais ceux qui ont su s'adapter à un contexte international très mouvant s'en sortent bien mieux que les autres.

Pour un pays comme pour un chômeur, deux choix sont possibles. Ce sont ceux d'un voyageur qui peut soit regarder passer les trains en attendant celui susceptible de lui convenir soit d'avoir le courage d'en prendre un rapidement en espérant saisir les opportunités qu'il peut contenir. Dans le premier cas, l'immobilisme n'offre que tristesse et déprime. Dans le second, le mouvement crée un espoir de retrouver rapidement un emploi.

À aucun moment, les marchés financiers interviennent dans le débat conjoncturel. Un Etat peut avoir un rôle perturbateur quand sa présence dans l'économie prend un poids important. Son interventionnisme souvent contreproductif tend à alourdir une économie en brouillant le jeu de l'allocation optimale des ressources qui conditionne son devenir. Il n'a aucun intérêt à contrarier le développement des marchés financiers. S'il en décidait autrement, les émissions de ses emprunteurs seraient d'un coût plus élevé et le risque de « coups tordus » serait accru.

Dans les années 1970-1980, les banques vendaient à leurs grands clients des émissions d'emprunts destinées à des « investisseurs finaux ». Cette caractéristique a longtemps constitué un puissant argument de vente sans se rendre compte qu'il avait des retombées contreproductives. L'absence de liquidité des titres émis faisait monter leurs rendements, ce qui conduisait la société emprunteuse à payer une prime pour ses nouvelles émissions. L'argument des « investisseurs finaux » a été abandonné quand les marchés sont devenus suffisamment larges pour faciliter le placement des émissions. On voit là toute l'erreur d'une démarche voulant instaurer une taxe « Tobin » sur les transactions que son inventeur a renié avant sa mort. La fiscalisation des transactions est une simple bêtise : elle vise à freiner « la spéculation » mais en fait, elle freine l'approfondissement si précieux des marchés. Elle ne va pas dans le sens d'un progrès indispensable, bien au contraire.

La peur des marchés financiers entretient des fantasmes. Voilà ce qui trompe la grande majorité de ceux qui, de bonne foi, se laissent séduire par des propositions qui vont à l'encontre de ce qu'il est objectivement souhaitable de faire. Que de bêtises ne dit-on pas en leur nom ! « Les marchés pensent que… » est une affirmation qui semble tellement tomber sous le sens qu'elle n'est pas contestée. Et pourtant, elle est fausse car si ceux qui y opèrent pensent, les marchés ne pensent pas. En partant de prémisses fausses, il est possible d'entretenir des idées qui le sont tout autant. Séparer le grain de l'ivraie n'est pas exercice facile. C'est ainsi que certains entretiennent la fiction que les marchés se trompent tout simplement parce qu'ils ne répondent pas à leurs attentes.

*« Spéculation : faire gagner la croissance et l'emploi plutôt que les joueurs »*, c'est le titre d'un rapport d'information publié par le Sénat français en décembre 2010 à la demande de Nicolas Sarkozy, alors président de la République. Il en dit long sur l'idée que les Français se font de l'impact des opérateurs sur la conjoncture en raison de leur supposée influence sur les marchés. Les experts, qui y ont contribué, se sont penchés sur le sujet pour abonder dans le sens d'un titre qui affiche un côté partisan. L'exercice apparemment sérieux s'est enlisé dans des idées convenues parfaitement déconnectées de la réalité. Il n'est pas possible d'opposer la croissance et l'emploi aux « joueurs ». Une telle confusion nuit à la compréhension des faits.

Les intervenants les plus décriés actuellement sont les « activistes » qui acquièrent des participations dans des sociétés pour la gérer dans le but de la valoriser au mieux. Ils peuvent prendre des décisions outrancières susceptibles d'être préjudiciables aux salariés. Ce type de comportement est évidemment condamnable. Toutefois, la plupart du temps, une bonne gestion se fait dans l'intérêt de tous. Et cela se traduit dans le niveau de rentabilité des capitaux investis qui vise à optimiser la valeur des actions mais qui assure aussi la pérennité d'une croissance créatrice d'emplois. Des sociétés bien gérées contribuent à la fluidité du marché du travail qui ne peut être que positive pour les salariés. Dans une situation contraire, ils sont bloqués par peur de perdre leur emploi.

La notion de licenciements boursiers est très complexe. Les intellectuels en manque de marxisme l'utilisent dès que l'occasion se présente. En cherchant à entraver des « décisions coupables », c'est l'économie que ces « pères fouettards » menacent d'affaiblir maladroitement au risque de provoquer, à la longue, une augmentation du chômage qu'ils voulaient éviter ! Une telle attitude refuse le progrès qui ne peut intervenir comme Joseph Schumpeter de l'école autrichienne du début du XX$^{e}$ siècle l'a expliqué, sous la forme inévitable de « destruction créatrice ».

Dans la plupart des cas, les opérateurs se cantonnent à la recherche de plus-values dans des conditions de fonctionnement normal des marchés. Toutefois, une réglementation inadaptée aux bouleversements intervenus dans l'organisation des marchés a pu créer des opportunités de gains anormaux. Ce genre de situation est beaucoup plus rare aujourd'hui. La modernisation de la place de Paris, en 1986, n'a pas été immédiatement suivie par l'ajustement des contrôles aux nouvelles manières de coter les titres. Les failles n'ont pas échappé à tout le monde. Nombreux ont été les enrichissements sans cause et sans trop de problèmes juridiques. Pendant ces années, les opérateurs ont pu profiter de modes de transactions privilégiées, ce qui enfreignait les règles de fonctionnement d'un marché. C'est une époque où les opérateurs ont gagné beaucoup d'argent dans des conditions qui les conduiraient aujourd'hui probablement en prison. L'organisation et le contrôle du fonctionnement des marchés ont failli, pas les marchés.

Les scandales ont changé d'échelle quand ils ont concerné des participations de l'Etat dans de grandes sociétés. Des personnages influents proches du Président français ont été impliqués au début des années 1980 dans les plus grosses fraudes de l'époque. Le comportement des initiés dans l'affaire Péchiney-Triangle à l'occasion de l'O.P.A. d'*American Can* sur la société française a été signalé par la commission des opérations de bourse américaine, la S.E.C., et non par l'autorité française correspondante, la C.O.B. François Hollande avait dit, lors de sa campagne présidentielle, « qu'il n'aimait pas la finance ». Il avait juste oublié l'affaire retentissante du Crédit Lyonnais intervenue, il est vrai vingt ans plus tôt, mais qui a pesé lourd dans le budget de l'Etat. Mais quand même ! Il s'agissait d'une banque nationalisée présidée par un haut fonctionnaire, ancien directeur du Trésor au comportement monarchique hors du temps. Sa déroute a rappelé que l'Etat au travers de ses représentants n'était pas aussi vertueux que les Français avaient tendance à le croire. La France est ainsi faite qu'elle veut oublier des scandales dans lesquels sont impliqués des défenseurs de la cause publique.

La surveillance des activités de marché n'est pas simple. Les autorités américaines, beaucoup plus avancées dans ce domaine que d'autres pays, n'ont pas toujours su détecter les turpitudes qui pouvaient se produire mais leur découverte coûte cher aux contrevenants. Ce fut le cas lors de la faillite des caisses d'épargne américaines qui a permis de découvrir l'étendue du scandale des « junk bonds », des obligations « poubelle », que leur créateur Michael Milken avait placées auprès d'elles. Leur prise de risques a été telle qu'elles ont commencé à souffrir à la fin des années 1980 avant de s'effondrer à la suite de la récession de 1990. Milken a été condamné à dix ans de prison. Le scandale a coûté $ 150 milliards au trésor américain obligé d'acheter les institutions en faillite avant de les céder précipitamment à perte. C'était, en quelque sorte, une répétition avant les « subprime » si ce n'est que cette crise est restée sectorielle. Elle n'a pas amplifié la récession qui a été de très faible amplitude. L'administration américaine a laissé filer le déficit du budget fédéral en 1992. À sa surprise, le budget est devenu excédentaire cinq ans plus tard grâce à une croissance retrouvée.

En 2000, la récession a déclenché le scandale d'Enron, un groupe spécialisé dans la production d'énergie, provoquant la fermeture du cabinet Arthur Andersen, mondialement connu, rendu responsable de ne pas avoir révélé une fraude de $ 100 milliards. Pour l'affaire Madoff, la lenteur de la découverte des turpitudes a surpris. Les résultats réguliers des placements de l'escroc auraient dû intriguer. Le système de Ponzi qui s'y cachait n'a été découvert qu'à l'occasion de la crise de 2008. Ces cas ont rappelé qu'aucune autorité n'était à l'abri de mauvais coups quelle que soit l'efficacité des méthodes de surveillance utilisées.

Aucun pays n'est à l'abri de procédés malhonnêtes ou d'imprudences car aucune réglementation ne donnera l'assurance de les éradiquer totalement. La récession de 2008 et la dépression des années 1930 ont en commun le fait d'avoir succédé à une phase extraordinaire de croissance créatrice de richesses et d'excès. Comme il ne saurait être question d'interdire la croissance, les cycles se répèteront avec leurs dérives et l'ajustement des réglementations suivra. Elles montreront leurs failles à l'occasion d'un prochain accroc conjoncturel et apporteront, comme à leur habitude, leurs modifications au tonneau des Danaïdes. Les pays devront ajuster sans cesse leurs règles à l'évènement faute de pouvoir l'anticiper.

S'il n'est pas facile de découvrir des comportements individuels frauduleux, une révolution silencieuse s'est produite sur les marchés au cours des quarante dernières années qui limite désormais la capacité des intervenants à profiter d'informations privilégiées ou de changer à leur avantage le comportement d'un marché. Cette révolution a été provoquée par l'explosion des volumes de transactions à laquelle a contribué le phénomène de globalisation. Elle est certainement la meilleure protection existante contre les malversations susceptibles de faire bouger un marché à l'avantage de certains contre les autres. Ceux qui refusent de reconnaître le renforcement de la sécurité qui en a résulté ont conservé une mentalité rétrograde alors qu'ils se qualifient souvent de « progressistes ». Comprenne qui pourra ! Une restriction cependant, cette mécanique ne vaut pas de la même manière pour des actions de sociétés au marché plus étroit. La surveillance des transactions reste essentielle.

# UNE CONFUSION PRÉJUDICIABLE

Même ceux qui sont les plus engagés dans la recherche économique se laissent prendre par le comportement des marchés qui, à la manière d'Antinéa dans *l'Atlantide* de Pierre Benoît, séduit pour mieux tromper dans l'interprétation de leur mode de fonctionnement. « Ce qui se conçoit bien s'énonce clairement », si Boileau a été entendu pour la deuxième partie de son vers, il en va différemment de la première car la facilité travestit parfois la réalité. Le confort conduit à céder aux explications séduisantes. Ce qui n'est qu'apparence peut alors devenir postulat sans que cela interpelle.

La puissance que dégagent les marchés est si grande qu'ils semblent imposer leur loi. En fait, c'est la conjoncture qui dicte leur comportement et quand elle change de nature, les marchés s'y adaptent immédiatement. Il est bien évident que si l'observation s'arrête aux déplacements de capitaux, ce constat n'est plus possible. L'interprétation des faits devient alors subjective car, en intervenant a posteriori, elle ouvre la voie au n'importe quoi. Elle manifeste alors une capacité d'adaptation remarquable qui trompe un monde qui gobe sans rechigner des arguments susceptibles de se contredire d'un jour à l'autre sans poser de problèmes ! La méthode, s'il est possible de l'appeler ainsi, autorise le choix des moyens servant à convaincre du bien-fondé d'une règle mais cette manière de procéder n'est pas sérieuse.

Son manque de rigueur ne saute pas aux yeux et pourtant elle est à la base de graves confusions. Elle affecte la solidité des théories économiques malgré l'utilisation de modèles mathématiques qui confortent leur aspect scientifique. La faille vient de l'interprétation trop systématique du passé alors qu'elle ne permet pas de voir dans quel sens s'exercent les forces en jeu. L'université n'utilise que le long terme. Elle considère le court terme trivial. Elle a tort ! C'est ainsi que les mouvements de capitaux servent à expliquer le comportement des marchés censés influer sur la conjoncture. Personne ne semble douter de ce genre d'interprétation au point de se poser la question de savoir si la relation ne s'exerce pas, en fait, dans l'autre sens.

Les certitudes entretiennent une sincère mauvaise foi. Les constructions intellectuelles sont une chose, les faits en sont une autre et, au bout du compte, seuls comptent ces derniers. Beaucoup reste à faire dans la prise de conscience de la vérité que délivrent les marchés. La loi de Gresham veut que la mauvaise monnaie chasse la bonne, une autre pourrait affirmer que dans la science économique, les mauvaises idées chassent les bonnes. Les premières attirent par leur simplicité tandis que les secondes, apparemment plus complexes, ne sont pas entendues.

L'utilisation de corrélations est un véritable jeu de massacre contre la science économique. Si elles font partie des outils servant à illustrer les idées de ceux qui en usent, elles n'aident pas à la recherche de la vérité. Elles correspondent à l'un des exercices les plus contestables qui puisse exister puisqu'il est au service d'une cause et non au service des faits. Elles sont aussi trompeuses que séduisantes. Elles font partie des moyens qui, en se prétendant objectifs, peuvent entretenir des convictions indépendantes de la réalité. Celui qui veut faire une démonstration choisit les corrélations en oubliant que ce genre de procédé peut être dangereusement réducteur. Le spectateur est content d'avoir compris. L'exercice a pour but de convaincre mais certainement pas de prouver. C'est ainsi que peut vivre la « pensée unique » une fois que les conclusions contestables, sur lesquelles elle repose, sont acceptées par des réseaux puissants.

Les Etats-Unis ont été critiqués d'avoir appliqué des politiques monétaires non conventionnelles depuis la fin de 2008. Personne n'a pris en compte qu'ils n'étaient pas les premiers à en user. Le Japon y procédait depuis le début des années 2000 d'une manière particulièrement vigoureuse (ils ont encore injecté des liquidités pour plus de 50 % de leur PIB en deux ans entre 2013 et 2015) sans subir aucun reproche. Pourtant, l'Archipel est le deuxième pourvoyeur d'épargne dans le monde après avoir été le premier, alors que les Etats-Unis en sont le premier emprunteur. Si le moyen utilisé, l'injection massive de monnaie, a été le même, son importance a été perçue différemment à travers le monde.

Le monde financier attache beaucoup d'importance aux décisions du Fed. Il ne prête guère attention à celles de la Banque du Japon. La raison ? Le poids économique des Etats-Unis est plus déterminant de l'évolution de la conjoncture mondiale que celui de l'Archipel. Toutefois, les banques centrales ont perdu de leur influence au cours des dernières décennies, les marchés ignorant bien souvent leurs décisions. La remarque est particulièrement vraie depuis le début du cycle commencé après la déroute de 2008. Cette absence de réaction a tout simplement montré que, au-delà d'effets d'annonce qui ne durent pas, les marchés collent au déroulement de la conjoncture. L'économique détermine le comportement du financier.

En décembre 2015, lorsque le Fed a relevé ses taux, les marchés des pays émergents ont ignoré la décision. Ils ont fait découvrir, à l'occasion, un phénomène nouveau : ils n'étaient plus aussi dépendants que par le passé des décisions américaines voire de la conjoncture des pays industrialisés. Leurs économies se sont structurellement renforcées depuis la crise de 1997 au point de ne pas avoir grand chose à envier, de ce point de vue, aux pays industrialisés. La mondialisation y a participé avec l'arrivée massive d'investissements directs. Les pays émergents, dans leur grande majorité, ont connu une révolution silencieuse qui leur a permis de disposer d'une croissance plus rapide que celle des autres pays.

Les marchés collent au devenir des économies. Un marché d'actions n'est jamais « cher » quand la croissance s'accélère, il l'est toujours quand la déprime s'amplifie. Ce mécanisme vaut pour tous les marchés à partir de critères économiques différents. Cette remarque est d'importance. Elle explique pourquoi les marchés des changes, des taux et des actions ne sont pas directement liés entre eux contrairement à ce qu'indiquent des idées bien établies. C'est l'évolution des variables économiques qui justifie leur comportement et non des calculs basés sur un passé qui n'est pas appelé à se répéter. Selon cette dynamique, si leur tendance peut être anticipée, leurs niveaux sont indéterminés a priori. À une situation économique nouvelle correspondent de nouveaux comportements des marchés.

À chaque cycle ses particularités. C'est pour cette raison que les théories sont destinées à être, plus ou moins rapidement, remises en cause. Une politique économique finit par « s'user ». Celle des décennies d'après-guerre s'est terminée dans l'inflation. Les taux sont montés en tendance avant de s'envoler à la fin des années 1970. Les bourses ont fini par baisser. Les marchés ont juste entériné le déroulement d'un naufrage provoqué par la faute de gouvernements désemparés. Si l'homme peut prendre de mauvaises décisions, le marché ne se trompe pas. Les gouvernements décident de politiques économiques, les marchés financiers en subissent les conséquences. Ces derniers ne sont sensibles qu'aux faits. C'est pour cette raison qu'ils sont « économiques » et non « financiers » dans leur fonctionnement.

Le poids d'un Etat peut conduire le pays concerné à la faillite comme les pays communistes l'ont démontré. La différence spectaculaire entre le développement des pays occidentaux et celui des pays socialistes tient à la responsabilité que l'économie de marché donne aux individus par rapport à la démobilisation qu'engendre un système collectiviste. L'URSS a connu un lamentable naufrage après avoir fait souffrir pendant soixante-dix ans ses concitoyens en les privant d'un développement qui s'amorçait au début du XX^e^ siècle. La Chine réaliste l'a bien compris qui, si elle a gardé le label « communisme » pour mieux tenir le pays d'une manière autoritaire, a adopté le principe du marché pour promouvoir la croissance et la richesse sans fausse pudeur mais avec beaucoup d'hypocrisie.

La préservation de la solidité financière des entreprises du secteur privé est un objectif incontournable car ce sont elles qui génèrent la richesse nationale et l'emploi. Un gouvernement a une place déterminante dans le jeu de la répartition du revenu national, mais il n'a pas vocation à empiéter sur le secteur privé. Le rôle d'un Etat devrait se limiter à celui d'un contrôleur, d'un gendarme des abus si l'on exclut les activités régaliennes qui lui reviennent comme la défense, la police et la justice. Le basculement de certaines activités du secteur public vers le secteur privé accroîtrait l'efficacité de l'utilisation des ressources dont dispose un pays. Le gonflement démesuré du rôle de l'Etat a retardé l'adaptation de l'économie française aux conditions imposées par la mondialisation. Dans les années 1960, le plein emploi y était la règle. La montée continue des charges sociales à partir du milieu de la décennie suivante, sans considération pour la capacité des entreprises à la supporter, explique l'échec sur le front de l'emploi d'aujourd'hui.

Le Royaume-Uni si critiqué par les Français pour ses choix répétés en faveur du libéralisme a donné une illustration de l'efficacité d'une politique visant à s'adapter aux conditions de son environnement. Les fonctionnaires ne sont pas embauchés à vie dans le Royaume. En basculant dans le privé une partie des activités gérées par l'Etat, David Cameron a provoqué une accélération de la croissance et une baisse du chômage avant même que les entreprises ne procèdent à un effort d'investissement. Cet exemple a rappelé qu'une économie se crée des difficultés sans cesse plus importantes si elle perd sa capacité d'adaptation. Les pays à planification autoritaire en ont été de grandes victimes car leur système était voué à disparaître. Le système soviétique a explosé en raison de ses rigidités extrêmes. Il a fini par subir un sort qui a cédé aux mêmes forces que celles qui ont conduit à l'explosion du système des changes fixes. Les règles naturelles finissent toujours par s'imposer, elles obligent à une capacité d'adaptation qui reste une condition incontournable. Le temps où certains imaginaient que le souhaitable était faisable s'est arrêté dans les années 1970. Ils ont dû céder au pragmatisme ou subir les conséquences négatives d'un manque de courage.

L'adoption de politiques de l'offre dite de « supply side » a eu pour but de donner aux entreprises les moyens de répondre à la concurrence. Elles ont acquis un rôle dominant dans une conjoncture où les banques centrales n'ont conservé qu'un rôle subalterne. Les entreprises étant devenues maîtresses de leur compte d'exploitation, la moindre risée de croissance se traduit par une hausse de leurs résultats que les bourses entérinent. Ce scénario a provoqué un bouleversement dans les relations entre les agents économiques. Avant la mise en œuvre d'une politique de « supply side », l'indexation des salaires sur l'inflation a fini par rendre incontrôlable cette dernière en étouffant les comptes d'exploitation des entreprises. Sa mise en oeuvre a provoqué un phénomène inverse. Le bon contrôle des coûts salariaux a rendu les entreprises plus fortes pour faire face à la concurrence. Elles ont adopté un comportement conquérant. L'inflation n'a plus eu droit de citer.

La globalisation a accru la vitesse et la force de la vague de libre-échange qui a tout bousculé dans les années 2000. Aucune autorité n'a été en mesure de canaliser le mouvement. L'opportunité était belle pour les entreprises d'aller produire dans des pays à faibles coûts et pour les ménages de s'offrir des biens à bas prix. Mais au bout de cette avancée, c'est le pouvoir d'achat des ménages des pays industrialisés qui a souffert. La récession de 2008 n'a rien arrangé dans la mesure où elle a fait apparaître des surcapacités de production qui ont exacerbé une concurrence devenue mondiale. La pression de la règle du coût marginal de production s'est amplifiée mondialement. Elle a posé des problèmes d'adaptation surtout là où les systèmes sociaux étaient les plus rigides. Les pays émergents ont discrètement réussi à renforcer leurs structures grâce à des plans de soutien à leur économie. Leur production est montée en gamme. Les salaires ont commencé de progresser. Les pays les plus riches se sont retrouvés exposés à l'agressivité de leur concurrence souvent avec la participation de filiales de leur propre sociétés.

La réaction à une telle situation a parfois conduit à chercher à préserver les avantages acquis, mais dans la plupart des cas elle s'est traduite par une pression sur les salaires dans les pays les plus riches pour s'ajuster aux conditions du marché. L'une a provoqué la multiplication du nombre des chômeurs, les entreprises étant obligées de licencier pour préserver leurs marges. L'autre a permis une forte hausse de l'emploi avec des salaires parfois très bas. Le choix était donc soit de laisser sur le quai des victimes condamnées à regarder le train de l'emploi passer, soit d'encourager à le prendre même si les conditions n'étaient pas satisfaisantes. Les grandes âmes préfèrent la première solution car la seconde est plus brutale. La différence entre les deux choix est celle d'un commando dont l'un des membres est tombé dans le trou du chômage. La solution américaine est de lui tendre une corde qui s'appelle croissance. Celle de la France est d'y accrocher un panier repas quitte à le laisser dans le trou. Elle coûte cher à l'Etat donc aux contribuables et personne ne s'y retrouve.

Une accélération de la hausse des coûts salariaux dans les pays industrialisés serait périlleuse sauf à bénéficier d'une rente de situation voire d'une image de marque. On n'est plus en 1917 quand Henry Ford disait vouloir augmenter ses ouvriers pour qu'il leur achète des voitures. La concurrence est trop vive pour lui emboîter le pas aujourd'hui. La relation s'est même inversée. Une entreprise doit être compétitive. En tenant ses coûts, elle acquiert la flexibilité d'ajuster ses prix aux conditions du marché. Une véritable « civilisation des discounts » est née. Elle a provoqué un phénomène de désinflation qui participe, par un effet de retour, à la préservation voire à une légère hausse du pouvoir d'achat des ménages. La dynamique est indiscutablement fragile et elle nourrit des inégalités dont la réduction ne peut venir que de rémunérations autres que salariales.

Limiter les rémunérations les plus élevées est un objectif éthique difficile à réaliser. Néanmoins, les cas se multiplient. En mars 2016, les actionnaires de BP ont dit non à l'augmentation de la rémunération (salaire, bonus, stock-options et retraite) du PDG du groupe pétrolier de 20 % à $ 19,6 millions jugée « indécente au regard des résultats du groupe ». BP avait perdu 6,5 milliards en 2015. S'il avait dégagé un large profit, le montant n'en aurait pas été moins choquant. Sans le renforcement de la responsabilité sociétale des dirigeants, la situation changera trop lentement. Elle est la cousine de la morale, vaste programme à une époque où on aime à la bafouer.

Certains, au cours des dernières années, ont cru qu'un protectionnisme prétendument « intelligent » pouvait répondre aux difficultés qui s'accumulent. Une protection peut s'avérer nécessaire mais elle ne peut durer sans risquer d'affaiblir le pays qui l'applique par manque du stimulant. Ce serait oublier que la meilleure défense reste l'attaque. Personne ne peut sortir gagnant en voulant se protéger dans un monde qui ne cesse d'avancer. Cependant, la pression de la concurrence qui n'est pas toujours loyale encourage à des mesures de défense transitoires. L'importance du déficit extérieur des Etats-Unis a poussé l'administration Trump à annoncer avec éclat des hausses de taxes à l'importation pour contenir les abus. La Chine est, avec raison, la première visée car elle tend à piller les autres, en particulier les Etats-Unis qui n'hésitent pas à promouvoir leur croissance. En application de l'hypocrisie du langage communiste, elle vante le libre-échange tout en refusant de l'appliquer. Elle ne se prive pas de profiter de son économie administrée pour exporter à des prix défiants toute concurrence quand ses entreprises n'achètent pas en Europe et aux Etats-Unis des sociétés de haute technologie qui lui font gagner du temps dans la compétition qui l'oppose au monde industrialisé. La Chine a tout intérêt à continuer de faire du commerce avec un pays comme les Etats-Unis au poids très important dans ses exportations. Quant aux Etats-Unis, ce genre d'initiatives ne fait pas une politique car elles ont peu de chances de faire revenir les emplois perdus. La globalisation est allée trop vite. Des mesures de protection paraissent inévitables. Il ne peut s'agir que de mesures transitoires mais elles pèseront, un temps, sur la conjoncture mondiale.

Dans des conditions qui s'imposent à tous, l'une des façons de compenser l'écart outrancier mais difficile à contenir des rémunérations consisteraient à faire participer significativement les salariés à l'évolution du bénéfice d'exploitation de leur entreprise. Ce genre d'initiative passe par l'abandon de la culture marxiste qui interdit aux salariés d'être impliqués dans la gestion d'une entreprise. Le monde d'aujourd'hui exige de responsabiliser tous les acteurs d'une société à son devenir. Cela suppose une participation des salariés au capital, non pas à une participation passive et dispersée mais sous la forme d'une participation active et significative à la gestion de l'entreprise.

La sagesse voire l'efficacité que manifestent des salariés qui reprennent avec succès leur entreprise en mauvaise posture encourage à aller dans cette voie. Cette proposition renforcerait la cohésion sociale car les abus ne concernent pas que les dirigeants. Il en va ainsi des revendications sociales. Le concept « d'avantages acquis » développé dans un pays comme la France est une imposture. Il crée des rigidités qui sont malvenues dans un monde qui exige une grande capacité d'adaptation. Les rigidités sociales pèsent sur la croissance et pénalisent ceux qu'elles sont censées protéger. Les croyances rendent décidemment aveugle. Les « anticapitalistes » sont dans les pays occidentaux. Ils sont rares dans les pays anciennement communistes pour avoir goûté à un paradis qui s'est transformé en enfer.

Les marchés financiers n'ont rien à faire dans ce débat. Ils sont accusés de faire l'objet de spéculation, de bulle et d'exagération en tout genre alors qu'ils subissent les errements qui interviennent dans la conduite des politiques économiques. Ils ont été créés pour faciliter le financement de l'économie par l'intermédiaire d'émissions d'actions et d'obligations. Ils sont naturellement devenus les lieux d'échange de titres pour les rendre liquides afin que leurs détenteurs puissent les vendre. À ces deux fonctions essentielles s'ajoute celle de permettre des couvertures contre les risques financiers. Les marchés à terme dont le volume des transactions a explosé ont fait craindre des risques d'effondrement des cours qui n'ont aucune raison d'être. La pyramide des instruments qui s'est construite au cours des dernières décennies ne change rien aux caractéristiques des marchés car il s'agit d'une pyramide inversée posée sur sa pointe économique. Les marchés à terme répercutent le devenir des marchés traditionnels auxquels ils se rapportent.

Les marchés ont atteint une profondeur qui assure leur bon fonctionnement. Cette profondeur n'exclut pas la possibilité pour de gros malins de profiter de leur complexité dans des situations précises. C'est ce qui a valu une image sulfureuse à Goldman Sachs. La banque est réputée être la plus en pointe dans la manière de saisir tous les genres d'opportunités. En janvier 2009, le président de la commission des finances du Sénat américain, Carl Levin, remarquable par sa finesse et par ses compétences, a accusé celui de *Goldman Sachs*, Lloyd Blankfein, « de vendre des voitures sans freins et de s'assurer sur la vie de leur conducteur », ce qui revient à recevoir tôt ou tard un profit des deux côtés. La manière dont la banque a procédé l'a rendue suspecte dans l'affaire des « subprime » comme dans celle des cachotteries sur la situation financière détestable de la Grèce. Le marché n'est pas en cause mais la manière dont certains peuvent en profiter anormalement. Il revient à des organismes de contrôle compétents de combattre une telle situation. Un défi sans cesse renouvelé en raison de la créativité des intervenants pour profiter de toute situation.

# UNE REMISE EN CAUSE INDISPENSABLE

Les marchés offrent aux entreprises comme aux administrations publiques une réponse à leurs besoins de financement. Ce rôle n'est possible que parce qu'ils permettent aux investisseurs de vendre les titres qu'ils ont achetés. Le mot « liquidité » n'a pas la même portée au singulier qu'au pluriel. La « liquidité » d'un marché est une qualité technique qui concerne la facilité avec laquelle les échanges se font. Essentielle à leur bon fonctionnement, c'est-à-dire à la vérité des cours, elle dépend de sa profondeur. Les liquidités concernent les flux de capitaux dont les banquiers centraux comme les gouvernements craignent les conséquences des déplacements. Elles ne sont pourtant que la matière première indispensable au fonctionnement des marchés. Contrairement à ce qui se dit, elles n'ont pas d'impact sur leur comportement.

Dans la comptabilité nationale, l'épargne apparaît comme la contrepartie de l'investissement mais a posteriori. La comptabilité, par son caractère statique, ne permet pas de déterminer le sens dans lequel interviennent les deux variables. Seule, une approche dynamique permet de le comprendre car les investissements sont loin d'être financés par une épargne clairement isolée que certains aimeraient voir créée a priori. Les sociétés empruntent auprès des banques et elles font appel aux marchés. Elles gèrent la masse des capitaux dont elles disposent sans leur attribuer d'affectation particulière. Aucun directeur financier d'une grande entreprise ne cherche à distinguer la vocation des fonds empruntés gérés, la plupart du temps, globalement d'abord en fonction des besoins de financement ensuite, et seulement ensuite en général, en fonction du niveau des taux.

L'épargne n'a pas le rôle déterminant que les théories économiques lui accordent. Un quiproquo voudrait qu'elle soit essentielle à l'investissement alors que c'est le degré de solidité de l'entreprise qui, dans la vraie vie, détermine les conditions du financement de ce dernier. C'est ce qui n'a pas été perçu et qui conduit à des mesures peu efficaces visant à encourager l'épargne. Cela peut se comprendre dans la mesure où c'est de ce côté que se trouvent le capital, donc les actions et les dettes. Mais le passif ne vaut que par la qualité de l'actif, c'est-à-dire par ce qui est fait des fonds à disposition. En conséquence, dans les faits, l'actif est plus important que le passif. Cette règle ne vaut pas que pour les entreprises, elle s'applique aussi aux Etats. Le comportement des marchés ne dépend que de la qualité de l'actif de l'entité emprunteuse. C'est ce que n'ont pas compris les banques centrales qui croient être maîtresses des marchés financiers alors qu'elles subissent leur comportement.

Les avantages fiscaux mis en œuvre pour encourager l'épargne n'ont pas de vrais fondements. La notion de « l'argent qui dort », concept totalement erroné, n'a pas droit de cité. Le « rentier » est montré du doigt, en France en particulier. Cette accusation est probablement née du fait que les épargnants ont longtemps conservé leur argent dans des lessiveuses ou sous des matelas. C'est ainsi que la France a pu payer très rapidement les cinq milliards de francs-or réclamés par l'Allemagne en 1871 à la suite d'une guerre perdue. Mais les temps ont changé ! Malgré cela, l'idée a été remise au goût du jour dans les années 1980 dans un esprit qui rappelle celui des « tricoteuses » des années 1793-1794. L'accusation sur le comportement des « rentiers » s'est réveillée en 2017 dans un esprit conflictuel entre les « anciens » et les « modernes ».

Les fantasmes font de la résistance ! La France aime les contradictions. Ses gouvernements n'ont cessé de prendre des mesures pour encourager l'épargne. Une fois en situation pour en profiter, celui qui est devenu un « rentier » est pris pour un profiteur destiné à être tondu, et cela d'autant plus quand il s'agit de « riches ». On n'en sort pas mais passion n'est pas raison. Ce n'est pas ainsi que l'on facilite le développement d'un pays. La confusion est grande : ce n'est pas l'épargne qu'il convient d'encourager mais la qualité de la situation économique du pays qu'il faut renforcer. Cet objectif passe par l'amélioration des conditions d'exploitation des entreprises d'un côté et par la réduction des charges payées par les ménages de l'autre.

L'image idéologique de l'argent qui dort tort la réalité. Elle s'accompagne d'un côté social outrancier en visant les « rentiers » condamnés pour vivre du fruit de leurs placements alors qu'ils participent directement ou indirectement au financement de l'économie. Les taux d'intérêt dépassaient 10 % au début des années 1980 quand ce faux concept de l'argent qui dort a été promu. Il était inimaginable que l'argent restât inutilisé dans les banques à des coûts aussi élevés d'autant plus qu'il est dans leurs attributions d'assurer le recyclage des fonds qui sont déposés auprès d'elles. Rien n'a changé aujourd'hui ! Les gouvernements français successifs n'ont eu de cesse d'encourager et d'orienter l'épargne vers l'investissement à partir d'une identité qui ne vaut qu'a posteriori.

Le quiproquo est partout. Les marchés sont considérés comme des entités à l'humeur changeante. Les gouvernements et les banquiers centraux s'en méfient et ils se trompent en cherchant à amadouer une ombre alors qu'ils feraient mieux de s'intéresser au devenir de la conjoncture économique qui la projette.

L'apparence conduit trop souvent à leurrer des responsables aussi compétents qu'Alan Greenspan et Ben Bernanke. Tous sont convaincus de la nécessité d'abord de rassurer les marchés ou de changer le comportement des investisseurs pour qu'ils infléchissent la conjoncture dans le sens souhaité. C'était la motivation des « Q.E »[4]. Les résultats ne pouvaient pas être à la mesure des attentes puisque la relation est inverse de celle qui était proposée. Les banquiers centraux, malgré leur aura incroyable, ne sont pas immunisés contre de grosses confusions. Le Brexit inquiète, et le gouverneur de la Banque d'Angleterre (la BoE) a senti le besoin de rappeler, le 4 octobre 2016, que la Grande-Bretagne dépendait de « la gentillesse des étrangers » *(the kindness of strangers)* pour financer le déficit de sa balance courante qui a atteint 5,9 % de son PIB au deuxième trimestre de 2016 avant de signaler qu'une telle bonne volonté avait ses limites. Le Royaume pas plus que les Etats-Unis premier emprunteur, n'ont besoin de cette « gentillesse ». Il leur revient seulement de disposer d'une économie solide, d'une économie qui rassure.

« L'effet richesse », l'« effet de contagion » et l'« effet d'éviction » sont trois constructions intellectuelles auxquelles les banquiers centraux et bien d'autres font régulièrement référence. Ces effets ont pu

[4] Q.E. *Quantitative Easing,* terme désignant des achats massifs par une banque centrale de titres de dettes et notamment de bons du trésor.

paraître exister mais à la condition de les regarder par le petit bout de la lorgnette, en prenant un grand angle c'est une autre histoire !

Le raisonnement du grand économiste britannique Arthur Cecil Pigou[5] qui a promu « l'effet richesse » semble imparable : l'augmentation de la valeur d'un patrimoine encourage son détenteur à prendre confiance et à consommer donc à contribuer à la croissance. Sa diminution, à l'inverse, pousse à la prudence. Elle annonce un ralentissement voire une récession. Or, cette proposition comporte de graves faiblesses car elle confond l'individu avec leur ensemble. Pourtant Pigou n'est pas n'importe qui. Il a été le professeur de l'illustre John Maynard Keynes dont la théorie générale inspire encore les politiques économiques. « L'effet richesse » met en avant de supposées conséquences mais ne dit pas comment il est animé. Et ce manque est d'importance puisqu'il fait s'écrouler toute la construction ! La richesse est créée par la croissance à laquelle participe largement la consommation des ménages. C'est ainsi que la hausse des bourses est une conséquence d'une conjoncture favorable et non la cause contrairement à ce que suggère cet « effet ».

Certains peuvent avoir envie de dépenser le surplus de richesse constitué tandis que d'autres préféreront le garder. Une simple corrélation a inversé la relation entre la création de richesse et la croissance qu'induit la consommation. Les Japonais en ont été victimes quand ils ont voulu appliquer ce principe dans les années 1990 pour tenter de relancer leur croissance. Leur gouvernement a demandé à la poste nationale, la plus grande institution détentrice d'épargne dans le monde à l'époque, d'investir sur la bourse de Tokyo déprimée pour la faire remonter. Le but était de faire repartir la croissance. Ce fut un échec total et pour cause : c'était vouloir transformer une conséquence en une cause.

Shinzo Abe a repris le flambeau. Il a encouragé, en 2013, la même institution privatisée à augmenter la part des actions dans son portefeuille par rapport aux obligations qui ne rapportaient plus rien. La bourse de Tokyo est bien repartie mais en conséquence de l'impulsion budgétaire qu'il avait donnée à l'économie. Un opérateur quelle que soit la taille ne peut pas entraîner un marché dans un sens

---

[5] Arthur Cecil Pigou, fondateur de l'économie du bien être.

différent de celui qu'impose la conjoncture économique. L'idée du contraire est une formidable erreur sur le sens des forces en jeu. L'erreur est classique, surtout, quand l'observation se fait a posteriori. Ben Bernanke a fait la même confusion en 2009.

Les initiatives des banques centrales ou de tout autre institution visant à influer sur le comportement d'un marché sont vouées à l'échec. Heureusement, car dans le cas contraire, tout serait permis au risque de créer de grands désordres. Cette réalité tarde à être acceptée quand il s'agit des bourses voire des courbes de taux. C'est pourtant devenu évident dans le cas des taux de change au début des années 1970. Les banques centrales ont été contraintes de freiner puis d'abandonner leurs interventions sur le marché faute de pouvoir maîtriser le cours de leur monnaie. Car c'est l'accumulation de revers voire d'« affronts » qui leur a fait craindre pour leur « crédibilité ». Cela ne les a pas conduits à changer d'avis quant au fond.

Ben Bernanke avait établi une stratégie lorsqu'il a lancé ses « Q.E. », celle d'injecter des liquidités en achetant des obligations du trésor américain et des emprunts hypothécaires dans le but de faire baisser les taux longs et de pousser les investisseurs à se rabattre sur les actions qui, pensait-il, devenaient relativement plus attractives. L'objectif final était de déclencher un « effet richesse » grâce à la hausse des bourses qui en résulterait. Ces dernières ont bien monté, mais c'est en conséquence de l'amélioration des conditions d'exploitation des entreprises dans un contexte de croissance poussive. Les « Q.E. » n'y ont été pour rien car ils n'ont pas empêché Wall Street de subir des phases de replies alors qu'ils étaient toujours bien présents. Cette réalité a rappelé la primauté de l'économie sur la « finance ».

« L'effet de contagion » prétend que le devenir d'un marché peut directement affecter celui d'autres marchés. Encore un problème de flux financiers ! Fin 1989, le Nikkei, l'indice « phare » de la bourse de Tokyo, a frôlé les 40 000 avant de perdre la moitié de sa valeur en quelques mois. L'inquiétude était grande de voir toutes les places plonger à la suite d'un rapatriement massif des capitaux japonais dans l'Archipel. Les bourses des pays occidentaux ont ignoré l'épreuve que subissait la place de la deuxième économie du monde, à l'époque, mais première par le montant de son épargne. Cette indifférence a surpris. Elle contrastait avec la manière dont les bourses réagissent aux variations de Wall Street. Un contraste qui ne pouvait être dû qu'au rôle très différent joué par les deux économies dans l'animation de la conjoncture mondiale. L'économie japonaise y avait un impact marginal alors que le devenir de l'économie américaine y jouait un rôle essentiel. Le rapport des forces économiques des deux pays était inverse de celui de leurs situations financières. Les péripéties de la bourse du pays possédant alors le stock d'épargne le plus élevé du monde importait moins que celles de la bourse de l'économie la plus emprunteuse. C'est ce qui s'est vu à la surprise générale. Voilà, là encore, une preuve que les capitaux n'ont pas le rôle déterminant qui leur est donné. L'économie a eu, d'évidence, la prééminence.

La crise du peso mexicain en décembre 1994 a été accusée d'avoir provoqué la chute de l'escudo portugais et... de la couronne suédoise. Un véritable roman policier sur la fuite des capitaux. Dans les faits, un pur exercice de l'esprit. Ce qu'il y a de commun entre ces faits n'était rien d'autre qu'un fort ralentissement de la croissance américaine qui avait provoqué le décrochage de la monnaie du pays voisin des Etats-Unis avant de toucher d'autres pays sensibles à un commerce national affaibli. Si un effet de contagion financière n'existe pas, il en va différemment d'un « effet de dépendance économique ». C'est ce qui s'est produit de manière éclatante en 2008-2009 à la suite d'une profonde récession partie des Etats-Unis.

Une crise financière a toujours une origine économique mais cette caractéristique reste mal acceptée. C'est ainsi qu'Alexis Tsipras, Premier ministre de la Grèce, a pu avancer la menace d'un effet de contagion de la Grèce sur les autres pays pour convaincre ses interlocuteurs de la zone euro de lui accorder de nouvelles facilités. Entre gens sensibles à la fragilité de la construction de Maastricht, il n'a pas eu de mal à convaincre ses interlocuteurs du risque qu'induirait la faillite de son pays. Une telle affirmation est pourtant fausse car, avec 2 % du PIB de la zone, la Grèce ne pouvait pas avoir un grand impact économique sur ses partenaires. Seule, la solidarité entre les membres de la zone exigeait de ne pas laisser tomber l'un d'entre eux.

« L'effet d'éviction » part de l'idée que, le montant des capitaux disponibles sur un marché étant limités, si un Etat emprunte massivement, les taux ne peuvent que monter rendant plus difficile le financement des investissements productifs du secteur privé. En un mot comme en mille, un déficit budgétaire qui gonfle nuit à la croissance. Un paradoxe évidemment faux ! Ce rôle d'aspirateur de capitaux des déficits des budgets nationaux n'a pu être inspiré que par des marchés étroits où il n'était pas toujours facile de lancer des émissions obligataires mais, dans les économies modernes, ils ont provoqué de moins en moins de tensions à mesure que la profondeur des marchés s'est accrue. Cette idée d'effet d'éviction va à l'encontre de leur rôle de soutien de la conjoncture que Keynes a si bien promu. On voit là les contradictions auxquelles des théories peuvent conduire !

Jusque dans les années 1970, les banques émettrices en étaient encore à séduire leurs potentiels clients en les assurant de placer leurs émissions auprès d'« investisseurs finaux », des investisseurs capables de garder leurs papiers jusqu'à leur échéance. Les conditions ont changé depuis. Les marchés sont vite devenus plus profonds si bien qu'un tel argument s'est retrouvé basé sur un mauvais calcul car les entreprises qui se sont laissé convaincre ont été pénalisées. La raréfaction des transactions sur leurs emprunts a provoqué un manque de liquidité des titres qui s'est retrouvé dans les niveaux élevés de leurs rendements. L'emprunteur a été pénalisé. Les marchés sont devenus tellement liquides que l'argument du placement final a vite perdu sa crédibilité.

Le conseil de banquiers centraux, en particulier en France dans les années 1990, adressé aux gouvernements pour qu'ils gèrent rigoureusement leurs finances par peur d'un effet d'éviction était parfaitement inutile voire hors du temps mais totalement infondé. Ce conseil a malheureusement inspiré, pour partie, les limites imposées aux déficits budgétaires par le traité de Maastricht. La zone euro n'a cessé d'en souffrir pour rien ! Cette règle est demeurée pour le malheur de la plupart des partenaires de la zone.

L'idée d'éviction est représentative d'une approche trop partielle des opérations de marché. Elle donne l'impression qu'un emprunt s'assimile à une destruction de monnaie. Il n'en est évidemment rien. Les emprunts quels qu'ils soient, deviennent vite des dépôts qui sont recyclés par les banques y compris les banques centrales. Lorsque le Trésor américain procède à des émissions d'emprunts et dépose leur produit auprès du Fed, ce dernier intervient en sens inverse pour compenser ce retrait en réinjectant un montant de monnaie équivalent dans le marché. Quels que soient leurs montants, les emprunts d'Etat n'ont pas d'impact sur les marchés financiers. C'est ce qu'ont démontré, de manière éclatante, les faits au cours de la reprise qui a suivi la crise de 2008.

L'explosion des déficits publics n'a pas provoqué l'envolée des taux d'intérêt que ce prétendu « effet d'éviction » était censé déclencher. Leur masse exceptionnelle n'a pas empêché les taux longs de toucher des plus bas historiques dans un contexte déflationniste que les banques centrales ne pouvaient pas combattre efficacement.

À ces trois effets s'ajoute au niveau des investisseurs, la notion de « valeur refuge » qui voudrait qu'une monnaie, une bourse ou un marché obligataire monte dans un esprit que les américains qualifient de « *fly to quality* ». Ce concept très répandu dans les marchés n'est utilisable qu'a posteriori, ce qui le rend suspect. Il n'est applicable qu'à des instruments qui ont fait preuve de fermeté dans des marchés en baisse. Et les candidats à cette fausse appellation changent avec la conjoncture. Une « valeur refuge » suppose que les investisseurs, pour des raisons plus ou moins folkloriques, se sont précipités sur certains investissements pour se protéger quand l'orage gronde. Il s'agit, là encore, d'un mirage car ils n'y sont pour rien. Les marchés sont victimes d'idées plus ou moins saugrenues qui n'ont aucune raison d'être. L'analyse du comportement des marchés et plus généralement la science économique prennent le risque de faire des erreurs en se référant systématiquement au passé même récent.

# LA MAUVAISE HISTOIRE DES « SUBPRIME »

« La solution du bon sens est la dernière à laquelle songent les spécialistes ». L'économie et la finance n'échappent pas à cette remarque de Bernard Grasset, fondateur des éditions éponymes. Les causes de la récession de 2008 ne souffrent visiblement aucun doute. Elle a été qualifiée, sans hésitation, de « crise financière » à la suite de la déroute des « subprime », nom donné à des crédits hypothécaires de faible qualité. Selon un avis bien partagé, cette crise financière aurait provoqué la faillite de grandes banques américaines, le blocage des marchés monétaires des deux côtés de l'Atlantique et la chute de Wall Street, cette dernière ayant emporté les places européennes dans sa chute tandis que celles d'Asie ont été peu concernées. Personne n'a fait un quelconque rapprochement avec la crise des caisses d'épargne américaines du début des années 1990 intervenue dans une récession de faible amplitude. Pourtant, un grand nombre de ces institutions a fait faillite. Si la dernière « crise » a pris une importance impressionnante, c'est parce que d'autres données ont déclenché ce qu'il est convenu d'appeler désormais la « Grande Récession », en souvenir de la « Grande Dépression » des années 1930. Et ces données sont liées à la conjoncture. Les apparences sont du côté de ceux qui voient dans la finance la cause de crises. La réalité des faits n'y participe pas.

Les « subprime » sont des crédits aventureusement accordés par des banques américaines à des acquéreurs de logements qui, ayant des revenus très bas, n'avaient pas imaginé devenir des propriétaires. Ces opérations ont joué un rôle de turbo dans le développement du secteur immobilier américain entre 1992 et 2006. Sous le couvert d'une longue période de croissance qui diminuait la vigilance, la machine à financer des logements s'est emballée. Les banquiers se sont laissés leurrer par une conjoncture faste qui semblait ne devoir jamais finir. Ils ont été entraînés dans un tourbillon de prêts qui, par la diminution rapide de leur qualité, allait les rendre de plus en plus sensibles au moindre coup de vent de la conjoncture.

Le discret ralentissement de l'économie américaine amorcé à la fin 2006 a sonné l'alerte sur une activité qui avait dépassé les limites du raisonnable. Le gonflement des encours d'impayés a commencé à inquiéter au début de 2007 mais l'affaire ne s'est révélée au monde qu'en août de cette année quand la décélération de la croissance a déclenché la multiplication de faillites personnelles et un début de crise dans les banques. L'épuisement de la reprise a ébranlé la pyramide des crédits immobiliers avant qu'elle ne s'écroule en septembre 2008 entraînant la débâcle de grands établissements financiers de la place de New York trop lourdement, voire outrageusement, exposés à des risques hypothécaires qui ne se sont pas limités aux « subprime ». La raison de la crise est apparue d'évidence comme financière. « Une bulle », comme disent les tenants de ce qui n'est qu'une image, venait d'éclater en allusion à la chute vertigineuse des bourses des deux côtés de l'Atlantique.

Le discours d'Angel Gurria, secrétaire général de l'OCDE, du 14 septembre 2018 pour le dixième anniversaire de la crise est un morceau d'anthologie hors du commun par son caractère impressionnant de vérité. « La dérégulation avait libéré l'énergie créatrice du système financier assurant que l'économie aurait toujours les fonds nécessaires. La science économique avait finalement résolu les problèmes de dépression selon le Prix Nobel d'économie Robert Lucas ». Angel Gurria a rappelé les prévisions optimistes de l'OCDE en juin 2007. « La crise des « subprime » semblait maîtrisée. La croissance, dans les pays de l'OCDE, devait être soutenue par de fortes créations d'emplois. Mais c'est une récession qui s'est produite ». Il a constaté avec un réalisme qui l'honore, si ce n'est avec dépit, que les idées économiques dominantes et les modèles qui s'en sont inspirés n'ont pas reflété la réalité. C'est pour cela que l'institution n'a pas vu venir la crise. « On a eu tout faux ! » a-t-il asséné.

La rapidité de la dégradation de la conjoncture fut une surprise particulièrement désagréable pour des entreprises non financières qui venaient de retrouver, en juillet 2008, la confiance en des jours meilleurs des deux côtés de l'Atlantique en affichant une grande confiance dans la hausse de leurs résultats. Le contexte a changé radicalement à la fin du mois. La peur de la fragilité de l'autre a conduit les banques devenues méfiantes à ne plus s'aventurer sur le marché monétaire qui s'est bloqué. Le robinet du crédit s'est fermé. Les entreprises ont été obligées à des licenciements massifs qui ont provoqué une envolée impressionnante du chômage en un temps court record. Les mauvais souvenirs des années 1930 se sont soudain réveillés. La brutalité de la chute de Wall Street y a participé. La relation de causalité paraissant imparable, des économistes se sont répandus, au début de 2009, pour annoncer l'imminence d'une dépression à partir de l'idée que les marchés « anticipaient » au risque d'entraîner une véritable panique chez des agents économiques inquiets.

Contrairement à ce qui se dit, les « subprime » n'ont pas déclenché la crise. Ils y ont seulement participé. Le gonflement de leurs impayés a pesé lourdement sur le compte d'exploitation des banques mais ils n'ont pas eu le rôle qui leur a été donné dans le naufrage de ces dernières. Ce qui paraît évident n'est pas toujours vraisemblable ! Le caractère quasiment instantané des évènements a créé la confusion entre les causes et les conséquences de la débandade générale. L'apparence, toujours elle, a vite persuadé ceux qui en étaient déjà convaincus que la « finance » avait une énorme responsabilité dans le désastre économique et social qui se déroulait sous leurs yeux. C'est l'écroulement des « subprime » et le recul impressionnant des bourses qui a retenu l'attention. Comme à chaque fois, l'évolution sous-jacente de la conjoncture a été trop discrète pour apparaître comme la cause principale de la crise qu'elle a été.

La manière dont la « Grande Récession » s'est déroulée n'est pas nouvelle dans son principe. Les longues phases de forte croissance font le lit d'excès révélés par les récessions qui les suivent. Cette fois, la durée inhabituelle du cycle de l'immobilier américain a fait partie des facteurs aggravants. Commencé en 1992, son déroulement a semblé inépuisable tant était grande la demande de logements encouragée par une politique destinée aux couches défavorisées de la population au nom d'une société de propriétaires telle que l'avait souhaitée Bill Clinton. Son successeur, George W. Bush a repris ce grand projet à son compte si bien que le nombre des propriétaires rapporté à l'ensemble des ménages est passé de 63,7 % au premier trimestre 1993 à 69,7% douze ans plus tard. Il n'atteignait, au même moment, que 55 % en France.

L'immobilier a traversé la récession de 2001, celle de la « high tech », sans problème. À cette époque, la baisse des impôts sur le revenu des ménages avait soutenu leur demande de logements. La hausse continue des prix dans le secteur avait conféré aux banques une impression d'immunité contre les aléas apparemment limités de la conjoncture. Le montant des prêts était garanti par la valeur du bien acheté puisque, visiblement, sa valeur ne pouvait que croître. Aucune garantie n'étant prise par ailleurs, des ménages qui ne l'imaginaient pas ont été convaincus de se porter acquéreurs de leur logement sans autre risque financier que celui lié au bien acheté.

Encouragés par un barème d'amortissement très progressif des prêts, les acquéreurs les plus fragiles ont repris contact avec la réalité quand la croissance a commencé à se dérober. L'accélération de la multiplication des faillites de ménages au revenu très faible qui s'étaient imprudemment endettés a provoqué l'affaire des « subprime » qui a été désignée comme la cause du déclenchement de la récession. Le gonflement des transactions sur le marché secondaire des hypothèques avait commencé à inquiéter l'Administration Bush bien avant que la situation ne se dégradât. Le rôle des sociétés financières disposant de la garantie implicite de la puissance publique à commencer par celle de l'Etat fédéral, les GSE[6] privatisées en 1995, a été pervers dans la mesure où des organismes cotés en bourse qui étaient informellement mais réellement garantis par l'Etat fédéral achetaient des créances hypothécaires à tout va. Ils permettaient aux banques de délester leur bilan de leurs opérations passées. Le système en place prolongeait leur activité sans considération pour le risque qu'il induisait. Il était devenu une machine à diluer les responsabilités dont le gouvernement se trouvait incapable de maîtriser le fonctionnement.

L'administration s'est montrée de plus en plus préoccupée, comme j'ai pu le constater en parlant avec de hauts responsables du Trésor (le *Treasury Department*, le ministère des Finances) et du *Congressional Budget Office*, dès 2005, par la dynamique dans laquelle s'étaient engagées les GSE. Fannie Mae et Freddie Mac, deux d'entre elles, se sont retrouvées sur un sentier de plus en plus escarpé. En réescomptant des titres sans vraiment contrôler leur qualité, elles ont laissé les banques déraper. Les auteurs d'une note très fouillée du Trésor, plus précisément de *l'Office of Economic Policy*, du 6 juin 2005 utilisant la

---

[6] GSE, *Government Sponsored Entreprise*

notion de P/E (*price/earning ratio*) chère aux actions s'étaient inquiétés de savoir si la valeur des logements acquis n'avait pas dépassé ce que suggéraient les « fondamentaux économiques et financiers » en se référant au rapport de leurs prix aux loyers. La méthode, bien que discutable, pouvait paraître intéressante sauf que le sujet clé concernait moins la valeur des biens que la sensibilité des emprunteurs à une éventuelle secousse de la conjoncture.

Le processus de plus en plus précaire d'acceptation des crédits devait mal se terminer. L'activité s'est développée jusqu'au moment où trop est devenu vraiment trop. Le moindre vent défavorable de la conjoncture se devait faire d'écrouler la pyramide des crédits. Une première et chaude alerte est intervenue au cours de l'été 2007. Les acquéreurs les plus précaires ont été les premiers à se montrer incapables de faire face au programme d'amortissement de leurs emprunts. Très faibles à leurs débuts, les paiements sont vite devenus insupportables lors de leur montée en charge. Le montage était trompeur pour des gens incapables d'apprécier les risques qu'ils prenaient. La multiplication des faillites est vite apparue comme un drame social mais l'affaire a pris une tout autre dimension lorsque la récession de l'été 2008 a brutalement éclaté provoquant, en quelques semaines, le naufrage de grands établissements financiers de la place de New York. La mèche des défauts de paiement étant allumée, le baril bancaire se devait d'exploser. C'est ce qui s'est produit en septembre. Les « subprime » n'en ont pas été la vraie cause. Les montants en jeu sont devenus si énormes que le Trésor américain et le Fed ont dû intervenir pour éviter une catastrophe. Les deux « GSE », qui détenaient alors des encours de 5000 milliards de dollars, ont été nationalisées à titre conservatoire.

Ce type de danger n'a pas été réservé aux ménages américains peu au fait des mécanismes de financement. Ce qui est plus étonnant, c'est que le même sort soit arrivé à des institutions censées connaître leurs risques. En France, des collectivités locales se sont laissées séduire par des prêts dits toxiques dont elles n'ont vu que les conditions attractives soulignées par un principe de séduction vieux comme le monde. Et ça, ce n'est pas normal ! Quand les monnaies de leurs emprunts, souvent en francs suisses, se sont mises à monter, la charge de leurs dettes, qui comprend les intérêts et l'amortissement du capital, s'est alourdie dangereusement au point de les conduire à frôler la faillite. Les collectivités sont allées se plaindre de l'indélicatesse de banques qui n'avaient pas fait leur travail de conseil leur revenant. Elles ont surtout été victimes d'un défaut de curiosité car un scandale du même genre était arrivé à une société de développement régional de la région Rhône-Alpes dans les années 1970 avec des emprunts, eux aussi, en francs suisses. Cette fois, les banques ont payé cher leur démarche contestable qui privilégiait l'aspect commercial au détriment du risque encouru. Dexia, la banque franco-belge spécialisée dans le financement des collectivités locales, est passée à la trappe.

Les faillites sont choquantes en soi. Elles aggravent la précarité de ceux qui les subissent mais en 2008, aux Etats-Unis ce sont les banques qui ont récupéré, avec une certaine justice, le fardeau de leur impéritie. Les acquéreurs, eux, n'ont pas eu à débourser un loyer pendant qu'ils étaient propriétaires de leur logement. Ils ont été contraints de l'abandonner quand la charge de son financement est devenue insupportable ou tout simplement quand l'encours de leurs dettes a dépassé la valeur en baisse du bien financé. D'autres en ont été expulsés par les banques qui leur avaient prêté les fonds. Le choc a été psychologiquement rude.

Avec la baisse des prix des logements de bas de gamme, les banques ont vu leur portefeuille immobilier se déprécier. Les montants de leurs actifs se sont rapidement contractés face à un encours de dettes qui restait fixe. La situation s'est aggravée quand la récession a précipité l'envolée du chômage. Les banques américaines auraient subi les revers classiques d'une récession succédant à une phase de croissance plus ou moins longue si elles n'avaient pas abusé de la titrisation de leurs crédits qui leur a permis de contourner la contrainte de ratios dits prudentiels destinés à les freiner dans leurs initiatives. Le poids du marché dans le financement de l'économie est beaucoup plus important aux Etats-Unis qu'en Europe. Cette particularité a incité les banques américaines à en user puis à en abuser en y plaçant des obligations représentatives de leur activité immobilière. Les MBS *(Mortgage-Backed Securities)*, papiers rassemblant des crédits hypothécaires aux rendements attractifs placés auprès d'investisseurs, leur ont permis d'alléger leur bilan. Ils ont surtout contribué à une formidable entreprise de dilution de leurs responsabilités.

Les souscripteurs de MBS ont fait confiance aux banques, souvent de grand renom, qui les émettaient. Personne ne contrôlant personne, le drame était au bout de la ligne droite d'une phase de croissance étonnamment longue du secteur. C'est ainsi qu'une dizaine de banques régionales allemandes de toutes tailles s'est retrouvée en situation de faillite pour avoir souscrit à ces titres représentatifs de créances immobilières américaines au-delà du montant de leurs fonds propres. Sans l'intervention de l'Etat fédéral et des länder, la solidité du secteur bancaire allemand aurait été menacée dans l'un des pays économiquement les plus solides du monde. Une « *bad bank* » a été créée pour parquer ces mauvaises dettes. Un comble pour une économie dont le secteur immobilier ne s'était pas encore relevé de l'après boum de la réunification.

La situation des banques aurait pu rester sous contrôle si leurs risques avaient été limités aux « subprime » qui ont eu une résonance particulière dans les media en raison du grand nombre d'acquéreurs modestes concernés et du drame humain que la dépossession de son logement peut provoquer. Les dossiers étaient nombreux mais les montants en cause relativement faibles. Ils n'ont représenté que 20 % du montant total des encours sinistrés. La défaillance des « prime », les prêts classiques accordés à des emprunteurs aux salaires conséquents, s'est amplifiée à la vitesse de la récession. Le décrochage brutal de l'activité, en provoquant une montée spectaculaire du chômage au cours de l'été 2009 a gonflé les faillites personnelles des « prime », les salariés au revenu normalement compatible avec leurs engagements.

Les « prime » ont joué un rôle beaucoup plus déterminant que les « subprime » dans l'approfondissement de la crise. Les « subprime » ont fragilisé les banques qui n'ont pas résisté à la déroute des « prime ». Ces derniers correspondant à 80 % des encours de crédits hypothécaires sinistrés ont constitué la cause première de la chute des banques de Wall Street. Cette cascade a provoqué, en particulier, l'effondrement de Lehmann Brothers, l'une des grandes *investment banks* de New York, qui restera dans l'histoire comme on peut le constater dix ans plus tard, comme le déclencheur de la crise. Elle n'a pas eu la chance de ses consœurs, comme Meryl Lynch, d'être rachetée.

La récession américaine a eu un impact très fort sur la conjoncture européenne. La zone euro, avec ses lourdeurs, a été particulièrement affectée. Il n'y a pas eu une contagion financière comme cela s'est dit mais une contagion économique. Le scénario de 2008 s'est vraisemblablement déroulé dans des conditions voisines de celles de la dépression des années 1930 qui avait commencé par la chute de Wall Street en octobre 1929, désignée, à tort, comme la cause du déclenchement du drame qui a suivi. Les Etats-Unis n'avaient pas l'importance qu'ils ont acquise après la guerre mais leur récession a eu, dès cette époque, un retentissement mondial. Des décisions malheureuses ont transformé une dure mais banale récession en dépression. Ben Bernanke, le patron de la banque centrale américaine, a retenu la leçon et il s'en est servi efficacement. Quelle qu'en soit la raison, il s'avère que, dans le secteur privé comme dans la fonction publique censée le contrôler, des excès s'avèrent toujours possibles. Le principe est toujours le même. La croissance les génère, une récession les révèle. De la manière d'en gérer les conséquences dépend le devenir de la conjoncture. Le Trésor et la banque centrale ont su, cette fois, coordonner leurs efforts pour éviter le pire.

Les marchés n'ont joué aucun rôle actif dans la débâcle de 2008 même si la vitesse de leur réaction, en leur donnant une apparence d'avance sur la conjoncture, a pu faire croire le contraire. Les bourses se sont effondrées, les taux ont baissé et le dollar s'est redressé au second semestre de 2008. On a alors parlé d'un dollar « valeur refuge » sans estimer le ridicule d'une telle idée à un moment où Wall Street faisait peur. Encore une erreur d'interprétation facilitée par le rôle exorbitant donné aux investisseurs. La monnaie américaine qui avait baissé tout au long des années 2000 quand la croissance des Etats-Unis était forte s'est redressée quand la récession s'est déclenchée au cours de l'été 2008. Wall Street a fait l'inverse. Une symétrie parfaitement liée, en temps réel, conséquence du passage d'une phase de croissance à une récession. Ce genre d'évènement spectaculaire a souligné que la « main invisible » de la conjoncture économique assurait la cohérence des comportements des marchés avec une force contre laquelle il est impossible de lutter. Le contraste entre deux phases économiques qui s'opposent violemment a facilité l'observation. Les marchés ont fidèlement suivi les données économiques. Il n'existe pas de « crise financière » sans un solide accroc dans l'évolution de la conjoncture.

## LA PREMIÈRE CRISE DE LA MONDIALISATION

La récession a trouvé sa source aux Etats-Unis en raison de leur rôle d'animateur quasi exclusif de la conjoncture mondiale, elle a vite atteint leurs partenaires. Comme d'habitude, si leur rôle est mal reconnu quand ils déclenchent une reprise, tous sont très rapides à les accuser d'être les responsables d'une déprime générale. La phase de développement la plus forte que le monde n'ait jamais connue entre les années 2001-2003 et 2008 a occulté la réalité redoutable d'une fragilisation de la conjoncture des économies les plus riches. L'ouverture accélérée des frontières a créé un espace de croissance que les entreprises les plus dynamiques des pays industrialisés ont voulu conquérir. Elles ont appliqué la théorie de l'avantage comparatif cher à l'économiste anglais David Ricardo en profitant des bas coûts de production dans les pays émergents. Ce faisant, elles ont exacerbé une concurrence internationale à la base de la faible croissance des pays riches après la crise de 2008.

L'accroissement spectaculaire du commerce international a particulièrement profité aux pays émergents. En Chine, l'arrivée massive *d'investissements directs étrangers* (les I.D.E) en provenance des pays industrialisés, à commencer par les Etats-Unis, a permis l'embauche de personnels éduqués. L'effet boomerang n'a pas tardé ! Le personnel local engagé a vite profité de l'accès à la connaissance qui leur était offert pour se former avant de créer leur propre entreprise concurrente de celles de leurs anciens employeurs. Tout est allé d'autant plus vite au cours du cycle des années 2000 que l'inflation est restée inexistante. Le contexte était rassurant, mais cela n'a pas duré en raison de l'ambition des pays émergents désireux de prendre toute leur place au banquet de la croissance mondiale, pour reprendre l'image de Malthus. Leur croissance a entraîné une très forte poussée des cours des matières premières que les entreprises des pays industrialisés ont réussi, un temps, à amortir. La pression de la concurrence s'est mise à peser de plus en plus sur les coûts de production donc sur les salaires des ménages des pays industrialisés dont la demande contribuait au développement du commerce international. Cette pression sur les coûts salariaux explique largement la faible reprise qui a suivi la crise de 2008. Aux Etats-Unis, les premiers signes d'un essoufflement s'étaient fait jour dès le début de 2007. La hausse des prix de l'essence à la pompe avait commencé à éroder le pouvoir d'achat des ménages. Elle a fini par avoir un impact déterminant en raison du rôle primordial de la voiture dans ce pays.

La demande de consommation a ralenti fragilisant dangereusement la croissance américaine. L'administration Bush a cru à un blocage conjoncturel alors qu'il s'agissait des conséquences bien plus profondes d'un changement structurel qui avait une origine extérieure aux Etats-Unis. C'est, là, sa grande erreur qui allait précipiter la crise. George W. Bush, comme ses prédécesseurs, n'a pas prêté une grande attention à ce qui pouvait se passer hors de son pays. Or quelque chose de fondamental avait changé, qui dépassait le simple cadre de l'économie américaine et ce « quelque chose » n'était rien d'autre que la mondialisation.

Quand la reprise a commencé à ralentir en 2007, rien ne laissait présager la tornade du deuxième semestre 2008. Elle a progressivement perdu de ses forces comme en ont témoigné les replis des indices mensuels de confiance des consommateurs qui reflètent davantage l'état de la conjoncture que l'envie de consommer. Les Etats-Unis ont été déclarés en récession au quatrième trimestre 2007 par le *National Bureau of Economic Research* en charge du suivi de la conjoncture américaine. Cette déclaration ne pouvait pas laisser l'administration sans réaction. Les ventes de maisons neuves avaient atteint leur sommet fin 2005 avant d'aborder un mouvement très rapide de reflux. Le Fed, dans les minutes des réunions de son FOMC[7] de 2007 et de début 2008, s'en était inquiété mais il ne s'attendait pas à un effondrement de l'immobilier. Ben Bernanke, et, avant lui, Alan Greenspan, n'ont pas cru à la précarité de la situation.

Les premiers signes d'essoufflement de l'immobilier sont apparus à la fin de 2006 mais les faillites individuelles les *« foreclosures »* n'ont commencé à peser sur les établissements financiers qu'au printemps et

---

[7] FOMC *Federal Open Market Comittee* ou Comité fédéral d'open market, organe de la Réserve fédérale américaine.

surtout au cours de l'été 2007. Les alertes se sont multipliées mais ce n'est qu'après un violent coup de torchon sur Wall Street début août que le Fed a réagi en abaissant ses taux d'intervention, le taux des *federal funds* et le taux d'escompte de moins en moins utilisé. Le monde a, alors, découvert les « subprime » qui allaient faire l'objet d'une véritable déroute un an plus tard.

Le Trésor américain a décidé de contrer la déprime qui s'installait au cours du printemps 2008 en prenant des mesures qui ont d'abord renforcé l'espoir en des jours meilleurs avant de provoquer la catastrophe. Elles ont été à la base du décrochage de l'activité qui s'est vite transformé en récession au cours de l'été. C'est alors que les banques ont participé à son approfondissement. Il y a eu du côté des banques un abus de profits et du côté de la banque centrale américaine un défaut de vigilance. Toutefois, la récession ne se serait vraisemblablement pas brutalement amplifiée si la conjoncture n'avait pas été troublée par des mesures maladroites de relance. L'effondrement des bourses et des grandes banques de Wall Street a fait croire que la crise était financière. En fait, l'économie américaine venait de connaître un décrochage d'une amplitude exceptionnelle. L'évènement s'est vite répercuté sur les échanges internationaux comme en a témoigné la chute des indices de transport maritime de marchandises au second semestre de 2008, le *Baltic Dry Index* passant d'un sommet de 11.793 le 20 mai 2008 à moins de 1.000 en octobre 2008.

La débâcle a trouvé son origine dans l'initiative de relance décidée par les Américains au printemps. Elle a créé une fausse impression de reprise. L'embellie n'a duré que le temps du printemps. Le retournement de la conjoncture qui l'a suivi a pris le monde à contre-pied. Les entreprises allemandes qui avaient revu en hausse leurs perspectives de chiffres d'affaires et de bénéfices au cours du mois de juillet 2008 en prévision d'une embellie du commerce international après la médiocre conjoncture du premier semestre ont pris une douche glacée. Convaincu de la confiance ambiante à la fin du premier semestre, Jean-Claude Trichet, alors président de la BCE, avait trouvé judicieux de relever ses taux d'intérêt début août soit juste au moment où la conjoncture américaine a décroché ! Pas de chance... Il n'avait pas jugé bon de tenir compte du fait que ses pairs avaient pris l'initiative inverse.

Le système bancaire américain était devenu un véritable château de cartes. Celui du Royaume-Uni était dans une situation voisine. La zone euro qui s'était distinguée en ne participant pas ou peu à la fête des années fastes a plongé avec l'économie américaine. La récession a ébranlé ses banques mais d'une manière moins brutale. En France, elles ont sollicité l'aide du Trésor, mais l'alerte a été plus chaude en Allemagne. Sans des interventions massives des banques centrales et des Trésors aux Etats-Unis et au Royaume-Uni, la récession aurait pu se transformer en dépression. Mervin King, gouverneur de la Banque d'Angleterre et surtout Ben Bernanke, président du Fed, n'ont pas hésité à agir pour éviter une crise majeure. Le Fed a promptement abaissé le taux des fonds fédéraux sur le plus bas record de 0,25 %. Il a mis en œuvre sa première initiative de « Q.E. » en décembre en suivant ce que faisait déjà la Banque de Japon (la BoJ). Au même moment, les déficits budgétaires américain et anglais ont explosé sous le poids de plans massifs de soutien aux banques et à l'économie. Des moyens radicaux au service d'une situation exceptionnelle.

L'explosion volontaire des déficits publics était le prix à payer pour écarter tout risque du type de celui des années 1930. Les faits ont donné raison aux pays qui ont eu le pragmatisme de privilégier la gestion de la conjoncture économique sur les contraintes financières. Le déficit des Etats-Unis de 10 % de leur PIB en 2009 est revenu sous les 3 % en 2014 grâce au retour de la croissance qui a provoqué une décrue spectaculaire de leur chômage. Le Royaume-Uni a suivi. Son chômage a touché des plus bas en 2017 mais il a mis plus de temps pour réduire son déséquilibre budgétaire. Les pays émergents d'Asie et le Japon ont été épargnés pour ne pas avoir investi dans des titres de placements immobiliers occidentaux mais ils ont quand même senti le vent du boulet de la récession par son impact sur leurs exportations.

Le monde croit que les « subprime » ont été à la base de la grande crise mais la réalité n'est pas aussi simple. Le timing des évènements a montré le rôle déterminant de la conjoncture économique dans son déclenchement. Les marchés n'y ont nullement participé. Ils ont juste entériné le déroulement de la conjoncture. Si la multiplication débridée des prêts hypothécaires devait mal finir, c'est la volonté de lutter contre la récession au premier semestre de 2008 qui a vraiment déséquilibré l'économie américaine.

La récession qui a été déclarée à la fin 2007 a conduit George W. Bush à prendre des mesures de relance au printemps 2008 mais les causes n'étaient pas internes aux Etats-Unis. Des raisons externes y ont joué un rôle important. Néanmoins l'administration en place n'a pas imaginé que ce qui valait un jour pouvait ne pas fonctionner le lendemain si l'environnement changeait. Et c'est bien ce qui s'est produit. Les mesures qui avaient si bien réussi lors du premier mandat George W. Bush se sont révélées les premières causes de la récession de la fin du second.

Lorsque Bill Clinton a passé ses pouvoirs à son successeur, en janvier 2001, aucun des deux ne savait qu'une récession s'était amorcée. George W. Bush, à peine arrivé à la Maison-Blanche, s'était inquiété de l'usage qui pouvait être fait de l'excédent budgétaire laissé par son prédécesseur. Le *Congressional Budget Office*, l'organisme bipartisan du Congrès dont l'un des rôles est de bâtir des projections à dix ans, avait annoncé en 2000, une série d'excédents qui devait entraîner la disparition de la dette américaine à l'horizon de 2010 et, avec elle, la disparition des instruments du Trésor servant de référence les *benchmark* pour les opérations de prêts du secteur privé. George W. Bush a eu peur qu'une telle aisance de trésorerie n'encourageât un accroissement intempestif des dépenses publiques. Sa réaction fut alors salutaire.

Pour prévenir toute initiative en ce sens, il a vite décidé de réduire les impôts *tax cuts*. C'est ce qu'il a fait, par deux fois avec bonheur, en 2001 puis en 2003, sur le revenu des ménages tout en donnant des subventions destinées aux familles défavorisées ne payant pas d'impôts par l'intermédiaire d'un *tax credit*. L'administration a eu la chance de prendre cette décision car elle lui a permis d'utiliser immédiatement la politique budgétaire pour relancer la croissance en particulier après le terrible choc des évènements du 11 septembre. Il n'y a eu aucune perte de temps contrairement à ce qui se passe en pareille circonstance car, si le Fed a la maîtrise de ses décisions, le Président n'a pas la même liberté.

La mise en œuvre de mesures budgétaires exige des délais car l'exécutif doit avoir l'accord du législatif. Or, en ayant fait voter très tôt, au milieu de 2001, le principe d'une réduction d'impôts par le Congrès, George W. Bush disposait des armes pour contrer la récession qui s'était amorcée à l'insu des deux Présidents et qui a durement secoué le secteur nouveau de la haute technologie. La baisse des impôts sur les ménages a relancé la croissance avant que le manque de force de la conjoncture n'obligeât en 2003, à une deuxième série de *tax cuts*. En dopant la consommation des Américains, elle a déclenché la plus grande phase de développement que le monde ait connue. Ces *tax cuts* qui devaient durer jusqu'à la fin 2011 ont provoqué un bras de fer entre Barak Obama et les républicains sur l'opportunité de les prolonger. Ce qui fut fait pour un an.

Les pays émergents, sous l'impulsion de la demande des pays occidentaux essentiellement animée par celle des Américains, ont été propulsés sur le devant de la scène économique mondiale. En quelques années, les relations commerciales internationales ont été bouleversées avec l'arrivée, à toute vapeur, du mastodonte chinois. Malheureusement, ce qui vaut un temps ne vaut pas tout le temps. La chance qu'avait eu le président américain au début de son mandat ne s'est pas répétée. Il a cru pouvoir renouveler l'expérience de 2001-2003 lorsque la consommation a perdu dangereusement de ses forces, fin 2007. Mal lui en a pris car le monde avait changé.

Avec l'appui d'un congrès à majorité démocrate, le président républicain a signé un plan de relance, l'*Economic Stimulus Act*, le 13 février 2008, qui devait renforcer le pouvoir d'achat des ménages américains malmenés par la hausse du pétrole. Cette décision, qui est intervenue dans un contexte radicalement différent de celui qui prévalait cinq ans plus tôt, a créé les conditions du naufrage de la fin de l'été 2008. En 2001 puis en 2003, il s'agissait d'amorcer un cycle, en 2008 de le prolonger alors que l'économie américaine ne disposait pas de l'espace de croissance mondiale nécessaire pour y parvenir.

Les mesures prises au cours du premier mandat avaient fini par faire basculer le budget fédéral d'un excédent dans un déficit qui était encore élevé début 2008. Cette situation a conduit le Président à limiter la réduction d'impôts à un *tax rebate* auquel s'ajoutaient, à nouveau, des transferts sociaux pour les ménages défavorisés. À la différence d'un *tax cut,* la durée d'un *tax rebate* est très limitée dans le temps. Il fallait donc que son impact stimulant soit suffisamment fort pour provoquer une poussée durable de l'activité en très peu de temps. Parallèlement, l'administration s'est lancée dans une dangereuse fuite en avant en relevant le plafond des prêts hypothécaires aux montants importants (jumbo) admis au réescompte auprès des désormais fameux établissements spécialisés (les « GSE » Fannie Mae et Freddie Mac). Ce furent les initiatives de relance de trop. Le *Stimulus Act* a semblé calmer le mal, mais loin de le guérir, il l'a amplifié.

Le film des évènements est clair. Le *tax rebate* destiné à soutenir une demande de consommation devenue anémique a été mis en œuvre fin avril 2008 et s'est terminé trois mois plus tard, soit en juillet. En mai, le revenu disponible des ménages a bondi. L'accélération de la croissance américaine au cours du printemps s'est accompagnée d'une augmentation des importations qui a stimulé le commerce international. Et là, les causes ont produit les mêmes effets. La reprise de la demande mondiale a déclenché une nouvelle montée du cours du baril qui a été propulsé sur le niveau record de 147 dollars, le 17 juillet, juste au moment de la fin du *tax rebate.* Le timing ne pouvait être plus malheureux. Au deuxième trimestre, la hausse du revenu disponible des ménages (+ 10,7 % en taux annuel) a permis d'amortir la montée des coûts de l'énergie. La consommation a augmenté. En revanche, le recul de leur revenu disponible au troisième trimestre (- 8,8 %) au moment où le prix du gallon battait des records a provoqué une chute de la consommation qui ne s'est arrêtée qu'en novembre. Le cocktail de la diminution des revenus après impôts et de la hausse record du baril en juillet a déclenché un violent retournement de tendance de la conjoncture.

La véritable rupture dans le déroulement de la reprise a conduit les entreprises à réagir d'autant plus radicalement que les banques ont réduit drastiquement leur activité de prêts. Les entreprises manufacturières ont brutalement coupé leur production pour contenir le gonflement de leurs stocks qu'elles ne pouvaient plus financer. Le taux de chômage qui avait tendance à remonter depuis son point bas de 4,4 % de mars 2007 est monté à 5,5% en juin 2008 avant de s'accélérer pour atteindre 7,8% en janvier 2009 avant de toucher son point le plus haut à 10 % en octobre 2009, confirmant au passage sa réputation d'indicateur retardé *(lagging indicator).* Le dégonflement des stocks a amplifié la chute du PIB américain au dernier trimestre de 2008. Si une croissance forte crée des excès, la récession en entraîne d'autres. Dans le premier cas, ils ont pour vocation de créer les conditions d'une récession, dans le second, ils créent des réserves pour le démarrage d'un nouveau cycle.

Le plongeon de l'activité a été sans commune mesure avec le recul de la consommation comme le montre le graphique ci-dessous. Une véritable mécanique de type saut à l'élastique s'est alors mise en place. Un saut à l'élastique commence par une chute vertigineuse qui occasionne des émotions intenses. La tension de l'élastique finit par freiner puis par arrêter la chute qui crée, à son tour, une force de rappel automatique qui induit naturellement une violente remontée. C'est exactement ce qui s'est produit, la première phase s'étant produite au deuxième semestre de 2008, la seconde au premier semestre de 2009. La production manufacturière qui a connu un plongeon spectaculaire alors que la consommation a relativement peu baissé s'est redressée automatiquement. La reprise qui s'est amorcée a pris à revers les Cassandre qui annonçaient bruyamment, au même moment, l'arrivée d'une dépression.

ETATS UNIS

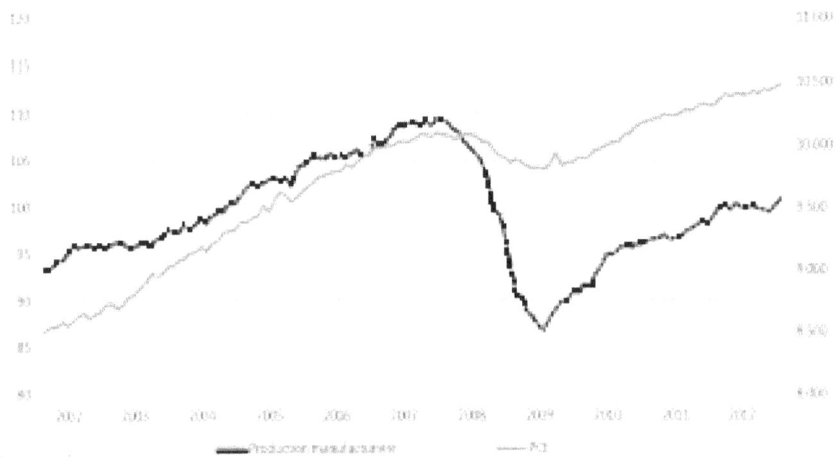

PCE = dépenses personnelles de consommation.
Source : Bureau of Economic Analysis. Soprofi

La chute brutale de l'activité essentiellement cantonnée aux pays occidentaux se devait de s'accompagner d'une dégradation spectaculaire des conditions d'exploitation des entreprises. Les bourses se sont effondrées. Elles ont connu une remontée spectaculaire lorsque la conjoncture s'est retournée mécaniquement, en mars 2009, dans une ambiance particulièrement triste. Cet automatisme a surpris tout monde.

C'est dans de telles circonstances qu'il est possible de constater que les opérateurs n'ont aucune prise sur les marchés. L'environnement était lourd et l'humeur des investisseurs était sombre et pourtant les marchés se sont envolés.

La faiblesse de la reprise américaine à la sortie d'une crise aussi violente que celle de 2008, malgré les montants colossaux injectés dans l'économie, est apparue comme un mystère. Déjà, dans les cycles précédents, le ressort de la reprise avait eu tendance à se ramollir. Cette fois, ce fut bien pire. Le passé n'est pas une référence car le futur lui est toujours différent mais, en 2009, il l'a vraiment été. Quelque chose avait changé qui empêchait visiblement la croissance de s'étoffer. Le malaise général des pays industrialisés n'était pas dû à des causes internes. La vague de la mondialisation qui s'était répandue à grande vitesse avait provoqué un appel d'air de croissance mondiale dans la décennie 2000. Elle avait, à son tour, créé des excès de capacités de production qui sont apparus à la suite du choc de 2008. La concurrence mondiale est devenue plus âpre. Elle n'a pas déclenché une guerre des monnaies, elle a juste créé les conditions d'une véritable guerre économique.

# LA RENAISSANCE DU PHŒNIX CHINOIS

Personne, à la fin du siècle dernier, n'imaginait les bouleversements qu'allait très vite provoquer la montée en puissance des pays émergents. Dans les années 2000, la reprise américaine a créé les conditions d'une accélération de leur développement. Leurs ambitions ont décuplé. Mao-Zedong a terriblement fait souffrir la population chinoise mais il a aussi laissé les conditions qui, un quart de siècle après sa mort, ont provoqué le formidable développement de son pays. Suivant les principes des régimes communistes, il a privilégié l'éducation, multiplié les universités et donc le nombre d'étudiants diplômés sans mettre à leur disposition des emplois à la mesure de leurs connaissances. Quand le pays s'est ouvert, les entreprises étrangères ont été attirées par une main d'œuvre disponible éduquée et bon marché. Le développement du pays allait être spectaculaire.

La Chine n'a, évidemment, pas été la seule à profiter d'un mouvement historique. La plupart des autres pays émergents ont saisi l'opportunité de la globalisation pour renforcer leurs structures et assurer leur développement. Cette grande mutation n'a pas été rapidement perçue car ces pays ont gardé une image de fragilité qui ne sied plus à la réalité. Janet Yellen, en 2015, a hésité à relever les taux américains ne serait-ce que d'un quart de point par peur de provoquer un déplacement de capitaux qui leur aurait été préjudiciable. Quatre hausses ont eu lieu entre décembre 2015 et le deuxième trimestre 2017. Les pays émergents d'Asie les ont ignorées. Un hasard ? Non, simplement la conséquence des progrès économiques qu'ils ont pu réaliser en peu de temps.

Mao est mort en 1976. Très vite en 1979, Deng Xiaoping a prodigué ses encouragements à devenir riche à la manière d'un François Guizot, Premier ministre de la France sous la Monarchie de Juillet, à qui a été attribué la formule « enrichissez-vous par le travail et par l'épargne… » en 1840. Il s'est, en fait, plus sûrement inspiré du *Guanzi*, ouvrage encyclopédique datant de 654 avant notre ère au moment du royaume Qi, où l'on trouve les premières théories sur les marchés. Il conseillait « d'enrichir le pays et de renforcer l'armée » ! C'est exactement ce que les successeurs de Deng, en particulier Xi Jinping dont les pensées ont été élevées au rang de celles de Mao dans la charte du parti, ont réalisé car le pays est devenu une puissance militaire qui s'est imposée à grande vitesse sur la scène internationale.

En partant du principe que le communisme ne signifiait pas le partage de la pauvreté, Deng Xiaoping a créé les bases du développement du pays le plus peuplé de la planète. La Chine a vraiment amorcé son décollage en 1992 avant de profiter de l'impulsion provoquée par son entrée dans l'OMC en septembre 2001. L'attrait que représentait pour les Chinois, à cette époque, les Etats-Unis et accessoirement l'Europe était impressionnant.

Les étudiants, dans leur majorité, ont adopté des prénoms américains qu'ils ont mis en avant par rapport à leurs prénoms chinois. Le goût de s'enrichir s'est si vite répandu et engagés dans une entreprise ils se sont vite fait à l'idée de créer la leur. L'arrivée massive d'investissements directs étrangers a été déterminante du développement accéléré du pays. Elle lui a permis de gagner un temps précieux dans l'acquisition de la connaissance. Le flux de ces investissements a déclenché une frénésie d'ouvertures d'usines qui a donné à leurs salariés l'opportunité de se former aux technologies importées. Mais ce n'était que la première étape car ils en ont vite abordé une nouvelle. Au cours des dernières années, les Chinois sont partis à la conquête du monde, non pas celle de territoires, mais celle de la connaissance en faisant l'acquisition d'entreprises de pointe comme les Allemands ont pu le constater en 2016, au point de prendre des mesures pour contenir une telle offensive.

Bill Clinton avait cru bon d'affirmer, en mars 2000, que « l'entrée de la Chine dans l'OMC allait favoriser l'emploi et rééquilibrer la balance commerciale des Etats-Unis avec ce pays ». C'est l'inverse qui s'est produit. Quinze ans plus tard, le déficit avec la Chine représentait la moitié de leur déficit extérieur. La Chine n'hésitant pas à avantager et à protéger ses entreprises a largement contribué à la désertification de régions anciennement prospères outre-Atlantique. Cette relation déséquilibrée n'est pas étrangère à l'élection d'un personnage aussi peu conventionnel que Donald Trump à la présidence du pays en 2016 avec son désormais fameux slogan *« America first »* et à l'adoption de taxes à l'importation non pas dans un but protectionniste sans issue, mais pour faire plier un partenaire qui se permettait vraiment tout.

Dès la fin des années 90, les grandes multinationales occidentales ont profité de l'ouverture des frontières pour délocaliser leurs usines afin d'optimiser la rentabilité de leurs capitaux investis. Leurs filiales ont produit des biens bon marché qu'elles ont exportés avant de les destiner au marché local. Elles ont donné l'impression aux ménages des pays industrialisés que leur pouvoir d'achat était préservé alors qu'il était, en fait, menacé. Si les premières années du mouvement leur sont apparues favorables, la suite allait s'avérer moins agréable car ils ont vu leurs emplois s'exporter et leurs salaires plafonner. La demande a ralenti aux Etats-Unis et, avec elle, leur croissance et il ne fait aucun doute que la Chine a misé son développement exceptionnel sur le succès de ses exportations de biens avant de chercher à promouvoir sa demande intérieure.

Les Chinois ont acquis des connaissances qui leur ont vite permis de multiplier la création d'entreprises à une vitesse impressionnante. Le pays n'a plus rien à voir avec celui de la fin des années 1990. L'accroissement du pouvoir d'achat de ses ménages s'est reflété dans l'envolée des immatriculations de véhicules qui a entraîné des embouteillages et une pollution monstres là où, dix ans plus tôt, les vélos occupaient la largeur des avenues. Entre temps, le pays était devenu l'usine du monde. Avec les pays émergents, il a formidablement profité du développement exceptionnel du commerce international provoqué par la reprise américaine dopée par la politique de relance de George W. Bush en 2001 et 2003

Plus d'un milliard trois cents millions de chinois qui se mobilisent avec leur énergie, ce n'est pas rien ! Et cela d'autant plus que le développement accéléré du pays a ouvert la boite de Pandore des demandes d'emplois en raison du flux de plus en plus important des migrants des campagnes attirés par les villes. La pression d'une population pressée de sortir de la misère a vite déclenché une spirale croissance/emplois qui a joué un rôle important dans le développement de l'économie chinoise. Le gonflement de la masse des salaires a créé une demande interne qui, s'ajoutant à des exportations en plein essor, a provoqué une véritable explosion des besoins de matières premières. Ces dernières qui avaient perdu de leurs lustres à la fin des années 1960 ont retrouvé une importance qu'on ne leur connaissait plus. L'incapacité des pays producteurs à adapter leur offre à la vitesse de la progression de la demande a participé à l'envolée de leurs cours. Elle a créé une nasse dans laquelle s'est pris le pouvoir d'achat des ménages des pays industrialisés à la fin des années 2000.

L'impact de la mondialisation a été sous-évalué, et dans la série des confusions qui en a résulté, la Chine a été considérée, en 2009, comme un moteur de croissance capable de remplacer les Etats-Unis dans l'animation de la conjoncture mondiale. C'est inexact. Si elle peut être considérée comme un moteur pour des secteurs bien ciblés dans le cadre de son développement, la Chine n'a cessé pour le reste de peser sur l'activité des pays industrialisés. À cause de sa forte demande, elle a joué un rôle déterminant dans la montée du pétrole dans les années 2000 à la base de la récession américaine de 2008. Elle a importé des biens des pays occidentaux mais elle a surtout exercé une pression de plus en plus forte sur eux en les inondant de ses produits à prix parfois outrageusement compétitifs. Récemment, ses entreprises sidérurgiques ont exporté vers les Etats-Unis et vers l'Europe leur surproduction d'acier à des prix bradés provoquant des hausses de droits de douane mais aussi des fermetures d'usines dans les pays ouverts au libre-échange. La Chine exportait ses biens mais aussi son chômage. Seuls, les pays producteurs de matières premières ont vraiment bénéficié de l'apport de la demande chinoise. Le poids du déficit des échanges des Etats-Unis avec la Chine a battu de nouveaux records en 2018 malgré l'imposition de taxes américaines à l'importation de produits chinois. Néanmoins, les choses changent.

Le développement du pays a entraîné une forte augmentation des salaires qui a fini par affecter sa compétitivité. Il l'a poussé vers des activités à plus forte valeur ajoutée en concurrence frontale avec les pays industrialisés. Le principe de la décélération de la croissance chinoise était programmé. La contraction du commerce international en 2008 n'a rien arrangé. La Chine s'est retrouvée avec d'énormes capacités de production bâties pendant les « années d'or ». L'affaiblissement de ses exportations a entraîné une cassure dans son rythme de développement. Elle a été suivie d'une vague de licen ciements à l'échelle du pays avec la menace que peut représenter la mise à pied de trente millions de salariés en un trimestre. Le gouvernement a réagi rapidement. Il a adopté un plan de relance massif de 4000 milliards de yuans dès la fin 2008 qui a amorcé l'alourdissement de l'endettement du pays.

La Chine souhaitait rattraper le temps perdu. Elle a voulu contrer son ralentissement structurel au risque de dégrader la qualité de sa situation économique. Pékin a organisé une véritable fuite en avant. Le gouvernement a encouragé le développement du secteur immobilier qui a impliqué une quarantaine de secteurs. Une spéculation effrénée s'est développée. Les gouvernements locaux y ont largement participé en créant des *« Local Government Financing Vehicles »* qui leur ont permis d'accroître leur endettement pour participer à l'emballement de l'immobilier. L'endettement s'est gonflé rapidement. Les prix des logements se sont envolés dans les grandes villes. Les projets de travaux publics se sont multipliés. La croissance a créé des excès qui ont alourdi son économie. Elle a subi un ralentissement inévitable. Les jeunes diplômés n'ont plus été embauchés aussi facilement que par le passé mais la différence de niveau de vie entre les villes et les campagnes a continué d'alimenter l'afflux massif de migrants des campagnes malgré les restructurations créatrices de chômage.

Une masse de 500 millions de Chinois est attendue dans les villes au cours de la décennie 2012-2022 souvent peu éduqués mais aussi peu exigeants. Le défi est de taille car le pays ne peut plus compter sur ses exportations comme par le passé en raison de coûts de production désormais trop élevés par rapport aux conditions offertes dans les autres pays émergents d'Asie. La Chine en est arrivée à devoir sous-traiter chez ses voisins comme le Viêt-Nam une partie de sa production mais la contrainte de la démographie l'oblige à pousser les feux de sa croissance.

Xi Jinping, président de la république populaire de Chine depuis mars 2013, a fixé un objectif de croissance ambitieux pour dix ans lors du dix-huitième congrès du parti communiste de novembre 2013. Il a décidé de donner un rôle « décisif » au marché en renforçant très prudemment le poids du secteur privé. Il a accéléré la réduction des inégalités entre les gens des villes et les migrants en facilitant l'obtention d'un certificat officiel de résidence (le « *hukou* ») à ces derniers sans lequel ils sont interdits d'accès au système de santé et d'éducation. De plus en plus de laissés-pour-compte de la société chinoise sont progressivement devenus des citadins de plein droit. Cette mesure radicale visait à les encourager à dépenser plutôt qu'à épargner puisqu'ils n'avaient plus à payer pour leur santé et pour l'éducation de leurs enfants de plus en plus prises en charge par l'Etat. Le poids de la consommation et des services s'est accru au cours des dernières années mais sans arriver à compenser totalement la moindre hausse des exportations et des investissements, ces derniers ayant représenté un temps, plus de 50 % du PIB, soit un poids anormal. Les exportations ont repris des couleurs en 2017 mais le chômage a été difficilement contenu à cause du ralentissement de la production des industries de base à forte intensité de main-d'œuvre.

L'ampleur des réformes à entreprendre a commencé à inquiéter le monde en 2015, à commencer par les agences de rating de plus en plus préoccupées par le gonflement de l'endettement du pays. L'encours des dettes rapporté au PIB est passé de 187,5 % du PIB en 2012 à 257,8 % au premier trimestre de 2017 dont 165,3 % pour les entreprises. Toutefois, le gouvernement conserve la maîtrise de la situation, ne serait-ce qu'en raison d'un encours des emprunts en devises étrangères qui, s'il augmente, reste plus faible que le montant des réserves de change du pays. Le gonflement de l'endettement chinois fait peur à tort tant que la qualité de la situation économique restera bonne. Le gouvernement n'hésiterait pas à prendre des mesures pour le diminuer en cas de crise. Ce ne serait qu'une affaire interne.

Le PIB chinois a encore crû sur un rythme de 6,8 % en 2017. Xi Jinping a pu présenter une situation économique positive lors du congrès du parti communiste d'octobre 2017 en promouvant les restructurations et le développement du secteur privé, tout en décidant de restreindre les libertés individuelles et de renforcer le rôle du parti. La mise en œuvre de son projet de « nouvelle route de la soie » cache mal les ambitions expansionnistes d'un Président nommé à vie. Il est devenu le successeur de Mao avec les dérapages d'autoritarisme qu'un tel statut comporte potentiellement ne serait-ce qu'en prenant le prétexte de débarrasser le pays d'une corruption endémique.

Les Chinois ont tardé à se familiariser avec les mécanismes de l'économie de marché, ils se sont rattrapés ! Ils ont fait preuve d'un formidable pragmatisme qui leur a fait gagner du temps. Pour avoir discuté avec celui qui était le président de l'Académie des sciences sociales et économiques en 2004, Li Yang, dans son modeste bureau à Pékin, à mon retour d'une conférence à Hangzhou où je l'avais rencontré, j'ai pu mesurer la lucidité et les compétences des grandes personnalités du monde économique et politique chinois. La Chine dispose d'experts au comportement discret qui, outre leurs connaissances théoriques, font preuve d'un réalisme impressionnant. Convaincu par les mécanismes de l'économie de marché, Li Yang l'était beaucoup moins par des théories qui lui apparaissaient, avec raison, irréalistes. Le pays peut compter sur des personnages de cette envergure pour gérer une situation devenue inconfortable.

Le pays vit sous la menace de tensions sociales susceptibles d'augmenter si sa croissance ralentit trop fortement mais elle a décidé de s'appliquer une politique de restructurations avec plus de conviction que certains pays occidentaux. Son gouvernement ne s'embarrasse pas des états d'âme. Il a fait sienne l'idée que la fin justifie les moyens. Elle s'applique la loi du marché à l'intérieur de ses frontières comme aucun pays industrialisé ne le fait plus. Elle a promu un système qui lui a permis de générer une vague de milliardaires et une cohorte de nouveaux riches dans un contexte digne du Far-West américain du XIX$^{e}$ siècle. La Chine a compris une chose qui pourrait être rappelée en occident : ce n'est pas l'Etat qui est à la base de la création de richesses mais l'initiative individuelle libre de toute rigidité sociale. Elle en est si convaincue que son gouvernement a accru le poids du secteur privé dans l'économie. Les investissements y sont désormais supérieurs à ceux du secteur public.

Les investissements privés représentaient les deux tiers de l'ensemble des investissements au premier trimestre de 2018. Leur poids va continuer d'augmenter indépendamment du choix du nouvel « empereur » de renforcer l'emprise du parti sur l'économie. Le gouvernement a adopté officiellement une politique de « *supply side* » qui vise à obliger les groupes nationalisés à devenir aussi compétitifs que ceux du secteur privé. Les banques vont devoir alléger leur bilan de leurs prêts non performants qui représenteraient jusqu'à 15 % du PIB du pays mais le ralentissement de la croissance et les risques qu'impliquent les décisions de Donald Trump d'ériger des taxes sur les importations chinoises a freiné le processus. La Chine veut renforcer la rentabilité du capital investi de ses entreprises. Son endettement est important, mais elle a déjà fait la preuve, en 2008, qu'elle savait le gérer.

# DES BANQUES CENTRALES TROP CHOYÉES

Les banquiers centraux ont une position à part. N'étant pas élus, ils ne peuvent pas être taxés de clientélisme contrairement à des responsables politiques susceptibles de céder à la démagogie. Leur indépendance leur a délivré le sceau de l'objectivité qu'ils considèrent comme indispensable à la préservation de la confiance que, croient-ils, les marchés leur accordent. Ils ont acquis une importance qui est sans commune mesure avec la portée réelle de leur action.

Ils cultivent un « culte de la crédibilité » qui les oblige à la prudence dans le choix des mots contenus dans leurs déclarations. Ils se sont laissé prendre, de bonne grâce, au jeu d'une médiatisation qu'Alan Greenspan, alors Président du *Federal Reserve Board*, a amplifié, avec un talent indiscutable, dans les années 1990. C'est impressionnant de voir avec quelle ferveur leurs discours parfois volontairement très flous sont écoutés puis analysés.

Le changement radical de nature des politiques économiques au début des années 1980 a remis les pendules à l'heure pour ce qui concerne la portée des initiatives monétaires mais cet ajustement s'est fait si discrètement qu'il est passé inaperçu. Il a pourtant remis en cause des idées reçues en révélant que les banquiers centraux n'avaient pas les pouvoirs qu'ils croyaient détenir. La « confiance » est un concept qu'ils manient comme de la dynamite. Tous veulent rassurer leur auditoire en affirmant régulièrement que leurs décisions sont appropriées tout en n'oubliant pas de se placer dans la sacro-sainte optique du « moyen terme » car le temps est leur ami. Leur souhait est d'éviter toute déclaration maladroite susceptible « d'effrayer » les marchés car ils sont persuadés de l'impact dévastateur de mots mal choisis. Ce faisant, ils se retrouvent juges et parties. Ils sont jaloux de leur indépendance devenue une rente si bien acceptée que les gouvernements se gardent bien de contester leurs décisions de peur de se faire sermonner. En revanche, l'inverse est beaucoup moins vrai.

Quand des responsables aussi importants que des banquiers centraux affirment craindre l'influence perturbatrice des marchés sur la conjoncture, il est difficile d'en douter. Le plus curieux est qu'ils ne sont pas les seuls à être convaincus des aléas d'une liaison qu'ils jugent périlleuse. Ils partagent cette conviction avec le camp de contestataires radicaux liés à l'extrême gauche qui profitent des réunions financières internationales organisées par les pays du G7 et du G20 pour manifester violemment contre le « pouvoir de nuisance » des marchés voire pour exiger une « remise en cause du capitalisme ». La situation est pour le moins paradoxale. Les philosophies des deux parties sont radicalement opposées pourtant leurs conclusions ont un point commun, celui d'accuser aveuglement les spéculateurs de jouer un mauvais rôle. La rue pense avec ses tripes au risque de se laisser convaincre par des arguments partisans inconsistants. Mais les banquiers centraux ! L'écho médiatique de leurs décisions n'a cessé de s'amplifier au cours des trois dernières décennies. Il les a probablement confortés dans la justesse de leur action alors que la réalité est tout autre.

Paul Volcker, président du Fed entre 1979 et 1987, a forgé sa réputation en affichant une détermination sans faille à arrêter la machine infernale de l'inflation que son prédécesseur, Arthur Burns, s'était montré incapable de maîtriser. Il a été considéré comme le grand vainqueur de cette lutte sans même avoir eu besoin de faire de grandes déclarations à la presse. La foi dans l'efficacité des politiques monétaires rend aveugle car le rôle qu'ont joué les décisions de Ronald Reagan à son arrivée à la Maison-Blanche a été déterminant. Alan Greenspan, en virtuose de la communication, s'est propulsé sur les devants de la scène économique mondiale. Il a certainement atteint le sommet de son art quand, à la fin de l'une de ses interventions, le 9 juillet 1998, il s'est amusé à dire à son auditoire conquis que *« si vous m'avez compris, c'est que je me suis mal exprimé ».* Il a fait preuve d'un talent d'orateur remarquable. Ses auditeurs ont été pris sous le charme. La situation s'est révélée pour le moins curieuse car il a donné une dimension médiatique sans précédent à la politique monétaire américaine au moment où son impact conjoncturel tendait à être marginalisé. Il pouvait se tromper, et cela lui est arrivé, sans que ça se voit puisque ses décisions ont parfois glissé sur la conjoncture comme la pluie sur une vitre. Le « maestro », comme on l'a appelé, était réputé pour sa manière de parler aux marchés voire de les « faire danser » par la magie de son verbe. Le grand charmeur a su gérer remarquablement ses déclarations et son image !

Sa grande capacité d'analyse, son expertise et sa modestie ont séduit mais il a surtout eu beaucoup de chances. Comme la corporation des banquiers centraux, il était convaincu de l'influence de la politique monétaire sur des marchés qui en avaient tout autant sur la conjoncture. Et la confiance dans cette relation s'est retrouvée dans ses décisions qui ont suivi les attaques du 11 septembre 2001. L'importance donnée aux décisions monétaires est tellement assurée qu'elle a fait passer au second plan les initiatives de politique budgétaire de George W. Bush. Comme Paul Volker avec Ronald Reagan. Pourtant, l'abandon des politiques irréalistes des revenus a changé le décor économique à partir du début des années 1980. L'influence des banques centrales sur la conjoncture a progressivement disparu.

La méthode de communication a fait école. Ben Bernanke a même fini par se convaincre de tenir des conférences de presse à l'issue des réunions du FOMC, (*Federal Open Market Comittee*), comme cela se passait déjà en Europe après les CPM (*comité de politique monétaire*). Jean-Claude Trichet, président de la BCE, était parvenu à prendre une place à la mesure du poids économique de la zone euro dans le monde. Mario Draghi a poursuivi le travail. Les banquiers centraux se sont attachés l'adhésion de véritables groupies toujours prêts à accepter ce qu'ils disaient. Rares sont ceux qui osent critiquer ces hauts responsables au sommet de leur art.

Les banquiers centraux sont fiers de leur indépendance longtemps réclamée mais en maîtrisent-ils vraiment les conséquences ? La réponse est clairement non ! Le paradoxe est, là encore, total. S'ils disposent de ce qu'il est convenu d'appeler « l'arme » monétaire, ce sont les gouvernements qui continuent de fixer les limites de sa portée dans la gestion de la conjoncture. Au bout du compte, ce dernier est beaucoup plus limité qu'il n'y paraît. Contrairement à ce qu'ils croient, l'étendue des pouvoirs des banquiers centraux ne vaut pas dans l'absolu. Elle est relative à un choix de politique économique qui leur échappe. Ils se sont vus confier, dans leurs statuts, le soin de contenir le comportement de l'inflation. Le Congrès américain a fixé un objectif de plus au Fed, celui de contribuer au plein-emploi. Ces deux missions sont, en fait, hors de leur portée mais ils sont convaincus du contraire.

Ils restent convaincus qu'ils influencent le comportement des marchés alors que ce n'est qu'un leurre. Ces derniers ont manifesté une indépendance grandissante, celle-là bien réelle, au cours des dernières décennies. Le marché des changes a donné le coup d'envoi de la contestation d'une manière, pour le moins, spectaculaire. Un vrai pavé dans la marre qui a éclaboussé les autorités monétaires qui ont ignoré le message l'accompagnant. C'était au début des années 1970. Les bourses et les marchés obligataires ont pris de la distance mais plus tard et, surtout, plus discrètement. Que des pays, comme la France très méfiant à l'égard des marchés ait ignoré cette évolution n'a rien d'étonnant mais que les Etats-Unis s'y soient adaptés de façon pragmatique sans chercher à constater le changement est beaucoup plus surprenant.

Dans un exposé sur le rôle de la politique monétaire dans la prévention des bulles financières devant le New York Chapter de la *National Association for Business Economics*, le 15 octobre 2002, le futur Président du *Federal Reserve Board,* Ben Bernanke, n'a pas craint d'affirmer que « la responsabilité d'une banque centrale est de surveiller les marchés financiers attentivement et continûment ». Une affirmation contestable dans la mesure où elle découlait d'une approche de la relation marchés /économie régulièrement prise à contresens de la réalité et donc inopérante.

Il a pu constater sept ans plus tard, alors à la tête du Fed, que les choses n'étaient pas aussi évidentes qu'il le pensait. Il n'a rien pu faire, en septembre 2008, pour éviter l'effondrement de Wall Street qui a accompagné la plus grande récession d'après-guerre. C'est bien « accompagné » et non « provoqué » car ce n'est pas la bourse qui a été responsable d'un tel choc. Elle a seulement entériné la chute de l'activité. Cette bérézina offrait l'occasion de s'interroger sur le sens des forces en jeu ne serait-ce qu'en raison de l'incapacité évidente des moyens monétaires à contenir le comportement du marché car c'est bien la chute brutale de l'activité qui a entraîné celle de la bourse et non l'inverse. Les faits ont seulement montré les limites de l'influence d'une banque centrale sur la conjoncture.

Les banques centrales ont cru, dans les premières décennies qui ont suivi la seconde guerre mondiale, qu'elles détenaient les moyens de relancer la croissance en baissant leurs taux et celui de la freiner en les relevant. Elles se sont vues en conducteur du train de l'économie. Elles n'ont pas perçu que ce rôle n'était que de circonstance. Il leur était donné par des politiques de plus en plus rigides de répartition des revenus en faveur des ménages qui soutenaient la demande de ces derniers. Le contexte a changé radicalement après 1982 quand la politique dite de « *supply side* » ou politique de l'offre a pris le pas sur les politiques de revenus. Ce basculement décidé par Ronald Reagan, juste après Margareth Thatcher, a mis les entreprises au centre du jeu conjoncturel au détriment des banques centrales qui en sont quasiment sorties.

Les entreprises sont devenues maîtresses de la répartition des revenus nationaux. Les banques centrales ont retrouvé leur vocation première, en tant que tutelles des banques, celle d'un côté de contrôleur permanent de leur solidité et de l'autre, occasionnel, de pompier destiné à éteindre l'incendie de crises financières comme ce fut le cas de manière remarquable au cours des dernières années, en particuliers lors de la crise de 2008. Elles ont été pleinement dans leur rôle quand elles ont pris le relais des banques sur des marchés monétaires défaillants.

Leur mission a été d'éviter « à tout prix » l'effondrement des systèmes bancaires nationaux compte tenu de ses conséquences détestables. Ce fut l'apport ô combien essentiel de Ben Bernanke dans la gestion de la crise. Il a surestimé la portée de ses initiatives sur la conjoncture mais son action s'est révélée déterminante pour contenir la multiplication des faillites de banques lorsque la « grande récession » s'est déclarée. Grand universitaire spécialiste des causes de la dépression des années 1930, il a tout fait pour éviter une catastrophe du même genre. Et sur ce point, il y est parvenu en usant du principe qu'une banque centrale pouvait émettre de la monnaie à l'infinie. Ben Bernanke, comme Mervin King son homologue de la BoE et plus tard, Jean-Claude Trichet de la BCE, n'entendait pas laisser de grandes banques faire faillite. Tous ont eu le grand mérite, avec les Trésors nationaux, de parvenir à maîtriser une situation qui se dégradait dangereusement. Cependant, les évènements ont montré que les banquiers centraux n'avaient certainement pas vocation à s'occuper des marchés sur lesquels ils n'ont aucun pouvoir et leur efficacité à assurer le bon fonctionnement des banques a été plus utile que leur apparente influence dans la gestion de la conjoncture.

Dix ans plus tôt, ils avaient pu voir que leur vocation était de s'occuper des institutions financières plutôt que de conjoncture. Le ralentissement de l'économie américaine au début de l'été 1998 a fait sentir ses effets sur l'Europe occidentale mais aussi sur une Russie dont l'essor venait d'être contrarié par le reflux des cours des matières premières. La chute des bourses commençait à inquiéter quand un « *hedge fund* » américain, LTCM, bourré d'emprunts russes en perdition, s'est effondré en septembre avec ses conséquences potentiellement systémiques sur les banques qui l'avaient imprudemment financé. Le Fed est intervenu très vite à l'initiative d'Alan Greenspan, par l'intermédiaire de la Banque Fédérale de Réserve de New York, pour éteindre l'incendie qui menaçait. Le but était de contenir le malaise des banques impliquées et d'éviter une éventuelle panique boursière. Alan Greenspan a baissé par trois fois, dans la précipitation, ses taux de 25 BP[8] en octobre. Il a été considéré comme celui qui a relancé la croissance. Wall Street est monté, la bourse américaine a amorcé un rétablissement spectaculaire dès le 3 octobre, soit avant la baisse des taux. Une anticipation des marchés sur les mesures à venir ? Non, la reprise s'était discrètement enclenchée sans attendre le Fed qui l'a simplement accompagnée. La quasi concomitance des décisions monétaires et du comportement des marchés a fait croire à l'impact des premières sur le second, c'est inexact.

Oubliée la règle des dix-huit à vingt-quatre mois soi-disant nécessaires à la prise d'effet des politiques monétaires. La baisse des taux courts, décision régalienne, et la hausse des bourses, ombre portée de la conjoncture, n'étaient pas liées mais les faits ont fait croire le contraire. Le temps d'ordinaire un allié précieux a été opportunément ignoré. C'est ainsi que l'on travestit sincèrement la réalité. L'envolée des bourses contre les avis très pessimistes qui s'étaient répandus à la fin de l'été a accompagné l'amélioration de la conjoncture indépendamment d'une baisse des taux qui n'a eu qu'un rôle accessoire. La chance, ça existe même pour les banquiers

---

[8] BP, *basis point*, il désigne en langage économique et financier un centième du point de pourcentage ( $^{0}/_{000}$ ).

centraux ! L'évènement a fait remarquer que les opérateurs n'avaient pas joué un grand rôle dans la remontée des bourses car à ce moment-là le pessimisme régnait.

Les attaques du 11 septembre 2001, le *« nine-eleven »* comme on dit aux Etats-Unis, ont permis à Alan Greenspan de se voir attribuer le beau rôle dans la gestion de leurs conséquences économiques. Wall Street a été fermée ce jour-là, ne serait-ce qu'en raison de la proximité physique de la catastrophe. Il a décidé d'une mesure technique primordiale consistant à alimenter directement les banques en liquidités en raison de l'incapacité du marché monétaire de la place de New York d'assumer son rôle habituel. Il aurait pu abaisser ses taux le 11. Il a attendu explicitement la réouverture de la bourse américaine quatre jours ouvrés plus tard, le 17. En décidant d'un tel timing, il pensait contenir l'effondrement programmé de la bourse de New York à sa réouverture, par crainte de ses conséquences sur l'économie réelle. Cela ne pouvait pas marcher. Une baisse des taux n'avait intrinsèquement pas la capacité d'amortir un tel choc. La mesure était défensive alors qu'il lui aurait fallu être offensive. Or, le Fed n'en avait pas les moyens. Alan Greenspan, en déclenchant une décrue rapide de ses taux, a été considéré comme le responsable de la reprise qui ne s'est vraiment renforcée qu'au printemps 2003 à la suite de nouvelles baisses d'impôts et de la distribution d'aides à ceux qui n'en payaient pas dans le prolongement de celles de 2001. Il a profité d'un abus de prestige car les deux initiatives fiscales de l'administration Bush ont été déterminantes.

George W. Bush, à son arrivée, avait voulu réduire l'excédent budgétaire qui risquait d'inciter à plus de dépenses publiques, ce qui allait contre ses idées. Il a donc fait voter, au premier semestre 2001, par le Congrès, une réduction d'impôts sur les ménages. Bien lui en a pris car l'initiative a permis de renforcer le pouvoir d'achat de ces derniers après les « attaques ». Sans elle, la reprise aurait pris plus de temps à se dessiner compte tenu des délais nécessaires au vote indispensable par le Congrès de mesures budgétaires. La deuxième baisse est intervenue après l'entrée en guerre des Etats-Unis en Irak en février 2003. La reprise s'est alors renforcée. La baisse des taux a joué un rôle d'accompagnement. Sans l'offensive du Trésor, les décisions du Fed n'auraient vraisemblablement guère eu d'effet.

Alan Greenspan a relevé ses taux à la fin du printemps 2005. Rétif, le marché obligataire a réagi à l'inverse de ce que les théories prétendaient : les taux longs ont immédiatement baissé. Cette réaction a surpris par son caractère apparemment contradictoire. Elle a été considérée comme un mystère *« conundrum »* selon le mot devenu célèbre du maestro. Les taux longs avaient simplement ignoré les décisions du Fed pour refléter la réalité d'une reprise qui venait d'amorcer discrètement un ralentissement qui tendait à amplifier les pressions désinflationnistes. Le marché était devenu sensible à une évolution de la conjoncture qui n'était pas évidente mais qui était bien réelle.

Les marchés financiers avaient simplement acquis une force suffisante pour se libérer des décisions des autorités monétaires. Le comportement de la courbe des taux américains a révélé, à ce moment-là, ce qui était une réalité restée longtemps sous-jacente : la forme d'une courbe de taux dépendait essentiellement de variables économiques. Si les taux appelés abusivement « directeurs » qui sont le fait de décisions régaliennes des banques centrales s'imposent dans sa partie la plus courte, sa partie longue n'est attirée que par le devenir de la conjoncture. Après la révélation de leur incapacité à gérer les taux de change, les banquiers centraux ont perdu leur faculté à influencer le comportement des courbes de taux mais, contre la réalité des faits, ils ne veulent pas le voir, les opérateurs pas d'avantage. Tous ont été surpris par la baisse du niveau des rendements dans le cycle qui a suivi 2008.

Le gonflement rapide des déficits publics au début du cycle commencé en 2009 a privé les gouvernements d'un moyen de relance durable. Les banquiers centraux ont tenté de prendre le relais en vain. Le Fed s'est retrouvé seul quand un nouveau ralentissement est intervenu en 2011. Ben Bernanke a multiplié les « Q.E. ». Le bilan du Fed est passé de moins de 800 milliards de dollars en septembre 2008 à plus de 4500 milliards à l'été 2014. La reprise est restée très molle par rapport à toutes celles qui l'ont précédée depuis la seconde Guerre Mondiale. Lors de l'une de ses présentations biannuelles devant le Congrès, le 26 février 2013, Ben Bernanke a eu la lourde tâche de convaincre son auditoire de son efficacité à un moment où, même au sein du Fed, ses initiatives étaient de plus en plus contestées. Les parlementaires américains ne l'ont pas ménagé mais il s'en est sorti honorablement en prétendant avoir conforté la reprise et fait baisser le chômage. Il a tiré, sans aucune mauvaise foi, la couverture à lui alors que ses initiatives n'y ont pas été pour grand-chose.

Les banquiers centraux croient qu'en « rassurant » les marchés, ils auront un impact positif sur la conjoncture mais ils n'ont aucune chance d'y parvenir car ils se trompent sur le sens de la relation entre les deux variables. C'est exactement l'attitude adoptée par les banques centrales dans la gestion de leur « Q.E. » au point que la BoJ est tombée dans l'outrance. Les banquiers centraux profitent de la culture de l'équivoque que leur ont légué des théories qui ne sont pas toujours solides. La réduction de l'influence des autorités monétaires sur la conjoncture est une retombée collatérale de la politique adoptée au début des années 1980. La mutation a été si discrète qu'elle est longtemps passée inaperçue et, pourtant, il s'est agi d'une véritable révolution. Si la monnaie, leur principal outil, avait l'impact traditionnel qui lui est reconnu, la montagne de liquidités injectées dans les marchés n'aurait pas accouché d'une souris de reprise et l'inflation ne serait pas restée inexistante aussi longtemps. Elle aurait déclenché une hausse des taux de marché et non la baisse recherchée. Or, les taux ont effectivement baissé.

L'impact des décisions de politique monétaire n'a plus rien à voir avec celui des annonces des années Volcker quand le Fed gérait une politique quantitative de la monnaie à la hache dans le monde inflationniste de la fin des années 1970. Cette période est terminée. Malgré des revers répétés, les banquiers centraux n'ont pas accepté leur perte d'influence sur la conjoncture. Le rôle actuel d'une banque centrale consiste surtout à apporter de la monnaie au système bancaire si, par malheur, il se bloque et à s'assurer de la santé de ce dernier. Il est devenu technique bien avant d'être politique.

# L'INFLATION N'EST PAS UN PHÉNOMÈNE MONÉTAIRE

Ce n'est évidemment pas l'avis des banquiers centraux persuadés de l'importance d'une politique monétaire dans la modulation de l'activité et des prix. Ils ont voulu acquérir leur indépendance par rapport aux gouvernements afin de prévenir leur fâcheuse habitude de les solliciter pour faire fonctionner la « planche à billet ». L'histoire économique a retenu des expériences passées que le recours excessif à la création de monnaie se terminait dans l'inflation puis dans la récession. Cette automaticité mise en évidence par de multiples exemples historiques à caractère exceptionnel n'était que de circonstance.

La corrélation entre la création de monnaie et l'inflation est une évidence pour les banquiers centraux, premiers intéressés à l'affaire. Elle est séduisante par sa simplicité mais « tout ce qui brille n'est pas or ». Et pour cause, si ce genre de procédé veut expliquer simplement, il ne prouve rien, il est même trompeur dans la mesure où son évidence peut conduire à de fausses conclusions. C'est ainsi que la montée en pression de l'inflation dans les trois décennies d'après-guerre a été liée à l'accroissement des masses monétaires sans prendre en compte qu'elle pouvait être due aux dérives des politiques économiques menées par les gouvernements de l'époque contre lesquelles les banques centrales ne pouvaient pas grand-chose. La création de monnaie a un rôle passif et non actif. Une telle conclusion paraît impensable car elle remet en cause l'affirmation « L'inflation est un phénomène monétaire » prononcée par de grands noms à commencer par Alan Greenspan, qui ne pouvait qu'être crédible.

Le changement d'environnement économique au début des années 1980 a aidé à se rendre compte que la qualité de la situation économique jouait un rôle important dans la formation de l'inflation à la condition de ne pas partir d'a priori qui rendent aveugle. Cette relation fondamentale longtemps sous-jacente s'est révélée de manière spectaculaire au cours des deux dernières décennies. L'absence de réaction de l'inflation à la mise en œuvre de politiques d'injections massives de liquidités dans les années qui ont suivi la crise de 2008 en a été une parfaite illustration. Les banquiers centraux ont refusé d'entériner l'évidence : ils ne pouvaient pas remettre en cause ce qu'ils prenaient pour un dogme. Alors, ils ont persisté dans leur politique monétaire outrancière sans qu'il ne se passe rien.

L'Histoire offre de nombreux exemples plus spectaculaires les uns que les autres qui expliquent pourquoi l'idée liant la monnaie et l'inflation est si bien ancrée. L'arrivée de galions chargés d'or en provenance des Indes occidentales, future Amérique, au XVIe siècle, a déclenché une poussée d'inflation qui a servi de variable d'ajustement au pouvoir d'achat soudainement créé venu buter sur une offre de biens limitée. Si la décision de consommer a été immédiate, la production n'était pas adaptée pour lui répondre. Le délai d'ajustement de l'offre à la demande était d'autant plus grand qu'il s'agissait d'économies traditionnelles où l'agriculture accaparait l'essentiel de l'activité. Elles ignoraient la notion de productivité. L'ajustement ne pouvait se faire que par une flambée des prix.

L'évènement a été suffisamment spectaculaire pour entraîner une controverse entre deux personnages en vue de l'époque, Malestroit et Bodin[9]. Le premier voyait les causes de l'inflation dans la transformation de la société, le second la liait à l'excès de monnaie et c'est cette deuxième raison qui a perduré avec raison. Jean Bodin a publié l'une des premières propositions sur la théorie quantitative de la monnaie (1568). Cet épisode a montré que la référence à l'or n'a pas toujours offert la garantie de stabilité des prix que certains lui accordent, qu'il n'était pas un rempart contre l'inflation mais cette faille a vite été oubliée.

Au début du XVIIIe siècle, le banquier d'origine écossaise John Law a lancé les premiers billets de banque émis à partir d'un stock d'or et d'argent pour développer le commerce à un moment où le royaume sortait épuisé du règne de Louis XIV. Leur émission a vite renforcé la demande mais la production n'a pas suivi. L'ajustement s'est fait par

---

9 Malestroit et Bodin 1566 – 1568, « Controverse sur le renchérissement de toutes choses et la dépréciation des monnaies »

les prix. Le manque de rigueur a autorisé une anarchie dans la création de monnaie. À ce moment-là, la monnaie jouait un rôle particulièrement actif qui la rendait coupable de créer de l'inflation. La banqueroute était programmée mais l'expérience n'a pas découragé.

En 1790, les assignats considérés comme un moyen de paiement, comme une monnaie théoriquement gagée sur les biens nationalisés du clergé, ont été imprimés sans compter à partir de 1791. Personne ne s'est inquiété de la capacité de l'offre à suivre la demande qu'ils créaient. L'excès de monnaie a provoqué un véritable naufrage dans l'hyperinflation dont les pauvres ont horriblement souffert. Ces histoires douloureuses n'ont pas empêché d'avoir recours à la planche à billet par la suite.

La République de Weimar, dans les années 1920, est restée célèbre par l'explosion des prix qu'elle a provoquée. Le pays s'est vite retrouvé incapable de respecter les engagements financiers totalement irréalistes imposés au vaincu de 1918. La formidable ponction provoquée par le paiement des dommages de guerre l'a conduite à recourir à des emprunts à l'étranger avant que sa banque centrale ne cède à la facilité de la création de monnaie pour assurer la croissance. L'indexation des salaires sur les prix a constitué une rigidité qui allait jouer un rôle déterminant dans la catastrophe qui s'annonçait. La machine infernale de la hausse des prix et des salaires s'est emballée en 1923. De 4,2 marks au début de l'année, le dollar est monté à 4 200 milliards de marks le 1er décembre quand une réforme monétaire radicale est intervenue. Le gouvernement a appliqué une politique budgétaire très stricte. Un reichsmark lié à l'or a été lancé le 30 août 1924. La stabilité des prix a été rétablie. La situation monétaire s'était considérablement améliorée avant que la « Grande Dépression » n'atteigne l'Allemagne au début des années 1930. La déflation a, alors, fait des ravages. Elle a conduit à l'un des plus grands drames de l'Histoire contemporaine.

Après les économistes du XIXe siècle, J. M. Keynes a relancé la théorie quantitative de la monnaie en 1936, dans le chapitre XVIII de sa *Théorie Générale*, même s'il est surtout connu pour avoir souligné l'importance d'un déficit budgétaire dans la relance de la croissance. Une notion qui a été appliquée par le ministre des Finances du Troisième Reich le docteur Hjalmar Schacht en 1933. Si elle a eu un impact économique positif sur le moment, elle s'est révélée catastrophique par l'usage militaire qui en a été fait. Milton Friedman, avec l'école de Chicago dans les années 1950, a développé ce qui s'est appelé le monétarisme pour proposer de limiter la création de monnaie à un rythme constant compatible avec la croissance dite potentielle.

Au sortir de la Seconde Guerre mondiale, l'Europe ravagée avait un besoin de consommation auquel les systèmes de production détruits ne permettaient pas de répondre rapidement. L'Histoire n'a pas servi de leçon. L'indexation des salaires sur les prix a créé une rigidité qui allait s'avérer nuisible. Face à la dégradation de leurs marges, les entreprises ont dû relever leurs prix. Une spirale s'est amorcée. Quand l'inflation prenait de l'ampleur, les banques centrales resserraient leur politique monétaire en procédant à une élévation de leurs taux d'intérêt. La récession qui en résultait provoquait un phénomène inverse. Les taux et l'inflation baissaient. La croissance repartait. C'est ainsi que des politiques dites de *« stop and go »* aux battements de plus en plus amples ont caractérisé les années 1970 avant qu'une rupture de ce processus n'intervienne. Au cours de cette période, les banques centrales ont paru maîtriser l'évolution de la conjoncture mais ce n'était qu'un leurre car la monnaie n'avait alors qu'un rôle subalterne dicté par l'évolution de la conjoncture. Les banques centrales ne pouvaient pas gagner car elles n'avaient pas le pouvoir d'intervenir sur des forces structurelles sous-jacentes uniquement liées à la nature de la politique économique.

Forts des trois décennies de forte croissance qualifiées par Bertrand de Jouvenel de « Trente Glorieuses » qui ont suivi la Seconde Guerre mondiale, les gouvernements se sont convaincus que le souhaitable était parfaitement faisable, que l'économique devait se soumettre au politique. L'inflation a alors pris son essor dans les grands pays industrialisés puis dans les pays émergents en conséquence d'une hausse devenue progressivement incontrôlable des prix et des salaires. Le choc a été rude. Qui était responsable ? La création de monnaie ou la nature de la politique économique ? La suite allait montrer que la seconde y a joué un rôle déterminant.

Aux Etats-Unis, en France, en Grande-Bretagne mais encore plus dans les pays d'Amérique Latine aux économies fragiles, les dérives sont devenues inquiétantes. Devant l'incapacité de les contenir, les contrôles des prix se sont multipliés sans obtenir un quelconque résultat. Le remède fut pire que le mal car, après une récession, l'inflation repartait de plus belle.

Au cours de la période allant de 1960 à 1982, quand l'inflation s'est progressivement emballée, les banques centrales se sont régulièrement trouvées en première ligne dans la gestion des cycles. William Chesney Martin, qui venait de terminer son mandat de Président du Fed avait déclaré à *Time Magazine,* en 1970, que l'enjeu d'un patron de banque centrale résidait dans sa décision de « retirer le saladier de punch une fois la soirée bien partie » soulignant ainsi l'importance du bon timing d'une politique monétaire pour contenir les dérapages inflationnistes. C'était une époque où le Fed avait une grande influence sur la conjoncture américaine. La croissance intrinsèquement forte ne créait pas encore de grands déséquilibres et les marchés n'étaient pas suffisamment profonds pour afficher une quelconque indépendance par rapport aux banques centrales. Il avait lancé une « opération twist » du nom de la danse qui sévissait dans les années 1960 dans le but de gérer la courbe des taux américains et la conjoncture sur laquelle il avait encore prise. Ben Bernanke a repris l'idée en 2012 mais avec beaucoup moins de succès.

Arthur Burns, le successeur de William Chesney Martin, avait promis, en 1972, une politique monétaire capable d'assurer une croissance forte sans inflation. Au cours de ses deux mandats, l'inflation a explosé. Dès cette époque, les banques centrales ne possédaient déjà plus les moyens d'assumer le rôle qu'elles prétendaient assurer. La mécanique de la hausse des prix sur laquelle était indexée celle des salaires leur échappait. La politique des revenus dérapait. La machine à emballer l'inflation s'est mise en marche. Toutefois, l'amplitude du phénomène n'a pas été le même pour tous les pays.

L'Allemagne est restée en marge de cette détestable mécanique. Ludwig Erhard (1949-1966), ministre des Finances de la république fédérale d'Allemagne avant d'en devenir le chancelier, a été le véritable auteur de son « miracle économique » en décidant de privilégier les exportations dans l'animation de la conjoncture du pays là où d'autres ont utilisé, systématiquement, leur demande interne pour jouer ce rôle. La priorité de l'Allemagne, qui découlait de ce choix, était d'assurer un bon contrôle de ses coûts de production tout en encourageant l'investissement pour conforter sa compétitivité. La hausse des salaires n'intervenait que dans un deuxième temps. La priorité de ses partenaires était inverse. Les résultats l'ont été tout autant.

La désormais fameuse Bundesbank (la « *buba* » pour les opérateurs) s'est bâti une réputation de rigueur qui ne s'est jamais démentie. Et pourtant, elle était usurpée car ce n'est pas elle qui a permis la relative stabilité des prix allemands mais la manière dont la politique économique allemande était menée. La même remarque vaut pour la Banque Nationale Suisse (BNS) qui a bénéficié des conséquences d'une politique économique voisine de celle de l'Allemagne. Les prix allemands et suisses croissaient moins vite qu'ailleurs. Dans les deux cas, les choix économiques ont été prépondérants mais ce n'est pas ce qui a marqué les esprits.

*« Depuis la victoire du Fed sur l'inflation dans les années 1980, l'économie américaine s'est engagée dans la stabilité des prix »,* Ben Bernanke, toujours dans son exposé du 15 octobre 2002 à la *National Association for Business Economics* de New York, est allé un peu vite en besogne en accordant à l'institution monétaire le mérite des bons résultats sur le front des prix. Il n'a fait que reprendre une conclusion largement partagée mais ce n'est pas parce qu'elle est partagée qu'elle est exacte. Dans le contexte des années 1960-1970 qui a débordé sur le début de la décennie suivante, le relèvement des taux a permis de contenir l'inflation mais si cette mécanique a bien fonctionné sur un cycle, en tendance sur une quinzaine d'années, le résultat est beaucoup moins flatteur.

L'observation du déroulement de la conjoncture américaine pendant cette période montre que l'inflation du cycle qui se terminait dans la récession ne redescendait pas sur les niveaux les plus bas du cycle précédent. Au contraire, elle atteignait régulièrement de nouveaux plus hauts dans la phase ascendante du cycle suivant. Les taux d'intérêt en ont fait de même. Le feu de l'inflation couvait toujours sous le couvert d'un ralentissement de la hausse des prix dans la récession. Il n'était pas éteint. Il restait des braises, à chaque fois plus importantes qui s'enflammaient au cours de la phase de reprise du cycle suivant. La détente de l'inflation et des prix n'était qu'une rémission car le mal n'avait pas été soigné. La chaudière économique à la base de cette dynamique a fini par exploser au début des années 1980.

Le bilan des autorités monétaires n'a pas été aussi brillant que leur réputation tend à le faire croire. Elles ont réussi à casser régulièrement la croissance et à ralentir l'inflation sans, toutefois, l'éradiquer jusqu'à ce que Paul Volcker arrive en 1979 mais il ne vint pas seul. Malgré ses grandes compétences et un caractère bien trempé, l'ancien sous-secrétaire aux affaires internationales du département du Trésor devenu Président du Fed n'avait guère de chances de faire mieux que ses prédécesseurs. La nouvelle flambée des cours du pétrole en 1979 avait relancé l'inflation. En décembre 1980, il n'a pas hésité à relever les taux d'intérêt des fonds fédéraux jusqu'au niveau record de 23 %, ce qui n'a pas manqué de provoquer une nouvelle récession. Le taux de chômage américain est monté à 10 % en 1982. La hausse des prix s'est effondrée. La variation du CPI[10] est passée de 13,3 % en glissement en décembre 1979 à 3,8 % trois ans plus tard. C'est de ce résultat spectaculaire qui a rompu avec les cycles précédents que vient la raison du mérite de Paul Volcker. On avait juste oublié que le CPI avait déjà suivi un parcours semblable en 1974 quand sa progression avait atteint 12,3 % à la suite de l'envolée des cours du pétrole. Il était retombé à 4,9 % en 1976 en conséquence d'une hausse des taux suivie d'une récession avant de remonter pour battre de nouveaux records au cours du cycle suivant. À partir de 1982, l'inflation n'est pas repartie comme avant, mais le Fed n'y a été pour rien.

La place dominante d'idées monétaristes séduisantes explique la sous-évaluation des vraies raisons de la dérive des prix car la cause fondamentale de la dynamique de leur tendance n'est pas d'ordre monétaire. Les banques centrales ne sont pas parvenues à contenir fondamentalement l'inflation. Elle s'est transformée en hyperinflation à la fin des années 1970 juste avant que la Grande-Bretagne de Margaret Thatcher et les Etats-Unis de Ronald Reagan décident de changer les règles du jeu économique. Ils ont entrepris d'en finir avec une politique exsangue des revenus privilégiant la demande. Elle poussait les coûts et les prix à la hausse. Elle a été remplacée par une politique dite de « *supply side* » qui donne un rôle dominant à l'offre. Ils ont abandonné une politique qui, poussée à l'extrême, menaçait la solidité financière des entreprises pour adopter une autre politique destinée à la restaurer. Paul Volcker a été considéré comme le

[10] Consumer Price Index (indice des prix à la consommation)

vainqueur de l'inflation alors que c'est l'adoption de cette nouvelle politique économique qui, en permettant aux entreprises de gérer librement leurs coûts, a bouleversé la donne. La spirale de la hausse des coûts et des salaires a été rompue.

L'administration Reagan, en 1982, a provoqué une véritable rupture dans un processus que les coups de boutoir des politiques monétaires n'étaient pas parvenus à arrêter. Le changement s'est produit, au printemps de cette année, avec le traitement radical de la grève des aiguilleurs du ciel de Chicago pris au dépourvu par la détermination du nouveau Président à en terminer avec des revendications salariales malvenues. Ils n'avaient pas perçu que les temps avaient changé. En réaction à leurs exigences inflexibles de hausses des salaires, ils ont été licenciés sur le champ.

Margaret Thatcher avait adopté la même politique dès 1980 pour arrêter la dégradation dangereuse de l'économie britannique qui s'était accélérée au cours des années 1970. La résistance d'une partie de la population adepte des idées socialistes lui a donné du fil à retordre. Le climat politique était sombre dans le royaume. Courageuse, elle est parvenue à ses fins en cassant en 1984, avec une détermination sans faille, la grève des mineurs menée par Arthur Scargill, le patron obstiné de leur syndicat qui aurait été soutenu financièrement par l'ex-URSS selon des documents saisis au siège de la Stasi, la police politique de l'ancienne RDA. Certains ont critiqué vertement l'attitude inflexible de la « Dame de fer » sans penser aux conséquences d'un glissement dans la paupérisation qui menaçait le Royaume si rien n'avait changé. L'Allemagne, qui s'appliquait déjà une politique de l'offre, s'est inspirée des restructurations américaines et britanniques mais bien plus tard, en 2004, pour renforcer, avec une grande réussite, sa compétitivité.

Les faits ont montré que chercher à faire le bonheur de ses administrés sans modération finissait par nuire au plus grand nombre. Il n'était pas simple d'arrêter les indexations des salaires américains alors que l'inflation courait encore sur un rythme voisin de deux chiffres en 1981. Se cantonner à cette seule décision aurait inévitablement provoqué une déprime beaucoup plus grave que celle qui s'est produite en 2008. La diminution des impôts sur le revenu sous la forme de « *tax cuts* », en 1982, a été décisive. Elle a évité un scénario noir qui aurait gravement affecté la conjoncture mondiale. Ce virage politique s'est accompagné d'une augmentation des dépenses de défense pour répondre à une dangereuse course aux armements. Sous son nom de « guerre des étoiles », elle a participé à l'effondrement de l'URSS financièrement exsangue. L'ensemble des baisses d'impôts et des hausses de dépenses a provoqué un accroissement du déficit budgétaire américain (- 6 % en 1983) qui a fait croire à la mise en œuvre d'une politique keynésienne de relance alors qu'il s'agissait, les dépenses militaires mises à part, d'éviter une baisse dramatique du pouvoir d'achat des ménages menacé par la désindexation de leurs revenus avant que l'inflation ne fléchisse.

L'inflation a amorcé une détente structurelle qui allait s'avérer spectaculaire et cela malgré l'accroissement du déficit des finances publiques. L'allègement de la pression des coûts salariaux et la réduction des impôts ont constitué un détour nécessaire pour créer les bases d'une reprise durable sans inflation. Le ressort de la hausse des prix a été cassé. L'accroissement des dépenses de défense, dont les raisons n'étaient pas qu'économiques, n'a été qu'un facteur accessoire de la reprise. Le chômage a vite abordé son reflux. La nouvelle politique, en privilégiant la préservation voire le renforcement de la rentabilité du capital investi des entreprises et non plus le pouvoir d'achat des ménages, a engendré une dynamique désinflationniste dont le plein effet n'est intervenu que trente ans plus tard au cours du cycle qui a suivi la « Grande Récession » de 2008.

Les dévaluations, au-delà d'un effet mécanique de court terme, n'ont plus provoqué de vagues d'inflation. L'envolée du prix du pétrole avait enflammé les CPI dans les années 1970. Il a grimpé au niveau record de $ 147 en juillet 2008 sans déclencher une quelconque dynamique de hausse des prix. Le changement de nature des politiques économiques y a joué un rôle déterminant.

Alan Greenspan a régulièrement affirmé, au cours de ses mandats à la tête du Fed, que l'inflation était « un phénomène monétaire ». Ben Bernanke ne pensait pas différemment. Seule, l'importance de la crise de 2008 l'a poussé à dépasser cette idée pour lancer des programmes d'injection massive de monnaie (les « Q.E »). Les Japonais y avaient procédé bien avant lui, sans succès. Les faits ont eu le temps de montrer que les objectifs communs aux grandes banques centrales d'une relance de la croissance avec une hausse des prix proche de 2 % ne se réalisaient pas. La BoE a été la seule d'entre elles à avouer douter de l'efficacité de ce genre d'initiative qu'elle avait, elle aussi, testée. Son gouverneur Mervyn King, alors sur le départ, s'en est ouvert de la manière la plus claire.

Le changement d'environnement économique à partir du début des années 80 a assuré une détente durable de l'inflation qu'aucune banque centrale n'avait été capable de maîtriser aussi longtemps. Elle a surpris Janet Yellen vingt ans après Alan Greenspan. Une chose n'a pas changé entre 1980 et 2017 : les banques centrales se sont montrées aussi inefficaces à contenir l'inflation qu'elles l'ont été dans leur volonté de la renforcer. Elle ont fait face à un paradoxe invraisemblable : des institutions censées lutter contre l'inflation en sont arrivées à vouloir la stimuler. Et cela sans succès ! Alors qu'elles rêvaient d'une inflation « zéro » en 1980, elles cherchaient encore, après des années d'efforts, à la renforcer en 2017. Cet entêtement et le peu de résultats obtenus ont montré qu'elles ne pouvaient rien contre la nature de la politique économique en vigueur. Avant 1982, les entreprises subissaient. Après 1982, elles ont acquis une liberté dans la gestion de leurs coûts qui en a fait de véritables remparts contre l'inflation. L'amélioration de leurs marges les a fait passer à l'offensive.

La pression de la concurrence internationale étant impossible à contenir, le fonctionnement des marchés nationaux du travail a dû s'y adapter. Les entreprises ont été conduites à imposer leurs conditions d'embauche là où, d'ordinaire, elles subissaient celles du marché. La dynamique de la relation offre/demande d'emplois s'est inversée. Le taux de chômage a perdu de sa signification. Le fait qu'il soit bas ne signifie pas que le marché soit tendu. Le coût marginal du travail est devenu progressivement la variable essentielle qui soumet la demande d'emploi aux conditions de l'offre sauf dans le cas d'activités pointues. Le reflux du taux de chômage n'est plus déterminant du comportement des salaires. C'est la capacité d'adaptation de ces derniers qui fait bouger le curseur du chômage. Son taux est retombé sur des niveaux très bas dans les pays où les conditions sont les plus souples comme aux Etats-Unis ou au Royaume-Uni voire en Allemagne. Dans les autres pays, il est resté élevé.

La gestion du coût marginal du travail étant devenue maîtresse du jeu, l'inflation ne peut plus progresser. En permettant aux entreprises de renforcer leurs conditions d'exploitations, elle a éradiqué les tensions inflationnistes. Cette dynamique a créé les conditions de la glissade des taux longs sur des plus bas inconnus malgré des déficits publics parfois très élevés. Discrètement puis sûrement, la quantité d'emprunts est apparue comme non déterminante de l'évolution des taux.

Le cycle qui a commencé en 2009 s'est montré inhabituellement fragile mais c'est probablement aussi la raison de sa longévité car il n'encourage pas à des excès. Si les entreprises ont pu améliorer leurs conditions d'exploitation, en tendance, grâce au « *supply side* », le pouvoir d'achat des ménages a faiblement progressé dans les pays les plus riches. Elles n'ont rien lâché de leur rigueur dans le mouvement automatique de reprise qui a suivi la crise. Le Japon en a offert un exemple spectaculaire. Son Premier ministre Shinzo Abe fraîchement réélu en 2017 a proposé des réductions d'impôts aux entreprises qui augmenteraient les salaires de 3 %. Le marché du travail a beau être tendu pour des raisons démographiques défavorables, il a été peu entendu malgré l'accumulation de cash qu'elles détiennent. Les salaires ne montent pas ou très peu (moins de 1% sur un an). L'inflation reste inexistante. L'Archipel a le plus grand mal à se sortir d'un cercle dépressif malgré la mise en œuvre de « Q.E. » sans cesse renouvelés depuis 2012.

Le contexte des dernières années a mis en évidence les limites des politiques monétaires. Le « *supply side* », en donnant aux entreprises un rôle déterminant dans la gestion de la conjoncture, a induit trois retombées importantes : la demande a perdu de ses forces, l'inflation a disparu et les banques centrales ont été marginalisées. Les entreprises, inversement, n'ont plus subi de contraintes qui affectaient leurs comptes d'exploitation. Cette mécanique explique la hausse des bourses dans le cycle commencé en 2009 malgré une croissance molle.

Les entreprises, désormais au centre du jeu économique, ont marginalisé les banques centrales. Elles possèdent la clé de la sortie de la désinflation comme ce sont elles qui ont vaincu l'inflation grâce à leur liberté retrouvée de gérer leur compte d'exploitation. La dynamique actuelle est à l'opposée de celles des années 1970, et elle s'applique à tous les pays qu'ils soient développés ou émergents.

Un événement important comme la hausse brutale du pétrole n'a pas comporté les mêmes conséquences avant et après 1980-1982. Si elle a contribué à l'envolée des taux longs, il y a quarante ans dans un environnement inflationniste, elle s'est révélée, à partir des années 2000, comme « l'amie » des marchés obligataires par son effet dépressif, les salaires ne s'ajustant plus aux variations des cours du baril. La fragilité de la croissance s'en est trouvée accrue.

Des forces désinflationnistes naturelles de plus en plus prégnantes ont entraîné une baisse historique des taux longs d'abord dans les grands pays industrialisés puis dans les pays émergents. Qui aurait pu imaginer que les *Bunds* à dix ans afficheraient des rendements à 10 ans inférieurs à 0,50 % (ils ont même été, un temps, négatifs) et que ceux des OAT passeraient largement sous la barre des 1 % malgré le déficit des finances publiques de la France très mal maîtrisé ?

Les « Q.E » y ont contribué marginalement du fait du rétrécissement des marchés obligataires de la zone qu'ils ont provoqué mais ils n'ont pas créé la tendance baissière des rendements. Sans un environnement économique qui s'y prêtait de tels niveaux n'auraient jamais pu être atteints sauf à bloquer le fonctionnement naturel des marchés.

Les années qui ont suivi la récession de 2008 ont permis de constater que ni les injections massives de liquidités ni les déficits publics très importants n'étaient intrinsèquement des causes d'inflation. Pire : ils n'ont même pas empêché les forces déflationnistes de menacer de s'imposer mais le mot « déflationniste » d'aujourd'hui n'a rien à voir avec celui des sinistres années 1930. Les entreprises génèrent des profits que les bourses saluent là où, quatre-vingts ans plus tôt, les faillites se multipliaient et les bourses s'effondraient. L'inflation comme la déflation répond à une mécanique beaucoup plus complexe qu'un simple phénomène monétaire. Toutes deux sont des conséquences de l'évolution de la qualité d'une économie. Si l'inflation se redresse durablement, ce ne sera pas grâce aux politiques monétaires mais en raison d'un changement de nature des politiques économiques.

Les Etats-Unis ont été les premiers à s'apercevoir que l'évolution des masses monétaires avait progressivement perdu le contact avec la conjoncture et ce n'est pas par hasard si Alan Greenspan, alors

Président du Fed s'en est vite détaché avant de s'en détourner. Qui s'intéresse, en 2018, à leurs variations par rapport aux objectifs fixés ? Pas grand monde, alors que jusqu'en 1982, la publication de leurs variations hebdomadaires par le Fed, chaque vendredi soir avant d'être avancé à chaque jeudi soir, était attendue avec angoisse par les traders car elle conditionnait le comportement des taux américains, le lendemain. C'était une époque où Paul Volcker, le patron du Fed, appliquait, avec rigueur, une politique quantitative de la monnaie. L'environnement économique a été bouleversé avec le changement de politique économique.

Les entreprises devenues plus fortes se sont adaptées à leur environnement. On n'est plus en 1917, la mondialisation a rendu la « théorie » de Henry Ford inopérante. Les entreprises disposent désormais d'un bon contrôle de leurs débouchés que grâce à leur capacité à baisser leurs prix tout en renforçant la qualité de leurs produits. C'est ainsi qu'une « civilisation des discounts » s'est imposée. La globalisation a contraint les entreprises à optimiser leur gestion mais elle exige plus. Elle oblige chaque pays à en faire de même pour leurs administrations sous peine d'en subir les conséquences dont la plus visible se trouve dans le niveau relativement élevé du chômage.

Depuis la fin des années 1990, le comportement des prix s'est clairement désolidarisé de l'évolution de la croissance. Ce qu'aucune banque centrale n'a été en mesure d'obtenir, les entreprises l'ont fait ! Ces dernières ont montré qu'elles pouvaient assurer la stabilité des prix en toutes circonstances. Longtemps, la relation entre l'augmentation des masses monétaires et l'inflation a semblé prévaloir mais il ne s'agissait que d'une relation d'opportunité qui ne se confond pas avec une loi d'airain. La monnaie n'est pas « active » contrairement à ce que prétendent les keynésiens. L'intensité de l'inflation est simplement un indicateur de la qualité de la situation structurelle d'une économie. Elle apparaît quand la qualité de la conjoncture tend à se dégrader comme un vieux moteur qui consomme de plus en plus d'huile. Cette dynamique aboutit à la stagflation. Sa disparition, comme cela s'est vu récemment, a été, avant tout, la conséquence de la création d'un contexte où les entreprises possèdent une situation financière solide grâce à la maîtrise de leurs coûts.

La situation en 2016-2018 a été inverse de celle de 1980-1982. Les entreprises ont la libre responsabilité de gérer leurs coûts, mais cette liberté est devenue une contrainte en raison de la pression de la concurrence mondiale. La politique de *« supply side »* a marginalisé les banques centrales car elles ne peuvent rien contre des forces économiques qui se sont imposées. L'inflation n'est vraiment pas un « phénomène monétaire ».

# UN ENVIRONNEMENT COMPLEXE

Si les Etats-Unis, rompant avec leur rôle habituel d'animateur de la conjoncture, ont été moins présents sur la scène économique mondiale depuis la fin de la crise de 2008, ils y ont joué un rôle essentiel dans les décennies précédentes. Les initiatives fiscales de l'administration Bush du début des années 2000 ont assuré une reprise américaine qui a entraîné le monde. Les pays émergents en ont été les grands bénéficiaires. À leur tour, ils ont contribué à l'amplification d'une phase de croissance qui restera comme la plus forte que le monde ait connu. Ils ont particulièrement profité du gonflement du commerce international mais surtout de l'arrivée d'un flux massif d'investissements directs en provenance des pays industrialisés qui leur a fait gagner un temps énorme dans leur développement. La plupart d'entre eux a changé de dimension en dix ans. Le renforcement de leurs structures économiques les a rendus beaucoup moins sensibles aux mauvais vents conjoncturels susceptibles de venir des pays les plus industrialisés. Ils ont cru que ce renforcement spectaculaire les avait immunisés contre les crises. Toutefois, s'ils ont été épargnés par la tempête conjoncturelle qui a sévi en occident en 2008, le groupe des BRICS (Brésil, Russie, Inde, Chine, Afrique du Sud,) si sûr de sa force dans la période faste, a connu de graves tensions.

Les pays émergents ont considérablement accru leurs capacités de production en un temps record dans un environnement qui semblait devoir durer. La soudaine récession américaine de 2008 a douché l'euphorie ambiante. L'Europe, très sensible à la conjoncture extérieure, a suivi les Etats-Unis. Les pays émergents ont été surpris par le brutal changement de conjoncture mais cette fois ils ont manifesté une résistance surprenante aux chocs extérieurs. C'est particulièrement vrai en Asie où ils ont adopté des plans de relance qui sont parvenus à contrer l'impact négatif de la contraction de leurs exportations. Ils ont fait ce que des pays industrialisés n'ont pas encore tous fait. Ils ont renforcé leurs structures économiques si bien que leur situation n'a plus aucun rapport avec celle, fragile, ayant précédé la crise asiatique de 1997. L'adjectif « émergent » les qualifiant tend à être dépassé pour un grand nombre d'entre eux.

Pour la première fois depuis les années 1930, si l'on fait abstraction de la guerre du Kippour en 1973, qui avait provoqué la multiplication par quatre du prix du pétrole en quelques semaines, une cause extérieure aux Etats-Unis a joué un rôle important dans le déclenchement de leur dernière récession. Leur croissance a cédé sous les coups de boutoir de la globalisation. Les investissements intervenus dans le monde au cours des années fastes se sont transformés en surcapacités de production à la suite de l'accident de 2008. Dans un climat de compétition renforcée, l'idée de protectionnisme s'est mise à tarauder ceux qui préfèrent se protéger. La tentation est grande, mais y céder aurait des conséquences très négatives car il n'est pas possible de se mettre en travers d'un mouvement irréversible d'ouverture des frontières.

La France s'en est fait une spécialité historique. Les lois Méline de 1892 qui ont remis en cause le traité de libre-échange franco-britannique de 1860 étaient censées protéger, en particulier, l'agriculture française. Elle a, en fait, retardé sa modernisation comme elle a pénalisé l'industrie à l'exception notoire de Michelin qui n'a jamais bénéficié de protections douanières. Elle demeure au niveau mondial l'une des sociétés les plus performantes. L'ajustement au libre-échange suppose d'éliminer les rigidités structurelles qui pénalisent la compétitivité des entreprises.

La zone euro embourbée dans ses principes financiers d'un autre temps a payé cher ses mauvais choix. Elle a été victime de l'esprit totalement dépassé des critères de Maastricht. En économie, la notion de temps est importante et la globalisation l'a rendue plus importante que jamais. Le poids des contraintes financières en fait perdre beaucoup aux partenaires les moins souples de l'Allemagne.

La « Grande Récession » a freiné le processus de redistribution du revenu mondial. Les tensions économiques entre ceux qui étaient déterminés à se développer au plus vite et ceux qui cherchaient à préserver leur position se sont accrues. Cet antagonisme a participé au déroulement particulièrement laborieux de la reprise d'après 2008 dans les pays industrialisés. Leurs entreprises ont été contraintes de contenir la montée de leurs charges, à commencer par celles des salaires, pour disposer de la plus grande souplesse dans leur politique commerciale. Ce n'est pas d'une guerre des changes que le monde est menacé mais d'une guerre des prix.

La Chine, dans une nouvelle version de ce qui s'était passé dans les années 1930, a cherché à contenir la montée de son chômage dans ses industries lourdes ou traditionnelles en les encourageant à exporter leur surproduction. Elle n'a pas hésité à dévoyer le jeu de la concurrence non pas en manipulant son taux de change comme a pu le laisser croire la baisse du yuan en 2015 mais en laissant ses entreprises nationales pratiquer des prix très bas quitte à vendre à perte. Cette politique ne pouvait que créer du chômage ailleurs. C'était une manière commode de lisser dans le temps la fermeture inévitable d'usines complètement obsolètes pour les remplacer par de nouvelles plus performantes en partageant la charge de ces restructurations avec d'autres pays. La France a demandé à la commission de Bruxelles de réagir en imposant des taxes à l'importation pour contrer le dumping chinois.

Des manifestations ont eu lieu à Bruxelles pour que la Commission ne confère pas à la Chine le statut d'« économie de marché ». Les Etats-Unis ont pris la même position fin 2017, à la réunion de l'OMC après avoir réagi en relevant de manière considérable leurs droits de douane sur l'acier laminé (+ 500 %) en avril 2016 sous les protestations de chinois offusqués par le procédé mais décidés à poursuivre leur politique. Ces derniers ont entrepris de changer de modèle de développement en portant leurs efforts sur des activités à forte valeur ajoutée et sur les services. Une telle mutation prend du temps et le ralentissement devenu structurel du pays ne la facilite pas.

Pour accélérer le mouvement, les entreprises chinoises se sont lancées dans des achats de sociétés occidentales de haute technologie. La réciproque n'existe pas malgré les professions de foi sur le libre-échange d'un Xi Jinping rôdé au verbiage communiste du « faites comme je dis et ignorez ce que je fais ». La compétition avec les économies les plus avancées ne risque pas de perdre de son agressivité surtout avec le programme affiché par le Président chinois au congrès du parti en octobre 2017, à commencer par celui de la « route de la soie » aux arrière-pensées nationalistes à peine dissimulées. Les pays industrialisés doivent s'ajuster pour se retrouver dans la meilleure position possible dans un jeu qui ne souffre pas de faiblesse.

Le chemin étroit de la reprise a décuplé une agressivité commerciale devenue trop pressante pour être ignorée. Elle a obligé à revoir les vieux modèles empreints de marxisme qui nuisent à ceux qu'ils sont censés protéger. Le contexte a mis sur le devant de la scène économique le concept d'« égoïsme rationnel » cher à la philosophe américaine Ayn Rand[11] développé dans son ouvrage *« Atlas shrugged »* un best-seller aux Etats-Unis. Son jusqu'au-boutisme peut choquer, il vise à montrer que l'intérêt de l'autre passe au travers du sien et non l'inverse comme le socialisme le promeut faussement. Alan Greenspan mais aussi Ronald Reagan ont été parmi ses proches les plus illustres.

Certains ont cru, début 2015, qu'après être longtemps resté incapable de pousser les feux de sa croissance, la zone euro allait profiter d'une baisse de sa monnaie, de taux d'intérêt sur des plus bas records et du repli spectaculaire des cours du pétrole, ce que certains poètes ont qualifié « d'ajustement des planètes », pour renforcer sa croissance. C'était oublier que sa reprise s'était accélérée à l'été 2014. Et cette embellie n'était que la conséquence de l'augmentation des salaires dans une Allemagne qui faisait figure d'exception. En déclenchant un renforcement très net de la consommation de ses ménages, elle a stimulé la reprise de la zone. C'est une variable économique, et non des décisions monétaires, qui a changé le décor conjoncturel de la zone. La croissance a connu sa plus grande intensité en 2017 avant de subir un fort coup de frein en 2018. La politique monétaire de la BCE n'avait pourtant pas bougé.

Les choses ont vraiment changé depuis Keynes et sa *Théorie Générale* ! Un déficit des finances publiques doublé d'une politique monétaire volontairement laxiste ne stimulait plus nécessairement la croissance. Cette mécanique était visiblement compensée par une force inhabituelle qui neutralisait les efforts de relance. Ce qui est longtemps apparu comme un syndrome japonais a fini par atteindre les autres grands pays industrialisés. Cette force n'était autre que la véritable guerre que mènent les pays émergents aux pays industrialisés dans la redistribution du revenu mondial. La généralisation du libre-échange à grande vitesse a créé des exigences permanentes de restructurations.

---

[11] Ayn Rand, *Atlas shrugged,* 1957, traduit par Sophie Bastide-Foltz, *La grève,* Ed. Les Belles Lettres, Paris 2011.

La seule réponse passe par l'affectation optimale de ses ressources à laquelle s'opposent des rigidités sociales provoquées par le poids excessif des Etats dans l'économie. L'idée d'avantages acquis est une imposture dans un monde qui change très vite. Les pays industrialisés qui n'y ont pas pris garde ont été irrésistiblement conduits à affronter des situations comparables à celles de grands groupes de transport aérien ou de constructeurs d'automobiles attaqués par des « low cost ». Les entreprises doivent s'adapter ou trépasser. Heureusement pour un pays, le choix n'est pas binomial, il peut affronter de graves difficultés, mais il ne disparaît pas.

En raison de leur lourdeur, les pays industrialisés se sont retrouvés victimes d'un véritable siphonage de leur part de la valeur ajoutée mondiale. Il s'est produit par l'intermédiaire d'importations à bas coûts, conséquence du déclenchement anarchique du processus de globalisation. Des forces dépressives se sont installées. Les recettes fiscales ont été freinées tandis que les dépenses sociales ont augmenté. Tous les pays n'ont pas compris que cette évolution, pour être contrée, exigeait des politiques offensives surtout dans un contexte dénué, par construction, de tensions inflationnistes. La volonté de combattre les déficits publics à marche forcée ne pouvait comporter que des conséquences très négatives.

L'« effet de siphon » justifie l'existence des déficits des finances publiques qui apparaissent, dans un tel contexte, comme des amortisseurs de la puissante redistribution du revenu mondial au détriment des pays les plus riches. L'urgence n'était pas de les réduire mais de les laisser jouer leur rôle compensateur. La situation imposait d'éviter d'augmenter les transferts sociaux d'un côté et les impôts de l'autre. C'est une réduction des impôts sur le revenu de tous les ménages qui peut relancer la croissance à partir du moment où les entreprises freinent la hausse de leurs coûts salariaux donc du pouvoir d'achat des ménages. Le choix d'une accélération de la demande est critiqué sous le prétexte qu'il gonfle les importations. C'est vrai, mais il est indispensable à la création d'une conjoncture suffisamment forte pour encourager les entreprises à investir localement.

Le fait de ne rien faire pour éviter la dégradation de la balance commerciale revient à regarder la conjoncture par le petit bout de la lorgnette. Une politique économique se doit d'être globale et la relance, dans un contexte dénué d'inflation, en est la base.

Accessoirement, la croissance dopée par les importations peut, dans les pays émergents, accélérer la hausse des salaires et donc rapprocher leurs conditions de production de celles des autres pays. Que ce soit lentement ou en mode accéléré, les pays riches n'ont pas fini de subir la pression de l'offre des pays émergents. Mieux vaut précipiter le mouvement en pariant sur un encouragement à investir dans des pays occidentaux restructurés et sur les difficultés des pays émergents à maîtriser les conséquences de leur croissance sur leurs coûts salariaux. Le temps nécessaire au retour à des relations économiques plus traditionnelles s'en trouverait raccourci.

Si les Etats-Unis avaient connu un syndrome de type japonais, l'histoire se serait écrite différemment. Ils n'auraient pas été en mesure de retrouver la croissance au-delà d'un effet ponctuel de sortie de récession. La zone euro en aurait subi lourdement les conséquences. Néanmoins la reprise n'a pas retrouvé son ressort passé sauf à de rares moments. Les années d'or sont terminées. Le bilan est clair. L'effet de siphon qui a conduit les entreprises à renforcer sans cesse la rigueur de leur gestion pourrait encore longtemps constituer un frein puissant sur la croissance.

# UN MAUVAIS PROCÈS

« Le sage montre la lune, l'idiot regarde le doigt », ce proverbe chinois est particulièrement bien adapté à l'analyse du comportement des marchés qui, accompagnée de la sûreté de jugement de « ceux qui savent », permet aux faux semblants de prospérer. « La crise de la dette en Europe fait chuter les marchés » titrait *Le Monde* du 16-17 mai 2011. Ce genre d'affirmation est représentatif de ce qui se dit mais pas de la réalité des faits. C'est ainsi que le gouverneur de la Banque du Japon et le Premier ministre de l'Archipel ont pu affirmer que la soudaine remontée du yen dans les premiers mois de 2016 risquait de peser sur la reprise japonaise. En conséquence, ils se réservaient le droit d'intervenir sur le marché pour la contrer. Immédiatement, la peur d'une guerre des monnaies est revenue, obligeant le ministre des Finances des Etats-Unis à rappeler les dangers d'une telle initiative. Aucun des interlocuteurs ne s'est posé la question de savoir si la force de la relation n'intervenait pas dans l'autre sens. Et pourtant, c'est bien la faiblesse de la croissance japonaise qui a renforcé la tenue du yen.

Les marchés jouent le rôle du miroir aux alouettes car leur comportement attire l'attention. L'importance de la conjoncture économique sous-jacente s'en trouve sous-évaluée. L'explication fournie par la BoJ n'était pas la bonne. Elle menaçait de provoquer des réactions malvenues car infondées. La BCE, début 2018, a pris des arguments analogues, cette fois à l'adresse des Etats-Unis. Là encore, c'était sans fondement. C'est ainsi que des incompréhensions entre pays peuvent se créer à partir d'idées fausses.

Un évènement d'une dimension exceptionnelle s'est produit au début des années 90. L'effondrement de la bourse de Tokyo, bourse de la deuxième économie derrière les Etats-Unis a été totalement ignoré des autres places. La division par quatre de sa capitalisation boursière les a laissées indifférentes. L'effet de contagion annoncé ne s'est pas produit bien que le Japon ait été, à ce moment-là, le premier détenteur d'épargne dont une grande partie était investie aux Etats-Unis, le premier emprunteur. Les Etats-Unis traînaient ce qu'il est convenu d'appeler des « déficits jumeaux » (déficit extérieur et déficit budgétaire) qui leur avaient valu des leçons de bonne gestion de la part du Japon tout puissant des années 1980. Les faits ont montré que le raisonnement était faux mais cela n'a pas empêché les chinois qui ont ravi la première place aux japonais à la fin des années 2000 de reprendre la même antienne. Est-ce par manque de perspicacité ou par jeu politique ? Un peu des deux probablement.

Les déséquilibres financiers des Etats-Unis n'empêchent pas que, quand Wall Street tousse, les autres bourses baissent immédiatement. Les marchés ont montré, sans ambiguïté, que la situation financière d'un pays ne comptait pas par rapport à la puissance de son économie. Sa solidité, et c'est la condition essentielle, ouvre une capacité d'emprunt illimitée tant que sa qualité ne se dégrade pas. C'est le devenir de la conjoncture qui anime les déplacements de capitaux. Les prêteurs sont malvenus pour donner des leçons car ils n'ont pas un rôle déterminant.

Les variables économiques tiennent les marchés en laisse et cette laisse s'est de plus en plus tendue au fil du temps avec l'accroissement de la profondeur des marchés. Si le comportement de Wall Street ne laisse jamais les autres places indifférentes c'est parce que les Américains jouent un rôle prépondérant dans la conjoncture mondiale. Les places européennes y sont particulièrement sensibles car la croissance de la zone euro reste très dépendante du devenir de l'économie américaine. Cette situation est à l'opposée de l'objectif que les concepteurs de la zone s'était assigné.

Les politiques monétaires ont actuellement très peu d'influence sur le devenir de la conjoncture économique, mais du point de vue médiatique, elles conservent une primauté dont les banquiers centraux usent et que les opérateurs craignent à tort. Lors de la crise de 2008, le Fed a procédé à des achats massifs d'obligations du Trésor américain pour faire baisser leurs rendements et renforcer la croissance. À la veille d'en quitter la présidence, Ben Bernanke a confirmé sa confiance dans le rôle que peut avoir une politique monétaire sur la conjoncture au

*Brookings Institut* à Washington, le 16 janvier 2014, en déclarant que « le seul coût potentiel crédible des « Q.E » est le risque d'une instabilité financière mais cela ne peut pas empêcher le Fed d'offrir les remèdes dont l'économie américaine a besoin ». Mais est-ce si sûr ? Malgré tout le respect dû à ce puits de culture économique, son affirmation est des plus contestables. Il ne pouvait pas influencer significativement un marché de la taille de celui des instruments du Trésor américain sauf à acquérir une situation de monopsone. Sa politique ne pouvait pas créer une instabilité financière. Seule la dégradation de la qualité de la conjoncture sur laquelle le Fed n'a actuellement pas de prise aurait été en mesure de la provoquer.

L'attention portée aux intentions du Fed sur le devenir des « Q.E » qui se sont succédé après 2008 a été outrancière car ils n'ont pas eu l'importance qui leur a été attribuée. La manière dont s'est déroulée leur gestion en témoigne. Lorsque le « Q.E.2 » a été lancé puis arrêté, il a été ignoré des marchés. Pire, les taux ont abordé une tendance haussière à l'automne 2011 au moment de sa mise en œuvre. Ils ont baissé à la veille de son expiration en juin 2012. Une erreur des marchés ? Non, la réalité d'une accélération de la croissance américaine dans un premier temps et d'un ralentissement dans le second. La violente baisse des bourses et la remontée des taux en mai 2013 quand Ben Bernanke a annoncé que le Fed envisageait une réduction de ses achats d'obligations (le « *tapering* » du « *quantitative easing* », comme on dit dans les marchés) est allée dans le sens de ceux qui sont persuadés que les banques centrales doivent être très prudentes dans leurs déclarations.

En fait, les marchés subissaient un effet d'annonce qui a pour caractéristique d'être éphémère mais la conjoncture a amplifié son impact. La reprise américaine traversait, à la fin du printemps, une petite phase de ralentissement qui n'a pas duré. Wall Street a juste manifesté un mouvement d'humeur ponctuel car la reprise était appelée à se renforcer. La place américaine a vite repris une tendance haussière qui a entraîné les bourses européennes. C'est dans cette conjoncture que l'arrêt du « Q.E.3 » est intervenu en septembre 2013, les marchés l'ont ignorée. Wall Street a dépassé ses plus hauts historiques dans les mois qui ont suivi alors que la reprise américaine s'accélérait. La hausse des taux a commencé en décembre 2015. Le Fed a commencé à réduire son bilan en 2017. Ignorant ses décisions, la reprise américaine s'est renforcée et Wall Street a battu une succession de records. Un commencement de preuve que les marchés collent au devenir d'une conjoncture sur laquelle les politiques monétaires n'ont actuellement guère de prise.

Un évènement qui a fait la une des journaux en septembre 1992 est venu illustrer cette réalité. C'est ce qui pourrait s'appeler « l'affaire Soros » avec tout le bruit médiatique voire politique qu'elle a provoqué. Le scandale aurait été le fait d'un spéculateur américain puissant qui aurait imposé ses choix au marché. Les faits ont été interprétés avec les arguments d'une époque où les volumes de transactions étaient encore étriqués. Or, les temps avaient formidablement changé, mais le refrain des motivations du comportement des marchés tournait toujours autour d'une même accusation : la spéculation.

La BoE avait flairé que le sterling, « sa » devise, risquait d'être victime d'un traquenard à la suite du refus du royaume de participer à la création d'une monnaie européenne unique prévue dans le traité de Maastricht signé le 7 février 1992. Sentant une « attaque » possible du marché, le Trésor britannique en coordination avec la BoE a patiemment constitué tout un arsenal au cours de l'été de 1992 pour la contrer. Des accords de *« swap »* entre la livre et les devises les plus traitées auprès des plus grandes banques commerciales ont été conclus. Des bons du Trésor en E.C.U.[12] devenus depuis des euros ont été émis alors que le royaume n'était pas candidat à y participer. Pour montrer l'effort accompli, il est bon de rappeler qu'au même moment l'Allemagne s'était refusée à émettre des obligations, les Bunds, autrement qu'en deutschemarks alors qu'elle était, avec la France, l'architecte et le pilier du nouvel ensemble. Malgré toute la puissance de feu accumulée sous la forme d'un accroissement des réserves de changes du Royaume pour intervenir sur le marché doublé de la remontée stratosphérique des taux britanniques, la livre a été balayée comme un fétu de paille, un mercredi de septembre de cette année resté dans l'histoire comme le « *Black Wednesday* ». Les réserves de change et la hausse des taux n'ont servi à rien ! Quelle humiliation

[12] E.C.U : pour *European Currency Unit*. Il a été l'unité de compte de la communauté européenne avant l'adoption de l'euro en 1995 à la suite de réserves de l'Allemagne.

pour la BoE réputée si puissante et pour la City, le cœur financier de l'Europe !

Quand le sterling a commencé à décrocher, les taux d'intérêt britanniques ont été relevés autour de 14 %, soit à un niveau deux fois supérieur à ceux de l'Allemagne au même moment. Le marché l'a ignoré. Malgré l'importance des moyens utilisés, il s'est montré le plus fort ! Le sterling a lourdement chuté soulignant, au passage, qu'un différentiel de taux, même très important, n'avait pas pu éviter ce qui a été pris pour un revers si ce n'est pour un drame. John Major, alors le Premier ministre du Royaume-Uni, fou de rage, s'en est pris à la Bundesbank en l'accusant de ne pas avoir tout fait pour l'aider à soutenir une monnaie « attaquée » de l'Union Européenne. À ce moment-là, tout le monde a cru que le Royaume avait perdu, d'une manière peu glorieuse son combat pour la défense d'une livre sterling qui était, avant la guerre 1939-45, la monnaie mondiale.

De tels mouvements ne pouvaient qu'être préjudiciables à l'économie britannique. C'est ce qu'avait retenu James Chapman, un ancien conseiller du gouvernement britannique, interpellé par la chute du sterling à la suite du vote du Brexit, en juin 2016. Il pensait que, comme en 1992, le Royaume allait payer cher sa sortie de l'U.E. Il n'avait, visiblement, pas suivi la fin de l'histoire car il n'aurait pas fait référence à cet évènement pour justifier sa prise de position sur le vote britannique. Cette affaire avait, en effet, très mal commencé mais c'était aller un peu vite en prêtant trop d'attention aux apparences. Au lieu d'accuser la spéculation, John Major aurait mieux fait d'observer l'évolution de la conjoncture britannique par rapport à celle de la future zone euro. Selon les explications qui ont été retenues, le sterling n'avait pas résisté à l'« attaque » déclenchée par un habile ou un horrible spéculateur américain, selon la philosophie politique adoptée. George Soros, responsable d'un grand *hedge fund*, a remarquablement géré l'évènement. Il s'est donné le beau rôle en apparaissant comme le vainqueur du bras de fer engagé avec la BoE. Les media se sont fait un plaisir de le mettre en valeur. Cela l'a encouragé à se comporter comme un empereur romain paradant sur son char au retour de la guerre qu'il venait de gagner.

La télévision, dans une version moderne du char, l'a filmé, en star, barbotant dans sa piscine de milliardaire, heureux de son coup. Il s'est fait une formidable publicité gratuite en se présentant comme celui qui avait fait chuter la monnaie britannique. Le « coup » lui a permis de gagner beaucoup d'argent sur sa position massive de vente de sterlings. Si l'opération lui a rapporté, c'est bien sûr parce qu'il avait eu l'habileté de prendre la bonne position avant que l'évènement ne se produise. Mais Soros n'est pas César. Il n'est pas davantage Napoléon au pont d'Arcole ni une Diva dont il a cru bon de prendre le rôle. Il n'a pas entraîné le marché. Il a pris la bonne position au bon moment. C'est tout, mais c'est énorme par les quantités engagées. Le gain d'un milliard de livres qu'il en a retiré suffit à le souligner mais, et c'est important, s'il a prévu un tel évènement, il n'a rien déclenché.

Quels qu'aient été les montants engagés, ils n'auraient pas été suffisants pour provoquer, sans la connivence de la conjoncture, la baisse de la monnaie britannique car le marché du sterling était devenu trop grand. Et ce n'était pas souhaitable pour Soros. Si cela avait été le cas, il serait remonté lors du débouclement de l'opération et son profit en aurait été diminué. C'est le contraire qui s'est produit. Il a poursuivi sa chute dans les premiers mois de 1993. Soros n'a été pour rien dans le déclenchement d'un évènement qui a fait grand bruit. Il en a, en revanche, profité de deux côtés d'abord financièrement ensuite médiatiquement, car son nom a été connu mondialement. Il s'est aussi attiré les foudres des anti-mondialistes devenus alter-mondialistes toujours prompts à protester contre le capitalisme avant d'épouser certaines de leurs idées au point de venir au Forum de Davos fréquenté par les puissants de ce monde, dans les années 2000, pour condamner la spéculation ! Quelle habileté, sa victoire a été totale. Bravo l'artiste mais on est dans l'imaginaire conforté par des apparences tellement fortes que ceux qui se laissent séduire par elles ne peuvent plus en sortir.

La suite des évènements allait donner une version radicalement différente des faits. Il faut se rappeler la colère froide de John Major à l'encontre de la Bundesbank accusée d'avoir manqué de solidarité au soir du mercredi 16 septembre 1992 pour se rendre compte de la crispation provoquée par ce qui était alors considéré comme un grave revers. Un an plus tard, soit le 16 septembre 1993, était fêté dans la bonne humeur l'anniversaire de l'effondrement du sterling par le même Premier ministre ! Le recul du temps lui avait permis de voir que la chute retentissante de sa monnaie avait accompagné le redressement de la conjoncture britannique dans une Europe touchée par la déprime. En septembre 1993, la future zone euro venait de retrouver péniblement la croissance alors que le royaume affichait une insolente reprise. C'était le début d'une marche compliquée pour ceux qui ont décidé d'adhérer à une monnaie unique.

En mars 1992, John Major avait procédé à une baisse des impôts sur le revenu des ménages qui allait relancer la croissance britannique à la veille d'élections qu'il a gagné contre toute attente. Au même moment, de l'autre côté de la Manche, la récession s'annonçait. C'est le clivage entre deux dynamiques conjoncturelles opposées qui a provoqué la véritable rupture intervenue sur le marché des changes. Il a été le responsable de la chute du sterling et non Soros. La réalité est bien différente de la fiction. La chute du sterling a servi de soupape de sécurité à une divergence de conjoncture entre le Royaume-Uni, dont le gouvernement avait délibérément choisi de renforcer la croissance, et le peloton des candidats à l'euro qui, en décidant d'une monnaie unique, se sont appliqués une politique d'austérité. Cette dernière allait, longtemps, pénaliser leur croissance. Une telle victoire valait bien un sacrifice, même involontaire, du côté de la monnaie. Le lien n'a pas été reconnu, mais la chute du sterling a été acceptée, a posteriori, avec un certain plaisir ! Dix ans plus tard, le dollar a subi le même sort contre l'euro pour des raisons identiques, les Etats-Unis ayant alors fait le forcing pour relancer leur croissance, la zone euro se limitant à se laisser tirer.

Pourquoi ne pas avoir cherché à comprendre les raisons de la baisse du sterling autrement que par le comportement d'un grand trader ? Seule la patte de la spéculation a été vue dans les tribulations de la monnaie britannique alors que l'évènement méritait mieux. Le Royaume avait échappé, pour le meilleur, aux fourches caudines de la rigueur imposée par le traité de Maastricht. La raison de cette rigueur ? L'impérieuse nécessitée de respecter un écart de fluctuation minimum des monnaies dans le cadre de la préparation à l'entrée dans l'E.C.U., le futur euro. Les candidats avaient accepté de sacrifier leur croissance à la bonne fin du projet. Ce n'est pas la spéculation mais la divergence particulièrement importante entre les conjonctures britannique et allemande qui a provoqué une rupture dans l'évolution du sterling/mark, le mark étant alors la monnaie de référence de l'E.C.U.

C'est aussi un différentiel de conjoncture en faveur du Royaume qui a amplifié la chute du sterling au moment du résultat du référendum du 23 juin 2016 car le mouvement s'était amorcé bien avant. Le sterling/dollar avait culminé à $ 1,70 en juillet 2014. Il dépassait à peine $ 1,50 à la veille du vote. Il ne valait plus que $ 1,22 en octobre 2016, il s'est redressé quand l'économie britannique a ralenti.

Le Japon a connu une expérience analogue avec le Premier ministre japonais Shinzo Abe lors de son premier mandat en décembre 2012. Son offensive massive en faveur d'une relance de la croissance, qui contrastait avec le flou de la politique de ses prédécesseurs, a dopé la conjoncture de l'Archipel. Le yen a vite plongé. La Banque du Japon a été accusée de chercher à faire baisser « sa » monnaie (c'était ce que souhaitait ouvertement le Premier ministre) bien qu'une question se soit immédiatement posée : pourquoi cette décision de la Banque du Japon avait-elle pu être aussi efficace alors que ses interventions passées s'étaient régulièrement soldées par autant d'échecs ? L'évolution brutale du yen, comme celle du sterling en 1992, n'était que la conséquence d'un changement soudain de conjoncture et de rien d'autre.

L'année 1992 a offert de multiples opportunités de voir que les marchés reflétaient le devenir de la conjoncture bien que leur influence fut sur elle insignifiante. Le refus du Danemark de s'engager par référendum dans la voie tracée par le Traité de Maastricht début juin a été accompagné d'une chute des bourses européennes. Les deux évènements se sont suivis de si près qu'ils ont été considérés comme liés : le résultat négatif des Danois apparaissait comme la cause de la réaction violente des marchés de la future zone euro. Encore l'effet pervers des corrélations hâtivement trouvées. En juin 1992, la future zone euro s'apprêtait à entrer en récession. En conséquence, le mark est monté et les bourses européennes ont baissé. Le Danemark n'a eu aucune influence.

Être convaincu par l'idée que la spéculation trimbale les marchés là où elle le veut, c'est faire fausse route. Les marchés réagissent, selon leurs spécificités, à des données économiques. Tous sont sensibles aux variations de la croissance au sein de laquelle les variables qui intéressent les taux d'intérêt, les changes et les bourses ne sont pas les mêmes. La conjoncture future ayant pour destin de ne pas ressembler aux précédentes, le comportement relatif de ces trois marchés évolue avec elle. Il n'existe pas de lien direct entre eux. La cohérence de leur comportement passe au travers du prisme des économies aux coefficients de réfraction qui changent au gré de la nature des politiques économiques. Cette mécanique s'est révélée quand les banquiers centraux n'ont plus été en mesure d'entraver durablement le libre fonctionnement des marchés guidé par la conjoncture. Cette indépendance s'est affirmée à la fin des années 1970

Les devises ont bousculé leurs vieux critères d'appréciation, à commencer par celui des écarts entre les taux d'intérêt ou entre les rythmes d'inflation utilisés pour justifier l'évolution relative des monnaies. Et pourtant, Mario Draghi a soupçonné les Etats-Unis de manipuler leur monnaie, en février 2018, parce que le dollar baissait malgré un différentiel de taux en sa faveur. Il n'a pas pensé qu'il s'agissait plutôt des conséquences d'un différentiel de croissance.

La plupart des relations supposées pérennes ne sont que de circonstance. Elles évoluent avec la nature des politiques économiques. L'approche comptable des échanges internationaux telle qu'Adam Smith la décrivait ne vaut plus exactement de la même manière aujourd'hui, ne serait-ce que parce que la nature des biens et des services s'est considérablement sophistiquée. Les taux de change réagissent à l'évolution relative des conjonctures. L'ignorance du sens de cette relation a été à la base de ce que j'ai qualifié de « syndrome Salazar » du nom du général portugais qui a fait de l'escudo une monnaie très forte en calfeutrant l'économie de son pays pendant cinquante ans. Elle a coûté très cher en points de croissance. Il croyait que le stock d'or était signe de richesse. Il n'avait pas compris que le temps du bullionisme était passé, que c'était l'économie qui déterminait la richesse. Cette réalité supposait de privilégier la croissance sur tout autre considération, ce qu'il n'a pas fait. Le niveau de vie des Portugais a pris un retard considérable. La « révolution des œillets » en avril 1974 a brutalement changé la donne en libérant une croissance longtemps contrainte. Il fallait alors courir vite pour se protéger contre la dévaluation de l'escudo qui a suivi.

En règle générale, la monnaie du pays qui prend l'offensive pour renforcer sa croissance en relançant sa demande interne est appelée à faiblir contre celle d'un pays qui prône la rigueur tout en comptant sur ses exportations pour soutenir sa conjoncture. La spéculation et les marchés si injustement accusés ne sont pour rien dans le devenir d'une conjoncture économique. Seuls les gouvernements qui les accusent en sont les vrais responsables. Ce constat interpelle sur l'interaction des forces en jeu qui n'est pas toujours prise dans le bon sens. Le temps où des intervenants puissants pouvaient profiter de l'étroitesse du marché des changes pour y faire la pluie et le beau temps s'est terminé avec les années 70 quand il est devenu suffisamment profond. Plus tard, à mesure que le mouvement s'est amplifié, les banques centrales ont pu constater que leurs interventions solitaires ou coordonnées pour gérer « leur » monnaie ont progressivement perdu leur efficacité. Elles ont alors décidé d'arrêter d'y procéder pour ne pas perdre ce qu'elles croient être leur « crédibilité ». En 1992, l'interprétation du rôle de Soros ne pouvait plus correspondre à la réalité. L'opération médiatique menée de main de maître ne correspondait pas aux faits. Les marchés venaient de montrer leur remarquable indépendance par rapport aux intervenants de tout genre. Il est regrettable que l'évènement n'ait pas servi de leçon.

## LA SOLIDITÉ DE L'ÉCONOMIE, LE VRAI SUJET

Les gouvernements se méfient des réactions des marchés sans s'en prémunir nécessairement de la meilleure manière. En 2010, la Grèce a déclenché un véritable scandale quand son gouvernement a été contraint de publier la situation financièrement catastrophique qu'elle avait réussi à cacher grâce à l'habileté de la banque américaine Goldman-Sachs, son conseil, mais c'est en 2011 que les choses se sont gâtées. Indépendamment de cette turpitude, la crise qui a éclaté au printemps de cette année au sein de la zone euro a fait découvrir que les pays la composant n'étaient pas immunisés contre les risques frappant d'ordinaire les pays émergents. Visiblement, la protection qu'était supposée offrir l'adhésion à l'euro n'avait pas fonctionné avec l'efficacité attendue.

« On ne meurt pas de dettes, on meurt de ne plus pouvoir en faire » disait Louis-Ferdinand Céline qui ne prétendait pourtant pas être un grand expert en finances. Sa remarque est saisissante d'actualité. La Grèce en a offert une récente illustration. Sa très mauvaise situation économique lui a barré l'accès aux marchés financiers. Le pays s'est trouvé sous les fourches caudines d'un triumvirat composé de la BCE, la Commission de Bruxelles et du FMI qui en posant des conditions drastiques ont plongé le pays dans une profonde récession.

En économie, ce qui paraît évident peut être trompeur. La zone euro s'était fixé pour objectif d'obliger les pays prodigues à subir une brutale cure d'austérité pour réduire un endettement jugé excessif sous le prétexte qu'il menaçait leur signature. C'était oublier qu'en économie, la ligne droite n'est pas le plus court chemin pour atteindre le résultat recherché. Le poids d'un endettement est relatif et non absolu. Seule la situation économique importe. Il est très lourd quand cette dernière est dégradée. C'est donc le renforcement de la situation économique qu'il convient de renforcer plutôt que de privilégier la réduction de l'endettement. Les conditions d'emprunt en dépendent. Les contraintes imposées par le traité de Maastricht sont particulièrement malvenues. Il ne faut donc pas s'étonner que la zone ait été longtemps considérée comme un poids mort dans la conjoncture mondiale. La solidarité au sein de la zone aurait dû se traduire par un soutien à ses maillons faibles indépendamment de l'allégement du poids de leur dette. C'est l'inverse qui a été fait. La seule réduction des déficits ne règle rien au plan économique. « Je suis à la tête d'un État en situation de faillite » avait dit François Fillon, Premier ministre de la France en septembre 2007. Dix ans plus tard, le déficit des finances publiques du pays était toujours au-dessus des 3 % du PIB voulu par Maastricht et l'encours de son endettement approchait les 100 % du même PIB. Les taux d'emprunt de la France ont touché des plus bas historiques au premier semestre de 2016. Ce n'est évidemment pas le marché qui a tort mais l'ancien Premier ministre impressionné par le seul passif du bilan du pays, celui concernant son endettement.

Les pays qui ont les déficits et les encours de dettes publics rapportés à leur PIB les plus importants ne sont pas toujours les plus maltraités par les marchés. La dette publique japonaise dépasse 220 % de son PIB, un record, mais la situation économique de l'Archipel n'est pas dégradée. Les taux longs ont été les plus bas du monde avant la mise en œuvre de « Q.E » par sa banque centrale. Cette situation extrême a offert une occasion remarquable de s'interroger sur la relation entre le niveau d'une dette et ses conditions d'émission car elle est, visiblement, beaucoup plus distendue que les théories ne le prétendent. Ce constat secoue les idées reçues et les constructions qui en sont issues. Ils ont montré que les « contraintes financières » n'avaient pas l'importance qui leur était donnée. La qualité de la situation économique était d'un poids beaucoup plus déterminant. L'application du principe d'efficacité optimale dans l'utilisation des ressources disponibles d'un pays est la meilleure garantie pour la solidité de sa signature. Le problème des dettes apparaît alors subalterne.

L'homme ne peut pas se passer de repères, il les préfère fantasques plutôt que de ne pas en avoir, fussent-ils faux ! Le besoin de s'y référer s'oppose à leur remise en cause qui permettrait de mieux comprendre pourquoi l'état des finances d'un pays est loin d'être « le » problème. Un Etat qui traîne des déficits publics est régulièrement comparé à une entreprise finançant ses pertes ou à un ménage « vivant au-dessus de ses moyens ». La catastrophe est au bout du chemin. Il est donc impératif de privilégier la réduction du déficit public. C'est la bêtise à ne pas commettre ! Dans la conjoncture lourde et dénuée de tensions inflationnistes qui a prolongé la sortie de la crise de 2008, l'offensive valait mieux que la défensive. La promotion de la croissance capable d'inciter les entreprises à investir importait plus que la gestion de la dette d'un Etat. Elle est la condition rationnelle de la diminution des déficits publics sans peine car elle offre l'opportunité de gonfler les recettes fiscales d'un côté et de baisser les dépenses sociales alourdies par la crise de l'autre, ne serait-ce qu'en permettant la décrue du chômage. L'inverse est beaucoup plus compliqué et surtout socialement beaucoup plus douloureux.

Les banquiers centraux ont longtemps alerté sur le risque que représentaient les dérives des finances d'un Etat pour le secteur privé responsable de la création de la richesse et de l'emploi. La conjoncture des années qui ont suivi la crise de 2008 a clairement remis en cause ce genre d'idée. Mais qu'importent les faits quand on est attaché à ses convictions. La formidable baisse des taux qui a concerné les grands pays industrialisés avant d'atteindre les pays émergents a révélé qu'il n'y avait pas de lien direct entre le niveau des taux et les montants des émissions de dettes destinées à financer le déficit d'un pays. Si cette absence de relation avait été acceptée en 1992, elle aurait évité les graves erreurs d'un traité de Maastricht qui a résumé un peu vite les critères de bonne gestion des finances publiques en les cantonnant aux rapports des déficits et de l'encours d'endettement des administrations publiques aux PIB des participants.

Les déficits publics étaient considérés comme la cause de l'inflation et de la hausse des taux d'intérêt. La masse record d'emprunts des administrations sur les marchés depuis 2009 a prouvé qu'il n'en était rien. Les pressions inflationnistes ont disparu au point de faire craindre des menaces de déflation. Le gonflement de l'endettement n'a pas contrarié la tendance puissamment baissière des taux longs indépendamment de la mise en œuvre de politiques monétaires non conventionnelles. La politique de « supply side » qui a accru la solidité économique et financière des entreprises et l'approfondissement rapide des marchés ont créé les conditions de la baisse des taux sur des plus bas records. Les relations dans les entreprises ont changé. Les conditions d'emplois sont déterminées en fonction de la concurrence qu'elles subissent et non plus en relation avec la baisse du taux de chômage. L'inflation a disparu.

La croissance génère des recettes fiscales qui permettent la réduction des déficits mais cette amélioration financière ne doit pas occulter que le poids des dépenses publiques (et non de l'endettement) par construction improductives tend à pénaliser la croissance quand il devient trop lourd. Il oblige les entreprises du secteur privé, dans un mouvement compensateur, à redoubler d'effort pour en amortir les retombées négatives sur leur compétitivité en réduisant leurs coûts. Le niveau du chômage en devenant une variable d'ajustement s'en trouve accru. C'est ainsi que le gonflement des transferts sociaux finit par pénaliser ceux qu'ils sont censés protéger. La spirale est détestable. Cette dynamique s'est avérée particulièrement perverse à un moment où la globalisation a obligé les entreprises à s'adapter sans cesse à la pression continue de la concurrence internationale.

L'aveuglement est impardonnable car une politique de réduction des déficits publics n'avait rien d'urgent. Seuls les gouvernements pragmatiques l'ont compris. La zone euro forte de principes malvenus s'est longtemps enlisée dans les sables mouvants de la déprime. Une manière pertinente d'alléger le poids des dépenses publiques, quand il devient exorbitant, est de transférer des activités qui n'ont pas nécessairement leur place dans le domaine public vers le secteur privé. David Cameron l'a fait au Royaume-Uni en licencient 500 000 fonctionnaires au cours de son premier mandat. La croissance britannique qui se traînait s'est renforcée. Le taux de chômage est redescendu sous les 5,0 % en 2016.

Un Etat n'a pas vocation à rembourser sa dette, pas plus que l'ensemble des entreprises n'y est tenu. Il lui revient, par contre, d'assurer ses créditeurs qu'il est en mesure de payer, au moins, les charges d'intérêts qu'elle génère grâce aux impôts qu'il collecte. Or la masse de ces derniers provient du secteur privé dont les chiffres d'affaires et les résultats dépendent de la qualité de la politique économique des gouvernements. Cette politique, si elle est bien menée, finit par contenir l'encours de l'endettement public. Le rapport des dettes au PIB tend alors à baisser. Tout se tient. Encore faut-il considérer la mécanique dans le bon ordre ! Un budget national ne se compare pas à celui d'une entreprise car il a une vocation qui lui donne une tout autre portée. Une entreprise sans dette peut être mal gérée. Sans produits nouveaux répondant à la concurrence, sa faillite menacerait tôt ou tard. À l'inverse, un endettement destiné à renforcer sa compétitivité peut s'avérer salutaire. Cette règle vaut aussi pour un pays mais un budget national se distingue par sa particularité d'être un outil de politique économique, ce qui ne peut être la vocation du budget des autres agents économiques.

Un Etat ne produit rien. Ses dépenses entrent dans la partie non marchande d'un PIB. Sa signature ne vaut pas par sa propre situation financière mais par la santé économique et donc financière des entreprises de son pays. François Fillon, comme bien d'autres, s'est trompé ou, tout au moins, a pris un raccourci. Un Etat ne peut pas tomber en faillite s'il arrive à lever l'impôt sans épuiser son économie donc sans affaiblir le secteur productif. Pour avoir négligé cette condition essentielle, la zone euro est allée de mauvaises surprises en mauvaises surprises. Ses composantes les plus fragiles ont été victimes d'une austérité qui ne s'imposait pas. Les faits ont rappelé combien la qualité de l'actif du bilan d'un pays, celui qui concerne sa situation économique, était déterminante par rapport au passif qui comptabilise ses moyens de financement.

Un gouvernement se doit de gérer au mieux ses engagements pour ne pas entraver le bon fonctionnement du secteur productif dont le devenir des finances publiques dépend. Le niveau d'endettement de l'état se voit malheureusement beaucoup plus que l'évolution de la qualité de la situation économique du pays. C'est le piège du miroir aux alouettes car l'attention se porte sur ce qui saute aux yeux. Néanmoins, ce n'est pas parce que la notion d'endettement n'a rien d'absolu que la porte est ouverte à toutes les initiatives de dépenses. Il peut croître s'il sert au renforcement de la situation économique et non au financement de charges sociales improductives qui l'alourdissent. La meilleure défense étant l'attaque, la recherche de la croissance vaut mieux que l'austérité. Au lieu d'insister sur le côté financier, c'est à la qualité de la situation économique qu'un Etat emprunteur doit impérativement veiller. Le cercle est bouclé, les gouvernements créent les conditions, les entreprises font avec elles. De la combinaison des rôles des deux parties dépend le devenir de l'économie concernée. Les marchés, dans leur comportement, apparaissent comme des juges de l'efficacité des gouvernements et des entreprises dans un domaine essentiel.

Le développement spectaculaire du volume des transactions sur les marchés de dettes a renforcé la vérité des conditions de crédit. Les temps ont bien changé. Il est loin celui où les banques avançaient, de bonne foi un argument de vente selon lequel elles plaçaient les émissions de dettes de leurs clients auprès d'investisseurs dits finaux. S'il était alors séduisant pour la réussite du placement d'un emprunt dans un marché étroit, il s'est retourné contre l'émetteur quand le marché est devenu profond. La société a, alors, payé le manque de liquidité de ses titres par des taux d'intérêt élevés. En croyant bien faire, ces emprunteurs se sont désavantagés. La liquidité des titres est devenue essentielle là où la prime à la stabilité prévalait. Cette observation montre à quel point l'esprit d'une taxe Tobin sur les transactions est contreproductif.

L'éclatement de la crise des dettes des partenaires les plus faibles de la zone euro, en 2011, a révélé que la fragilité de la croissance n'était plus l'apanage des pays en voie de développement. Leur sort avait changé. Au lieu de dépendre essentiellement d'aides publiques, ils avaient attiré des capitaux privés. Le basculement vers le meilleur se réalisait. Les subventions qu'accordaient les pays riches aux pays sous-développés n'avaient pas donné de résultats probants. Les bons esprits mondialistes auraient dû être heureux de voir l'efficacité avec laquelle des capitaux privés avaient transformé ces pays en moins d'une décennie. Il n'en a rien été. Ils se sont attaqués aux « odieux capitalistes » qui créent du chômage dans leur pays pour aller faire des profits grâce à des coûts beaucoup plus bas, ailleurs. Jamais contents !

# UNE FLUIDITÉ QUI FACILITE LES AJUSTEMENTS

Les Etats-Unis ont pu relancer leur croissance à coups de déficits budgétaires à la suite de la crise de 2008 sans empêcher les taux de baisser, la politique de « *quantitative easing* » du Fed n'ayant eu qu'un rôle subalterne. Les vieilles règles étaient bousculées. Le temps de la marine à voile était terminé. L'offre et la demande de capitaux a visiblement perdu l'importance que les théories traditionnelles leur accordaient. Les liquidités ont été recyclées à une vitesse accélérée grâce à la globalisation soit directement sur les marchés financiers soit par l'intermédiaire des banques. Quand la coupe des « Q.E » a débordé à la suite d'une injection de monnaie supérieure à ce qu'une économie pouvait absorber, les banques ont placé leurs liquidités en excès auprès de leur banque centrale. Certaines d'entre elles, en particulier la BoJ, la BCE, la BNS et les banques nationales du Danemark et de Suède, dépitées d'avoir à subir l'effet de boomerang de leurs efforts, ont imposé un taux d'intérêt négatif à ces « reflux » pour encourager les banques à prêter à l'économie. Ce fut en vain car visiblement le contexte ne s'y prêtait pas.

Le concept de taux négatif sur les dépôts n'est pas loin de rappeler celui particulièrement détestable de l'argent qui dort, idée démagogique chère à François Mitterrand. Il accusait les « rentiers » de ne pas investir dans l'économie. À un moment où les taux dépassaient 10 %, les capitaux ne restaient pas inutilisés. Et ils l'ont été en relation avec les conditions déterminées par la situation économique du moment. L'idée des taux négatifs ne comporte pas la notion d'opprobre du rentier mais l'objectif est le même, celui d'exercer une pression pour contraindre les détenteurs de capitaux à prêter pour doper une croissance dont la faiblesse inquiète. Une grave déformation des rôles. Les banques centrales se sont départies de leur vocation de tutelle pour forcer en vain le destin. Les « Q.E » ont créé un trop plein qui a montré à quel point l'impact des banques centrales sur la conjoncture était limité si ce n'est voisin de zéro.

La mécanique d'ajustement de l'offre à la demande de monnaie qui pouvait être contrariée quand les marchés étaient étroits fonctionne d'une manière de plus en plus optimale au plan national comme au plan international. Il s'agit d'une mécanique d'ensemble là où d'aucuns veulent y voir des transactions spécifiques. Les pays les plus créditeurs du monde ont créé la confusion. Le Japon, le premier d'entre eux dans les années 1980 a voulu donner une leçon au pays le plus emprunteur à savoir les Etats-Unis. L'Archipel étant alors le plus grand souscripteur de bons du Trésor américains, son ministre des Finances s'était employé à faire la leçon aux Etats-Unis en les accusant de laxisme pour avoir laissé leurs déficits public et extérieur (les *twin deficits* ou déficits jumeaux) dériver. Ils risquaient la faillite !

L'arrogance n'a pas duré. L'Archipel a dû ravaler ses prétentions en se rendant compte que sa menace de vendre ses positions n'était pas réaliste. Une telle initiative aurait provoqué une baisse ponctuelle des cours des dettes américaines et une hausse mécanique de leurs rendements avant que le marché mondial ne les recycle. Le grand perdant aurait été le Japon car les cours seraient vite revenus sur la tendance définie par le déroulement de la conjoncture américaine du moment. Si les Japonais avaient réussi à convaincre l'administration Reagan de prendre des mesures de rigueur, l'Archipel en aurait été la première victime car elles auraient freiné la croissance et la demande d'importations des Etats-Unis. En un mot comme en mille, le perdant n'aurait pas été celui que l'on croit.

La Chine, après avoir pris le relais du Japon dans les années 2000, a remis le couvert en profitant d'un bras de fer entre Barak Obama et le Congrès sur le plafond de la dette américaine en 2013 pour réclamer la « désaméricanisation » du système financier mondial. Ce genre de souhait dénonce depuis des lustres les avantages dont abuseraient les Etats-Unis avec leur monnaie. La manière dont la notion de déficits jumeaux a été avancée a souligné la confusion de la perception des deux entités. Un déficit budgétaire est créé par la puissance publique. Un solde de balance commerciale est la somme algébrique de l'exécution de contrats passés très majoritairement entre des entreprises privées. Ces deux déficits sont considérés comme

« jumeaux » non pas dans le sens qui lui est communément donné mais par l'importance jouée par la solidité économique donc financière du secteur marchand. C'est de cette solidité que dépendent les conditions de financement des entreprises qui déterminent le solde extérieur mais aussi celles des Etats. Ce qui est une condition suffisante pour assurer la tenue de la monnaie qui, elle dépend de l'évolution relative relation des conjonctures.

Un pays avec une balance commerciale excédentaire se retrouve prêteur au reste du monde. Les Etats-Unis déficitaires sont emprunteurs. Ils sont même les plus gros emprunteurs du monde. La logique ordinaire suppose que les conditions d'un emprunt dépendent du bon vouloir de ses souscripteurs. Ça n'est plus vrai. Elles dépendent de manière plus objective de la santé économique de l'emprunteur. La menace voilée de la Chine de ne plus souscrire aux émissions du Trésor américain n'aurait pas plus de portée que celles du Japon si elles étaient mises en œuvre. Le pays prêteur se retrouve, en retour, dans une vraie relation de dépendance économique vis-à-vis de l'emprunteur. C'est le cas du Japon et de la Chine, pour prendre les pays les plus importants, par rapport aux Etats-Unis qui jouent une partition essentielle dans le concert conjoncturel mondial.

Les Américains se sont imposés par le dynamisme de leur économie. Les échanges de produits sont, intrinsèquement, plus déterminants de l'évolution de la conjoncture que les transactions monétaires même si les uns ne vont pas sans les autres. Aucune partie n'a intérêt à ce que la dynamique des échanges de biens et de services souffre de l'impact d'un ralentissement américain sur le reste du monde. Donald Trump l'a bien compris même s'il joue un jeu dangereux en imposant des taxes sur des produits importés de certains pays et plus particulièrement de la Chine.

Le monde a pu se rappeler, en 2008, ce qu'il en coûtait en points de croissance de voir les Etats-Unis sombrer dans la récession. Les discours moralisateurs sur les excès d'emprunts ont été remis à leur juste place par des marchés sans état d'âme. La réalité impose de céder au pragmatisme au lieu de se crisper sur des règles désuètes. La dépendance des créditeurs à l'égard de leurs débiteurs n'est, toutefois, pas une règle. La Grèce n'a pas pu éviter la pression des marchés en raison de son peu de poids sur la scène conjoncturelle internationale.

À cause de sa gestion dispendieuse, le pays s'est exclu des marchés pour se retrouver dépendant d'organismes particuliers. La pire des situations.

Barak Obama, après son ministre des finances, a eu tort de jouer le rôle d'Henri IV, empereur du Saint Empire germanique, venu à Canossa s'agenouiller devant le pape Grégoire VIII pour qu'il lève l'excommunication prononcée contre lui. Cette scène s'est produite en 1077. Sa version moderne s'est déroulée à Pékin en 2009. À l'occasion de son voyage, le Président américain a cru bon de convaincre la Chine de continuer à souscrire aux obligations du Trésor américain pour assurer le financement d'un déficit devenu abyssal. Il avait pris le rôle humiliant de demandeur en contravention de la réalité. Les Chinois en ont profité pour lui administrer une leçon de management du type de celles du FMI voire du Japon vingt ans plus tôt pour les inciter à réduire leurs déséquilibres financiers. Au-delà des discours, ils sont restés les premiers créditeurs des Etats-Unis. La démarche de Barak Obama n'avait aucune raison d'être. Même si Donad Trump n'était pas nécessairement conscient de cette dépendance, il n'a pas hésité à prendre des mesures désagréables aux yeux des Chinois. Les rendements des obligations du Trésor américain n'en ont pas été affectés.

L'annonce par Standard & Poors, le 13 janvier 2012, de la perte de son « triple A » a jeté un froid en France. Faire autant d'efforts pour en arriver là avait de quoi énerver son gouvernement. Déjà suspicieux de ce qui est américain, les Français n'ont pas manqué de critiquer ce qu'ils ont pris, à tort, pour une véritable agression. Bruxelles s'est saisi de l'affaire pour proposer un contrôle sur les agissements de ce genre d'établissements comme s'ils faisaient la pluie et le beau temps sur les marchés. On sait ce qu'il en est advenu : le marché a ignoré la décision. La même agence avait, auparavant, dégradé la signature des Etats-Unis pour cause de différends entre démocrates et républicains sur la gestion de la dette américaine le 5 août 2011 mais le marché n'en avait pas davantage tenu compte. Les taux de leurs emprunts avaient baissé et leurs cours étaient montés après l'annonce montrant que le jeu des ratings était trop tourné vers des considérations financières. Devant la fermeté des cours des obligations américaines (les Bonds) au lendemain de la décision, la responsable de Standard & Poors pour l'Europe avait curieusement expliqué que les Bonds restaient une « valeur refuge » alors que la baisse du rating prétendait l'inverse ! Les marchés ont simplement souligné, à cette occasion, leur indépendance par rapport aux jugements des hommes et les avis d'organismes mondialement réputés ne les influençaient plus.

La capacité réputée prédatrice de marchés financiers prêts à fondre, à tout moment, sur une proie facile a fait redouter leur réaction face au gonflement spectaculaire des déficits et des dettes publiques. Il n'en a rien été. Leur manière de se comporter a été très sélective. Elle s'est objectivement retrouvée liée à la réalité des situations économiques. Les rendements des obligations britanniques et américaines sont remontés au-dessus des taux français non pas parce que les marchés ont « pris conscience » de la situation financière dégradée de ces deux pays mais parce que leur croissance s'est renforcée alors que la conjoncture de la zone euro continuait de se traîner.

Pour combattre la pression de forces dépressives, le Japon n'a pas hésité à gonfler l'encours de sa dette dont le rapport au PIB n'a cessé de battre des records. Le marché l'a totalement ignoré. Les taux des JGB (les emprunts de l'Etat) à dix ans sont passés sous la barre des 0,50 % dans les années 2000. Un niveau d'exception à l'époque ! Si les taux étaient si bas, c'était, disait-on, parce que les souscripteurs d'obligations étaient à 80 % japonais. Un argument de circonstance particulièrement pauvre car ceux qui dominent un marché imposent généralement leurs conditions. Les caisses de retraite japonaises, les plus gros souscripteurs de ces obligations, inquiètes de la réduction de leur capacité à répondre à leurs engagements, auraient aimé des taux plus élevés. Les taux ont fini par devenir négatifs jusqu'aux échéances à dix ans. Du jamais vu ! Un « Q.E » massif intervenu en 2013 y a contribué, mais cette situation a surtout souligné les difficultés de la politique offensive adoptée par le Premier ministre sous le nom d'*Abenomics,* en décembre 2012 pour éradiquer des forces déflationnistes très puissantes

La période actuelle est extraordinaire par les vérités qu'elle assène. Avec la force des variables économiques dominant toutes les autres, elle rappelle l'impérieuse nécessitée de s'adapter aux contraintes d'une mondialisation qui s'impose à tous. Elle a montré que la gestion des déficits publics ne devait pas se faire en direct mais au travers de la gestion de la conjoncture. Celle-ci oblige à une rigueur qui ne vaut que dans une économie en mouvement. Sans cette condition, elle se transforme en une austérité aux conséquences funestes. L'administration Reagan a, en 1982, décidé de lutter contre la multiplication des embauches sans raison évidente. Elles participaient à la hausse des dépenses publiques qui pesaient sur la croissance. L'objectif était d'éviter de voir l'administration exposée à la loi de Parkinson[13] qui veut que les chefs de services multiplient le nombre de leurs subordonnés pour se donner de l'importance. La cure a été sévère mais elle n'a pas affecté le fonctionnement de l'administration Reagan.

Un athlète perd de sa performance s'il ne fait pas attention à sa ligne. Il en va de même d'une économie. Un bon contrôle des charges et de leur vocation permet de dégager des gains de productivité « passive » consécutifs à la réduction de coûts qui tend à s'ajouter à la productivité « active » résultant des achats de biens d'équipement par les entreprises du secteur concurrentiel. Il améliore la qualité de l'appareil de production. Les effets conjugués des secteurs public et privé contribuent au renforcement de la compétitivité d'un pays. La globalisation qui s'est répandue à une vitesse surprenante ne justifiait pas de donner la priorité à la réduction des déficits publics d'autant plus qu'en participant à l'approfondissement des marchés, elle a facilité les émissions de dettes et le recyclage des capitaux. Le vieux débat sur les déficits est donc particulièrement dépassé surtout dans un contexte dénué de tensions inflationnistes.

---

[13] Cyril N. Parkinson, auteur de la loi qui porte son nom et selon laquelle « Le travail s'étale de façon à occuper le temps disponible pour son achèvement ».

# UN SYSTEME MONÉTAIRE REMARQUABLE

« Les faits sont têtus, quels que soient nos souhaits, nos inclinaisons ou les vœux de nos passions ». Tous ceux qui s'intéressent au comportement des marchés feraient bien de méditer ce constat de John Adams, deuxième Président des Etats-Unis, mais les conseils des Anciens sont rarement entendus. La croyance demeure plus forte que les faits. Les flux de capitaux sont considérés comme ayant une influence décisive sur le comportement des marchés. Une confusion entre les intentions prêtées aux individus qui les animent et la neutralité de leur ensemble.

Dans la dépression des années 1930, tous les pays qui comptaient ont procédé, par l'intermédiaire de leur banque centrale, à des dévaluations dites compétitives pour doper leurs exportations et tirer leur croissance avec l'objectif de contenir puis de faire baisser leur chômage galopant. C'était partir de l'hypothèse implicite que la demande des uns était suffisamment forte pour tirer la croissance des autres. Or ce n'était pas le cas. Tous étaient dans le même pétrin. Le résultat escompté ne pouvait pas être au rendez-vous. Les dévaluations ont répondu aux dévaluations. Elles se sont montrées d'autant plus dévastatrices qu'elles faisaient des pays qui y procédaient des agresseurs, d'où le nom de « guerre des monnaies ». Elle s'est terminée en bérézina générale car tout le monde a perdu d'avoir agi sur des variables monétaires au lieu de se focaliser sur des données économiques.

C'était un temps où les banques centrales pouvaient agir en maîtresses sur les cours de « leurs » devises. La course à la dévaluation n'a été, dans les faits, qu'accessoire mais elle a quand même participé à la faiblesse générale de la demande face à une offre pléthorique. Les gouvernements auraient été avisés de prendre des mesures de relance au lieu de jouer avec les taux de change.

Dans les années 30 mais aussi pendant les trois premières décennies d'après-guerre, l'étroitesse du marché des changes a donné une prime à l'apparence. La relation économie/marché n'étant que sous-jacente, son importance s'effaçait face aux mouvements de capitaux plus ou moins spectaculaires souvent qualifiés de spéculatifs. Tout semblait indiquer qu'il y avait bien deux « sphères » : l'une financière, l'autre économique comme a voulu le formaliser John Hicks, un disciple de J. M. Keynes. Cette approche donnait un faux ascendant de la première sur la seconde, approche qui vit encore aujourd'hui contre la réalité des faits. Il suffisait d'ajuster les cours des monnaies pour donner aux pays qui y procédaient la possibilité de rééquilibrer leurs échanges extérieurs. Les années 1930 ont servi à constater les dangers de variations désordonnées des taux de change mais sans imaginer que la monnaie n'avait pas l'influence sur l'économie qui lui était prêtée. La vérité s'est révélée bien plus tard quand le marché a été assez fort pour imposer son mode de fonctionnement. Le choc a été si rude pour les banquiers centraux qu'ils ont condamné son comportement sans autre forme de procès.

Le drame des années 30 a tellement marqué les esprits qu'à la fin de la Seconde Guerre mondiale, en 1944, les alliés ont bâti un système de parités fixes dont ils auraient rêvé dix ans plus tôt. Tous les pays ont été soulagés par la signature d'un accord qui allait policer les relations monétaires internationales. Il a fait l'objet d'une guerre de tranchée entre l'Anglais J. M. Keynes et le ministre des Finances américain Harry Dexter White sur le rôle de l'or, de la livre sterling, devise d'un empire britannique sur le déclin, et du dollar, monnaie de la puissance montante, avant d'aboutir à l'adoption du « *gold exchange standard system* ».

Le système scellé à Bretton Woods était basé sur la définition d'un dollar en or dont le cours de l'once a été arbitrairement fixé à 35 dollars, toutes les autres monnaies étant définies par rapport à la devise américaine. C'était la condition, croyait-on, du développement des échanges dans un monde apaisé grâce à des parités de taux de change clairement définies et, surtout, stables. Cette conception « bisounours » partait de l'idée apparemment irréfutable que les banquiers centraux étaient les maîtres du jeu. Il était exclu de laisser faire le marché car son comportement ne pouvait qu'être désordonné, l'indétermination des cours en résultant créant inévitablement une insécurité préjudiciable au développement du commerce international. L'idée est si bien ancrée que l'instabilité des taux de change a encore été regrettée à l'occasion de la réunion des chefs d'Etat du G20 à Hangzhou en Chine en septembre 2016.

*Les Accords de Bretton Woods* étaient apparus si bien construits que tous les participants ont cru à sa solidité mais la belle organisation n'a pas fonctionné comme prévu. Un système rigide était contre-nature dans un monde qui allait faire face à des transformations économiques sans précédent dans son histoire. Il a, cependant, réussi à tenir cahin-caha jusqu'à ce que les conditions soient réunies pour qu'il saute. Tous les pays se sont pliés aux contraintes qu'imposait un système de taux de change fixes mais très vite des tiraillements sont apparus qui l'ont fait tanguer. Les banques centrales ont eu de plus en plus de mal à contenir leur évolution. Personne n'imaginait alors que des forces économiques sous-jacentes étaient à la manœuvre.

Les banques centrales ne se sont pas privées de critiquer vertement le marché qui empiétait de plus en plus sur leur domaine réservé jusqu'au moment où elles ont dû se résoudre à se plier à son comportement en s'en retirant pour éviter de perdre la face. Une défaite en rase campagne qui ne veut pas dire son nom. Si des institutions aussi puissantes ne sont pas arrivées à avoir prise sur un marché même au moyen d'interventions coordonnées, les spéculateurs n'étaient pas les mieux placés pour y parvenir car leur puissance de feu est bien moindre. Cette réalité est restée ignorée ! Les banques centrales n'ont pas perçu que leur capacité d'intervention diminuait à mesure que la profondeur du marché s'accroissait.

Quand elles ont dû céder face à la pression du marché, elles ont cru n'avoir perdu qu'une bataille. Elles pensaient que la guerre n'était pas finie. Les plus pragmatiques ont entériné le changement même si elles ne l'ont pas bien compris. Les autres, dogmatiques, ont cru qu'il ne fallait rien céder à la spéculation. La souplesse contre la raideur mais au-delà d'un débat qui ne méritait pas d'être passionné, le marché avait juste montré que les taux de change ne répondaient pas aux variations des taux d'intérêt ni aux interventions massives des banques centrales c'est-à-dire à des variables financières. Ils réagissaient à l'évolution de la conjoncture économique. Ils y étaient soumis. Ils ne la dominaient pas. La notion de dévaluation compétitive perdait, en conséquence, de sa pertinence.

Deux pays se sont distingués rapidement dans le sens de la rigueur, l'Allemagne et la Suisse en ne comptant que sur leurs exportations pour tirer leur croissance. Un tel choix limitait les risques d'inflation contrairement à ceux de leurs partenaires qui ont cédé plus ou moins vite aux sirènes de la progression du pouvoir d'achat de leurs ménages. En dopant leur demande, il a animé leur développement. Les premiers se sont immédiatement retrouvés dans le club des monnaies fortes, les seconds dans celui des monnaies faibles avec tout ce que pouvait avoir de péjoratif un tel qualificatif. Les Etats-Unis ont fait partie, sans complexe, du second groupe d'autant plus qu'ils ne subissaient pas les contraintes des pays qui leur avaient emboîté le pas. Ils avaient l'obligation de contenir leur déficit extérieur pour ne pas gaspiller leurs réserves de changes péniblement constituées alors que les Etats-Unis n'étaient pas concernés puisque leur monnaie acceptée de tous était mondiale.

Une telle différence de traitement a vite créé des frustrations. Jacques Rueff a réclamé un retour à l'étalon or pour permettre à tous les pays d'avoir une égalité de traitement. Il a crié à l'injustice, dans les années 1950, en accusant les Américains de creuser leurs déficits commerciaux sans en payer le prix « à la manière d'un joueur qui récupère, à la fin de la partie, les billes qu'il a perdues », les dollars avec lesquels ils payaient leurs fournisseurs se retrouvant automatiquement dans des banques aux Etats-Unis. Le pays émetteur de la monnaie mondiale disposait donc d'avantages exorbitants.

Le raisonnement comportait des faiblesses et les frustrations n'ont cessé de s'amplifier. Des partenaires de plus en plus critiques ne percevaient pas que la faiblesse du dollar pouvait avoir une relation avec le rôle moteur que l'économie américaine jouait à leur égard. Pourtant, il se disait, à cette époque, que, quand les Etats-Unis attrapaient un rhume, l'Europe était frappée par la grippe. Soixante-dix ans plus tard, la dépendance et les critiques sont toujours là. Un plaidoyer pour plus de justice avait valu à Charles de Gaulle, en 1963, par l'intermédiaire de son ministre des Finances Valéry Giscard d'Estaing, de réclamer, après Jacques Rueff, le rétablissement de l'étalon-or. Il cherchait à éviter de donner un rôle privilégié à une monnaie et donc à un pays sous le faux prétexte que le *gold exchange standard* adopté à Gênes en 1922 avait aidé au déclenchement de la crise des années 1930.

Avant de Gaulle, Pierre Mendès-France avait proposé d'établir un système basé sur un panier de matières premières, version fantaisiste d'un système se référant à l'or à l'image mythique. Tous se sont trompés indépendamment d'arguments politiques plus ou moins de mauvaise foi. Ils pensaient qu'un système monétaire devait être chapeauté par une autorité supérieure imposant ses règles. Que ce système dépendait de forces qui s'exerçaient par ceux qui gouvernent, vers le bas rassemblant les agents économiques. La réalité était inverse. C'est la « base » qui a fini par imposer des règles.

Sur le papier, la construction de Bretton Woods ne manquait pas d'allure. Une dévaluation ne pouvait intervenir qu'à la suite de la constatation d'un déséquilibre fondamental de la balance des paiements du pays concerné. Tout semblait bien organisé mais très vite la pression du marché a commencé par devenir difficile à maîtriser. Les ministres des Finances et les banquiers centraux des pays qui comptaient « décidaient » de se réunir pendant un week-end, quand les marchés étaient fermés, pour adopter de nouvelles parités. Tous croyaient maîtriser ce qui était réputé leur domaine alors que, très tôt, ils n'ont plus maîtrisé grand-chose.

Les réunions pour modifier des parités se sont multipliées en conséquence d'une situation qui devenait de plus en plus incontrôlable. Elles intervenaient quand la pression du marché sur les devises visées devenait si intense que la digue des parités fixes menaçait de rompre. Les ajustements qui se produisaient alors pouvaient être interprétés de deux façons. La plus répandue mais aussi la plus fausse qui demeure encore aujourd'hui était celle de croire que la spéculation obligeait à des décisions « à chaud ». L'autre, la vraie mais beaucoup moins visible, suggérait que les rigidités du *gold exchange standard* ne correspondaient pas au fonctionnement naturel d'un marché. Les changements de parités se sont accélérés. Cette accélération annonçait la fin programmée du système des changes fixes.

Les évolutions économiques nationales divergentes étaient difficilement compatibles avec des taux de change qui se voulaient fixes.

Les tensions en résultant annonçaient la remise en cause d'un système qui n'avait rien de réaliste. Quand les conditions ont été réunies, la force du lien qui attache les marchés au devenir des forces économiques a fait exploser une construction artificielle. Le changement très rude a été vertement critiqué alors qu'il apportait la solution objective au fonctionnement du marché que l'homme n'avait pas imaginé. Il révélait une réalité, celle de la dépendance du marché à l'économie et non l'inverse. Il n'était plus possible de décider du niveau des parités : il s'imposait d'une manière qui ne pouvait pas être figée. L'impression d'instabilité qui en a résulté a fait craindre le pire alors qu'elle s'est traduite par le meilleur.

Les assauts du marché ont été pris pour autant d'« attaques » de la spéculation contre le système des parités fixes alors qu'il ne cherchait qu'à rompre le barrage artificiellement mis en place par l'homme en travers de l'évolution naturelle des monnaies. Il ne s'agissait pas d'« attaques » mais seulement d'une pression comparable à celle que génère un cours d'eau bloqué qui finit par forcer le passage. L'image pourrait valider l'importance du rôle des flux de capitaux mais il n'en est rien. Elle vise seulement à souligner que tant que sa force est insuffisante un marché a le plus grand mal à imposer la mécanique des facteurs qui l'animent. La seule façon naturelle d'y parvenir passait par la pression de plus en plus vive de flux de capitaux que provoquait une situation arbitrairement éloignée de la réalité. C'est ainsi que la pression sur les taux de change fixes a grandi à mesure que leur niveau devenait de plus en plus incompatible avec la dispersion des situations économiques. L'apparence a fait croire et fait croire que ce sont les flux de capitaux qui sont les maîtres du jeu alors qu'ils ne sont que les faire-valoir d'une évolution économique qui s'impose aux marchés.

Cette mécanique imparable mais pleine d'incertitude a créé une impression qui fait encore peur. C'est pourtant cette incertitude qui donne vie à un vrai marché. Le temps nécessaire pour rendre une situation figée insupportable est fonction d'une profondeur du marché qui se mesure en nombre et en montant de transactions. Le marché des changes de la taille de celui d'aujourd'hui avec des transactions journalières de 5 300 milliards de dollars en moyenne, exerce une force à laquelle aucun moyen ne peut résister. Ce n'était pas le cas jusqu'à la fin des années 1960. Les banques centrales pouvaient alors croire qu'elles avaient la maîtrise de la gestion de « leur » monnaie.

Après la signature des *Accords de Bretton Woods*, le marché a mis en cause le bien-fondé de ce pouvoir. En fait, c'est lui qui décidait, les banques centrales ne faisaient qu'exécuter ! Quand le marché est devenu suffisamment profond donc suffisamment puissant, aucune force n'a plus été en mesure de l'empêcher d'imposer sa relation indéfectible avec la conjoncture. Les banques centrales ont vu les choses différemment. Elles ne se sont pas résignées à capituler devant ce qu'elles croyaient être la source de leurs déboires, à savoir la spéculation. Elles pouvaient perdre une bataille, elles ne pouvaient pas perdre la guerre. Certaines ont voulu résister, mais leur action s'est révélée plus ou moins rapidement dérisoire. Elles avaient perdu la guerre !

La BNS est tombée de haut pour avoir été trop dogmatique. Elle a été victime de ses certitudes, pas plus tard qu'en janvier 2015, quand elle s'est retrouvée dans l'incapacité de tenir ses engagements. Elle avait déclaré haut et fort qu'elle défendrait la parité de 1,20 Sfr contre l'euro pour préserver la compétitivité des entreprises du pays. Cet engagement a tenu aussi longtemps que les conjonctures de la zone et de la Suisse ne divergeaient pas trop. Le renforcement de la croissance de la zone au second semestre de 2014 a changé la donne. La parité de Sfr 1,20 a sauté de manière spectaculaire, le 15 janvier. La BNS comprenant enfin qu'elle ne pouvait plus rien faire face à un afflux d'euros qui gonflait démesurément ses réserves de change a lâché prise. Le franc suisse s'est apprécié de près de 20 % immédiatement avec les conséquences douloureuses que l'incapacité de tenir un objectif aussi irresponsable pouvait comporter pour des entreprises qui avaient fait confiance à leur banque centrale. Cette mésaventure n'a pas empêché le franc suisse de reperdre l'essentiel de son avancée deux ans plus tard, en conséquence du redressement de la conjoncture suisse, mais la leçon a été claire : il ne sert à rien de vouloir s'opposer aux variations des cours des monnaies.

Le comportement d'une monnaie ne dépend pas nécessairement de la fragilité ou de la force de l'économie à laquelle elle se rapporte contrairement à une idée acquise. C'est aussi la volonté de croissance qui distingue les monnaies faibles des monnaies fortes. Cette distinction correspond à la raison essentielle de la faiblesse du dollar, monnaie d'un pays qui a toujours choisi des politiques tournées vers la croissance. L'économie américaine demeure l'une si ce n'est la plus solide du monde. Si la notion de croissance relative y joue un rôle prépondérant, le jeu des combinaisons possibles entre les variables économiques rend seul le marché capable d'en mesurer les conséquences. Il a un grand avantage sur un observateur avisé qui, s'il peut prévoir la tendance d'un marché, ne peut pas prévoir avec précision le niveau qu'atteindront ses cours.

Les commentaires partisans condamnant le fonctionnement du marché d'aujourd'hui qu'ils accusent d'être sans règle se trompent. C'est exactement le contraire qui prévaut : il n'y a qu'une règle, celle de l'attachement de l'évolution des taux de change au devenir de la conjoncture économique. Cette relation ne se discute pas, elle s'impose. C'est tellement vrai que le commerce international ne souffre pas de « l'instabilité » des parités. Cette instabilité répond à une loi naturelle alors que les parités fixes sont contre-nature. La globalisation des échanges déclenchée avec l'ouverture des frontières aurait été impossible sans des taux de changes flottants. La mort du système des changes fixes était inéluctable, elle a laissé l'impression infondée d'un vide.

Les changes flottants font régulièrement renaître la menace d'une « guerre des monnaies » alors que ce concept est totalement dépassé. L'idée a repris du service quand le yuan, que tout le monde voyait au plus haut, a fléchi, « contre toute attente » en 2015. La montée du dollar contre la monnaie chinoise n'a pas dépassé 3 % en août de cette année malgré les interventions massives de la banque populaire de Chine (la PBoC en anglais) pour contrer le mouvement. L'évènement a été pris comme une véritable agression des Chinois pour accroître leur part du commerce international. La réaction a été plutôt étonnante de la part d'Occidentaux habitués à voir le cours de leur monnaie varier de plus de 10 % en quelques semaines voire en quelques jours ! Ils ont prêté des intentions à la Chine qui allaient contre l'évidence. Le pays cherchait à endiguer son ralentissement, pas à affaiblir sa monnaie. Sans cela, son gouvernement n'aurait pas tenté de s'y opposer en dépensant près de 1 000 milliards de dollars. La vivacité des commentaires en réaction à la petite baisse du yuan était décalée car le gouvernement chinois utilisait, au même moment, un outil autrement plus efficace pour tenter de doper ses exportations, celui de la manipulation des prix à l'exportation.

L'approfondissement du marché des changes a révélé et imposé son mode de fonctionnement naturel qui répond à une mécanique bien plus pure et infiniment plus objective que ce que les plus grands experts auraient pu concevoir. En tout cas, aucun d'entre eux n'a perçu que les pressions qui provoquaient des ajustements de plus en plus fréquents des parités au cours des « Trente Glorieuses » annonçaient le tsunami qui allait se produire au début des années 1970. L'évènement a fait découvrir, à l'occasion, que les détenteurs de capitaux n'étaient pas les seuls à tenter de « fausser le jeu du marché ». Les banques centrales y ont participé massivement au moyen de leurs réserves de change pour guider le comportement de leur devise. Elles étaient persuadées de détenir la vérité alors qu'elles tentaient de couper le lien naturel entre la conjoncture et le marché. Elles n'avaient aucune chance d'y parvenir.

Si les Anglo-Saxons pragmatiques ont vite pris le parti de faire confiance au marché, d'autres comme les Français, les Japonais et les gouvernements de pays émergents sont restés attachés à des principes surannés en refusant de céder à sa pression. Ils croient à une revanche qui supposerait un retour en arrière insupportable. Ils ne semblent pas réaliser que la rigidité de leur position suppose des sacrifices de croissance qui peuvent vite s'avérer insoutenables. L'expérience de la zone euro est pourtant édifiante !

Si les grands pays avaient été convaincus de l'influence déterminante des variables économiques sur le comportement des taux de change dans les années 1930 au lieu d'être persuadés de l'inverse, ils ne se seraient pas lancés dans des dévaluations qui, en prétendant être compétitive, n'en étaient pas moins suicidaires. La « Grande Dépression » n'a pas permis de voir cette prééminence de l'économique sur le financier en raison de marchés trop étroits. Les banques centrales ont alors usé de ce qui pouvait apparaître comme un pouvoir régalien sur leur monnaie sans se rendre compte qu'elles disposaient d'une capacité de nuisance. Ce qui a été qualifié de « guerre des monnaies » a été dû à une mauvaise interprétation de la relation entre l'économie et le marché. Grâce à l'approfondissement des marchés les sens de la relation s'est renforcé. Les banques centrales ont dû plier devant sa force.

Personne ne semble avoir songé à comparer le fonctionnement du marché des changes à celui des bourses et, pourtant, ils renferment bien des principes communs. Il ne viendrait à personne l'idée d'imposer une quelconque fixité entre les cours des actions de *General Motors* et de *Toyota* tant il est évident que leur évolution relative dépend du devenir des profits de chacun des deux groupes. Il en va de même, avec des critères plus nombreux, des conjonctures nationales dont la diversité des évolutions s'accommode mal de parités fixes. C'est pour cette raison que le marché les a balayées. Au bout du compte, la souplesse des taux de changes libère les pays de la pression que peuvent provoquer leurs choix économiques et sociaux sur des taux de change fixes.

*Les accords de Bretton Woods* n'ont pas survécu au redoutable test de l'épreuve des faits parce que les prémisses du système étaient fausses. La valeur d'une monnaie ne peut pas être fixe car cela signifierait qu'elle entérine un état alors qu'elle évolue en communion avec les données économiques auxquelles elle se rapporte. Cette relation n'a pu s'exprimer que lorsque le marché est devenu suffisamment profond. Toute construction visant à contrarier cette réalité ne peut être, désormais, qu'en sursis. Le système des changes fixes a capitulé devant des forces qui se sont exercées dans un sens inverse de celui retenu. Son esprit reste, toutefois, encore bien vivant après sa belle mort, en particulier en Europe même si, d'évidence, ceux qui y croient s'exaspèrent bien inutilement. *Bretton Woods* n'a jamais fonctionné correctement.

# UNE EXPLOSION PROGRAMMÉE

Le système monétaire international a violemment réagi lorsque Richard Nixon a décrété la fin de la convertibilité externe du dollar en or, le 15 août 1971. Cependant, ce n'est pas le Président américain qui a décidé librement d'un tel changement. C'est le marché qui le lui a imposé. Les réserves d'or des Etats-Unis ne pouvaient plus faire face au gonflement de la masse des euro-dollars contre laquelle elles étaient susceptibles d'être échangées. L'évènement imposé par le développement du marché international des capitaux a donné le coup d'envoi d'un processus qui allait aboutir à l'écroulement du système laborieusement promulgué à *Bretton Woods*. Le prix de l'or arbitrairement figé depuis 1944 à $ 35 en était la pierre angulaire. C'était une gageure dans la mesure où, servant de référence, il était l'un des rares biens dont la valeur restait figée dans un monde où les prix changeaient vite. Ce prix fixe de l'or a résisté un quart de siècle avant d'être balayé à la surprise générale. C'était un simple ajustement, la première étape d'une opération « vérité » qui allait emporter toute la construction.

En réaction à la multiplication des tensions dans le fonctionnement de *Bretton Woods,* le pool de l'or avait été créé, en 1961, par les grandes banques centrales pour aider les Etats-Unis à maintenir stable le prix de l'once de métal. Il a été dissous en 1968 car la France a considéré qu'il servait trop les intérêts de ce pays. Auparavant, avec la signature, en 1962, des accords généraux d'emprunts appelés *Accord des Dix*, les pays les plus industrialisés et financièrement les plus puissants s'étaient engagés à soutenir le FMI dans sa défense de la stabilité du système monétaire international. Les tangages de ce dernier étaient devenus difficiles à maîtriser. Ce n'était rien par rapport à ce qu'il allait subir dix ans plus tard.

Les banquiers centraux fâchés par les coups de boutoir que donnait le marché au système auxquels ils croyaient, n'ont jamais essayé d'en chercher les causes ailleurs que dans le jeu du déplacement de capitaux en quête de profits. Le FMI n'a pu maintenir le prix de l'once à $ 35 artificiellement que tant que le marché n'a pas possédé la force nécessaire pour le contester.

Le prix de l'or, talon d'Achille du système a fini par sauter mais la croyance dans des taux de change administrés a perduré. Sous la pression du marché, le prix de l'once d'or a été porté à $ 43 lors d'une réunion des pays les plus riches, en décembre 1971. *L'Accord du Smithsonian Institut* de Washington a conduit à transformer le *gold exchange standard* de 1944 en *dollar exchange standard* après l'abandon du rattachement de la valeur externe de la devise américaine au métal. Le principe des taux de changes fixes avait été assoupli mais il était préservé. Le rôle prééminent du dollar était confirmé mais ce fut un coup dur porté à un système qui n'allait pas tarder à exploser. Le marché a vite obligé les banques centrales à adopter un système de taux de change ajustables à l'occasion du deuxième accord du *Smithsonian Institute*, en 1973, la mesure s'est très vite révélée timorée. La puissance du mouvement est devenue telle qu'il n'était plus possible de le maîtriser.

Les *Accords de la Jamaïque* de janvier 1976 ont officialisé le « système » des changes flottants qui ne répond à rien d'autre qu'à une mécanique naturelle en opposition avec la raideur qu'induit la conception du fonctionnement administré d'un marché. Le cours de l'or a été libéré. Les banquiers centraux sûrs du bien-fondé de leur position se sont trouvé débordés. Le marché a gagné parce qu'il était animé par des forces sous-jacentes qu'ils ne percevaient pas. Jusqu'en 1978, un mécanisme imparfait au nom édifiant de *dirty floating exchange rate system* a fonctionné et la relation marché/économie ne pouvait pas pleinement s'exercer en raison d'un marché qui manquait encore de profondeur à cette époque. La situation allait évoluer très vite, permettant à certains opérateurs bien organisés de tirer profit d'un système encore mal assuré. Cette période n'a pas fait que des malheureux.

Des intervenants, et non des moindres, ont su utiliser le manque de profondeur du marché pour faire ce que l'on appelle dans le jargon professionnel des *corners* à leur profit. De grands groupes dont des groupes français nationalisés ont pu ainsi tirer de gros bénéfices d'opérations impossibles à réaliser aujourd'hui. Ils intervenaient directement de Paris ou plutôt depuis la Suisse. Certaines de leurs filiales s'en étaient fait une réputation. Les banques appréhendaient d'avoir à traiter avec elles en raison de leur puissance de feu longtemps doublée d'une efficacité redoutable. Ces opérations ont pu s'épanouir jusqu'au jour où, signe d'un approfondissement des marchés, leur efficacité s'est émoussée. Leurs résultats sont devenus de plus en plus aléatoires à la fin des années 1970. Alors qu'elles s'étaient régulièrement clôturées par des gains, leurs prises de position pouvaient désormais se solder par des pertes. Force était de constater que leurs « initiatives massues » avaient de moins en moins de pertinence. Les marchés avaient discrètement mais sûrement acquis une force qui contestait le bien-fondé de leurs initiatives. L'accroissement des aléas les a rendues plus prudentes. L'exercice n'était plus possible quand George Soros a fait son fameux coup sur le sterling en 1992.

Aucun intervenant, quel qu'il soit et quelle que soit sa taille, ne détenait plus, depuis environ dix ans, la capacité d'influer sur les tendances des grandes devises. Le verrou des taux de change fixes ayant sauté, d'aucuns ont cru que la spéculation avait désormais le champ libre. C'est exactement le contraire qui s'est produit. Certains gouvernements ont voulu résister, c'était un combat d'arrière-garde perdu d'avance. Les banques centrales qui étaient à la manœuvre se sont retrouvées progressivement impuissantes à maîtriser le comportement de « leur » monnaie. Elles ont pu, juste un temps, retarder l'échéance d'un changement de parité car les forces économiques se devaient d'avoir le dernier mot. La relation entre ces dernières et le marché avait acquis une telle puissance qu'elle ne pouvait plus être contrée. Un marché aux volumes étroits favorise les puissants, un grand marché profond ne favorise personne.

L'un des derniers exemples et non des moindres d'une résistance bien malvenue s'est produit en mars 1983. Il concerne la parité entre le mark et le franc français menaçant de sortir de sa fourchette définie dans ce qui s'appelait alors le *Système Monétaire Européen* (SME). La mise en place d'un franc commercial et d'un franc financier n'a rien changé au lien indestructible qui lie le taux de change au devenir de l'économie auquel il se rapporte. La pression à la baisse du franc financier s'amplifiait. La probabilité de sa dévaluation était devenue telle que les opérateurs n'ont pas prêté attention au timing. L'erreur allait coûter cher à ceux qui se sont trompés de week-end. La pression du marché n'était pas encore suffisante pour imposer rapidement une dévaluation.

Le marché a « laissé » Jacques Delors, alors ministre des Finances, s'occuper de son élection à la mairie de Clichy. La réunion visant une modification des parités n'a pas pu avoir lieu. La Banque de France est parvenue à maintenir la parité du franc le lundi matin. Dans un rôle vengeur, elle a voulu punir la spéculation en asséchant le compartiment financier de ce qui était alors un double marché (encore un combat d'arrière-garde d'un protectionnisme dépassé). Les taux d'intérêt du franc sur l'euromarché se sont envolés. Ceux qui avaient vendu le franc le jeudi ont dû l'emprunter le lundi suivant en payant des taux à vingt-quatre heures qui ont atteint 1000 % (en taux annuel mais quand même !). La dévaluation est intervenue au cours du week-end suivant. Il aurait été nettement plus judicieux de laisser le marché vivre librement au lieu de jouer les faux moralisateurs.

Dans cette opération, les plus grands spéculateurs n'ont pas été les opérateurs privés mais la Banque de France. Chargée par le gouvernement de maintenir la stabilité du franc, elle est parvenue à s'opposer à un mouvement objectivement imposé par l'évolution relative des conjonctures allemande et française pendant quelques jours seulement malgré les moyens mis en œuvre, le barrage a fini par craquer. Le marché n'avait pas encore atteint la taille critique qui aurait imposé un ajustement monétaire immédiat mais il n'en était plus très loin. Devant leurs échecs à y parvenir, la plupart des grandes banques centrales sont devenues prudentes pour préserver ce à quoi elles tiennent particulièrement, leur « crédibilité ».

La Chine n'a pas encore compris que l'ambition de donner à sa monnaie une dimension mondiale comportait des conséquences sur la tenue du yuan. Le ralentissement de son commerce extérieur dans les années 2010 l'a conduite à donner plus de poids à sa demande interne. Elle s'est alors rapprochée, de fait, du modèle américain avec sa monnaie faible. Elle a vu ce qu'il en coûtait de résister à des forces économiques qui contrevenaient à sa haute idée qu'une économie forte et conquérante ne pouvait avoir qu'une monnaie forte. Elle a subi ce que d'autres ont expérimenté dans le passé sans en connaître les vraies raisons. Cette incompréhension est la cause du malentendu tenace qui veut faire croire que les experts sont plus qualifiés que le marché pour savoir ce que vaut une monnaie. La Chine a une obsession, celle de donner une place au yuan dans le monde. Elle ignorait visiblement que la réalisation d'un tel objectif conduisait le yuan à prendre son indépendance par rapport à la banque centrale chinoise au point d'avoir un comportement diamétralement opposé à celui qu'elle attendait. Le résultat était inéluctable. Pour faire partie de la cour des grandes devises, une monnaie doit se plier aux lois du marché. Cette exigence ne pouvait que renforcer le lien qui unit le comportement du yuan à la dynamique de l'économie chinoise.

Le gouvernement chinois n'a pas du tout interprété la baisse de sa monnaie comme la conséquence de sa décision de donner de plus en plus de poids à la demande intérieure en relais aux exportations qui n'animaient plus la croissance du pays comme par le passé. Pour lui, le yuan devait être fort. Il a donc mal pris l'affaire. Il a demandé à la PBoC d'utiliser ses formidables réserves de changes pour contrer un tel mouvement. L'échec était programmé. Ses interventions lui ont coûté plus de 1000 milliards de dollars entre le début de l'été 2014 et la fin de 2016 sans succès ! Les réserves ont fondu sans empêcher le yuan de glisser. La Chine a été soupçonnée de vouloir déclencher une « guerre des monnaies ». Du n'importe quoi !

La Chine a été contrainte d'accepter, contre son gré, le comportement d'un marché guidé par des forces économiques irrésistibles. Le plus tôt aurait été le mieux pour lui éviter de perdre, comme d'autres avant elle, ses réserves de change en vain. C'est la mésaventure qui était arrivée aux pays émergents appelés les « tigres » lors de la crise asiatique de 1997. Les revers subis par les grands pays industrialisés dans la gestion de leur monnaie n'avaient visiblement pas servi de leçon. La Banque du Japon qui veut désespérément sortir d'une situation désinflationniste persistante a engagé de nombreux combats pour affaiblir le yen avant de capituler. La Chine a bénéficié d'une conjoncture, en 2017, qui a provoqué le repli du dollar et la remontée du yuan. Rien n'est jamais acquis, tout est en devenir.

Les banques centrales ont tardé à admettre leur impuissance face à la force de l'attraction des données économiques sur le marché mais rares sont celles qui tentent encore de le défier. C'est l'expérience malheureuse de la BNS de15 janvier 2015. Si la réévaluation brutale de « sa » monnaie a porté un coup rude à sa « crédibilité », elle a surtout rappelé l'avantage du mécanisme des changes flottants qui évite des ruptures potentiellement coûteuses dans l'évolution des parités. D'autres banques centrales plus habiles ont exploité la tendance de leur monnaie à leur avantage. Les baisses du yen en 2013 et de l'euro en 2014 ont été souhaitées mais, contrairement à ce qui a été dit, la BoJ et la BCE n'y ont été pour rien. Elles ont seulement surfé sur la vague du renforcement de la conjoncture au Japon comme dans la zone euro sur lesquelles les politiques monétaires n'ont guère eu de prise. Les faits ont montré que si une accélération de la croissance d'un pays par rapport aux autres s'accompagnait généralement de la baisse de sa monnaie et de la montée de sa bourse, un ralentissement provoquait l'effet inverse. Les marchés n'avaient décidemment pas grand-chose de financier.

La relation entre la conjoncture et les marchés pour être naturelle n'en est pas moins complexe. Leur attraction qui s'assimile à une véritable fusion transforme les deux sphères prises en compte par Keynes et ses disciples en une seule. C'est ce qui assure la vérité des tendances des marchés. Si la conjoncture bouge, les marchés s'ajustent. Ils répondent à une mécanique économique qui assure la cohérence de leur comportement avec le devenir de la conjoncture.

Au cours de la période des *Accords de Bretton Woods*, les ajustements de parités décidés par les banques centrales qui ont parfois été de grande ampleur ont, en fait, été provoqués par la conjoncture. En atteignant une « taille critique » le marché a fini par neutraliser leur force de frappe. Ce fut un évènement salutaire qui n'a pas été jugé à sa juste valeur. Les banques centrales ont progressivement fini par comprendre qu'il valait mieux s'abstenir d'intervenir, mais elles n'ont visiblement pas toutes perçu que les parités ne pouvaient pas être déterminées par un cours fixe, mais par des séries de cours qui forment une tendance en phase avec l'évolution de la conjoncture. De la même manière ce n'est pas l'ambition des Etats-Unis mais leur poids dans le commerce international qui explique l'importance du rôle du dollar dans les paiements internationaux comme dans les réserves nationales de change. Et cela quelle que soit sa force ou sa faiblesse. Le mark fort, l'euro plus tard n'ont rien pu y changer.

Les trente années pendant lesquelles *Bretton Woods* a sévi affichent un bilan de croissance très positif. Les Etats-Unis, au centre du système, en recherchant systématiquement la croissance, ont entraîné leurs partenaires européens dans un développement qui leur a vite permis d'oublier les destructions de la guerre. Il n'empêche que l'imposition de taux de change fixes était contre-nature. Le marché se devait d'en finir. Il a juste suffi que le cours d'eau des transactions devienne suffisamment puissant pour que le barrage des parités fixes saute malgré toute l'énergie dépensée pour le préserver.

Les réunions du groupe des sept pays les plus riches, le G7, pensaient encore être en mesure de contrôler la situation dans les années 1980, soit par des menaces, soit en faisant intervenir l'artillerie lourde des interventions concertées des banques centrales. L'un des derniers « coups de gueule » tapageurs est resté célèbre sous le nom d'*Accords du Plaza* inspiré du grand hôtel de New York où les Sept s'étaient discrètement réunis au cours du week-end du 25 septembre 1985. Le G7 voulait arrêter la montée du dollar qui l'avait conduit à 3,47 DM et 10,61 FF le 1er mars de cette année. Le groupe a crié victoire et a même réussi à convaincre le monde entier qu'il avait arrêté la spéculation à la hausse de la monnaie américaine. Que s'est-il passé en réalité ? Le dollar n'avait pas attendu l'injonction des banques centrales pour baisser. Il avait déjà amorcé un repli spectaculaire. À la veille de la réunion du Plaza, il ne valait plus que 2,78 marks. Il n'avait pas besoin de l'avis des participants à cette réunion pour poursuivre sa glissade, ce qu'il fit non pas en réaction des décisions des grands argentiers mais en relation avec la conjoncture économique du moment. James Baker, nouveau ministre des Finances des Etats-Unis, avait adopté une politique de relance qui devait précipiter le reflux de la monnaie américaine.

La baisse du dollar, en se prolongeant, a donné l'impression qu'elle était allée trop loin. Un nouveau G7 d'où sont sortis les *Accords du Louvre* signés le 22 février 1987 a voulu renforcer la tenue du dollar jugée, cette fois, « sous-évalué » en achetant massivement la devise américaine. On n'en sortait pas ! Le dollar a ignoré cet accord. Il a continué de baisser. Si le premier accord avait donné l'impression que les banques centrales maîtrisaient le comportement de leur monnaie, le second a clairement montré qu'il n'en était rien. Il n'y a rien de plus naturel que le flottement des monnaies. Il s'est généralisé pour le bien de tous les pays y compris de ceux qui ne cessent de le critiquer.

# LE DANGER DES MONNAIES FORTES

Le qualificatif de monnaie faible a un caractère désobligeant alors que celui de monnaie forte est flatteur. La règle voudrait donc que chacun rêve d'une monnaie forte. Pas si sûr ! Longtemps, l'inflation, avec la théorie du pouvoir d'achat relatif, a été considérée comme le critère qui différenciait les deux catégories. Sa disparition au cours des trois dernières décennies a permis de constater qu'elle cachait l'essentiel. Les choses ont changé avec l'adoption de la politique de « supply side » à travers le monde qui a permis une certaine uniformisation des taux d'inflation. Il est alors apparu que le devenir d'une monnaie comme celui de l'inflation dépendait, avant tout, de critères économiques. Une simple observation permet, en effet, de constater que le pays qui fait le choix de promouvoir sa croissance en stimulant sa demande interne a beaucoup de chances de voir sa balance commerciale se dégrader par rapport à celle du pays qui préfère compter sur la demande extérieure pour se relancer. La monnaie du premier tend à fléchir par rapport à celle du second, et cet affaiblissement n'a rien de désobligeant.

Les Etats-Unis ont, comme à leur habitude, animé la reprise mondiale dans la décennie 2000. Avec ses initiatives de relance, George W. Bush a déclenché la plus grande phase de développement que le monde ait connue. L'Allemagne à la vocation exportatrice en a profité à un moment délicat pour elle. Lorsqu'il a lancé des réformes, en 2003, sous le nom « Agenda 2010 » pour renforcer la compétitivité de son pays, Gerhardt Schröder, son chancelier, ne s'attendait pas à bénéficier d'un tel soutien. La chance, ça se gagne et, là, il en a eu beaucoup car, sans le support d'une demande extérieure forte, l'Allemagne aurait assurément plongé dans la récession. Ses exportations équivalentes à près de 50 % de son PIB contre environ 54 % pour la consommation de ses ménages ont compensé les effets dépressifs de son programme sur le pouvoir d'achat des allemands. Entre 2001 et 2008, la consommation n'a guère augmenté outre-Rhin.

L'Allemagne n'a dû sa faible croissance qu'à ses exportations en hausse de plus de 70 % sur la période. Son excédent extérieur n'a cessé de gonfler et, avec lui, celui de l'ensemble de la zone euro. Aux Etats-Unis, la dynamique de la demande des ménages a provoqué l'effet inverse. L'euro-dollar s'est apprécié de plus de 50 % au cours de la période pour toucher un niveau record en juillet 2008 avant de se replier lorsque l'économie américaine a plongé dans la récession.

L'apparence est trompeuse car elle n'encourage pas à se poser des questions. Elle a conduit à affirmer ce qui était évident : la hausse de l'euro a pesé sur la croissance de l'Allemagne et de la zone mais, dans les faits, c'est l'inverse qui s'est produit. Ce sont les Etats-Unis qui, en relançant massivement leur croissance, ont provoqué une faiblesse du dollar d'autant plus grande par rapport à l'euro que la zone, sous l'égide de l'Allemagne serait enfoncée dans la déprime sans le support de la demande extérieure. C'est l'extrême mollesse de la conjoncture de la zone qui a été déterminante de la force de l'euro. Le comportement d'une monnaie est une conséquence bien avant d'être une éventuelle cause de l'évolution de la conjoncture.

Le franc français a longtemps fait partie du groupe des monnaies faibles, à côté du dollar et du sterling, à cause du choix de la France de promouvoir sa demande interne comme y procédaient les Etats-Unis et la Grande-Bretagne. Son comportement a changé quand son gouvernement s'est convaincu des avantages d'un franc fort dans la conjoncture porteuse de la fin des années 1980 encore provoquée par l'accélération de la croissance américaine. La France était trop contente de voir sa monnaie débarrassée du qualificatif peu glorieux de monnaie faible entretenu par le nombre de dévaluations subies par le franc par rapport au mark depuis la fin de la Seconde Guerre mondiale. C'était une erreur parce que l'adhésion au club des monnaies fortes lui a coûté très cher en points de croissance.

La « guerre des monnaies » dans les années 30 reste comme un événement désolant qu'il faut souhaiter ne pas revoir. *Les Accords de Bretton Woods* ont voulu s'en garantir en soumettant une dévaluation au déséquilibre fondamental de la balance des paiements du pays concerné. Ils considéraient que des taux de change fixes devaient être la règle et les ajustements de ces derniers l'exception. Ils partaient du principe qu'il revenait naturellement aux banques centrales d'en assurer, d'un commun accord, le bon fonctionnement. Ces dernières avaient une emprise réelle sur le marché des changes qui était supposée durer. Personne n'a pris garde du fait qu'elles avaient acquis cette réputation dans des marchés étroits sur lesquels elles pouvaient arbitrairement exercer leurs forces.

Les banques centrales semblaient décider du timing des ajustements des taux de change mais, pourtant, dès les premières années de sa mise en œuvre, le marché a commencé à leur échapper. Il provoquait les pressions qui les obligeaient à des modifications de parités accompagnées de commentaires conventionnels sur le rôle néfaste de la spéculation. Les ajustements se sont faits de plus en plus fréquents alors que le temps passait sans que personne n'y ait vu le signe annonciateur de la remise en cause de l'ordre établi en 1944. C'est le scénario des années 1950-1960. Personne n'imaginait que la répétition des dévaluations/réévaluations annonçait la fin d'un système à bout de force. Les *Accords de Bretton Woods* apparaissaient suffisamment rationnels pour durer. Ils étaient, en fait, en sursis.

« Il y a quelque chose de pire que d'avoir une mauvaise pensée, c'est d'avoir une pensée toute faite. » Charles Péguy[14] ne destinait pas sa remarque à la science économique. Elle résume pourtant les raisons de la fragilité des théories économiques qui s'inspirent systématiquement du passé. La faillite de *Bretton Woods* en est une illustration. Le manque de profondeur du marché a fait croire que les banques centrales avaient pour vocation de gérer le devenir des monnaies et cela n'avait rien d'étonnant si ce n'est que les faits l'ont démenti. Dans la période des taux de changes fixes, les dévaluations ont été considérées comme des moyens de soulager une économie de la pression de sa monnaie « surévaluée » alors que c'était sa croissance ambitieuse qui en était la cause.

Cette confusion n'a pas disparu avec l'imposition des changes flottants. Le différentiel d'inflation a la base de la théorie du pouvoir d'achat relatif a longtemps été considérés comme déterminant du comportement des monnaies. Il a été mis en veilleuse en l'absence d'inflation au cours des dernières décennies, mais l'argument n'a pas

---

[14] Charles Péguy, *Œuvres en prose*, 1909-1914, collection Bibliothèque de la Pléiade, Gallimard, 1988.

été abandonné. Le différentiel de taux d'intérêt a pris le relais. Il survit, lui aussi, à une réalité qui ne cesse de contester sa portée.

Les Etats-Unis, peu enclins à multiplier les interventions de l'Etat dans l'économie, ont régulièrement choisi des politiques offensives pour contrer la montée de leur chômage. Ils partent du principe que la croissance est la meilleure des protections sociales et se refusent de tomber dans l'assistanat qu'ils considèrent comme un fardeau potentiellement nuisible à l'esprit d'entreprise. La Grande-Bretagne, la France et l'Italie, pour des raisons moins limpides que celles des Américains, ont longtemps choisi la même démarche. Ces pays ont formé le clan des monnaies faibles mais avec une croissance forte, ce qui sous-entend avec une consommation très dynamique de leurs ménages. Ce critère cadre mal avec la condition de monnaie forte.

Pour avoir une monnaie forte, un pays doit être capable d'attendre que ses partenaires relancent leur demande d'importation dont il profitera pour tirer sa croissance. Si tous avaient le même comportement, cela ressemblerait à une course de vitesse sur piste où les cyclistes font du sur-place au risque de tomber à force d'attendre que l'un d'entre eux se dévoue pour lancer la course. Si les grands pays industrialisés se mettaient à attendre leur croissance de leurs partenaires, ils provoqueraient assurément une récession mondiale. Un objectif généralisé visant à avoir une monnaie forte aurait un effet dangereusement déprimant. Le comportement d'une monnaie n'est pas un critère de bonne gestion.

L'Allemagne a donné l'exemple d'un opportunisme qui lui a permis de profiter du formidable développement du commerce international au cours des décennies de l'après-guerre. La hausse du mark a, alors, accompagné ce qui a été qualifié de « miracle économique allemand ». Lors de la création de la zone euro, ses participants convaincus des bienfaits d'une monnaie forte ont voulu adopter le principe d'un euro à l'image du mark. La déconvenue a été totale.

L'euro plus souvent fort que faible a fini par être accusé de peser sur la croissance de la zone. La France avec les pays du sud de la zone souhaitait le voir moins fort. Jens Weidmann, le président de la Bundesbank, suivi de celui du patronat allemand a cru bon de rappeler, le 26 février 2016 au milieu d'une rare période au cours de laquelle l'euro a fléchi, une position défendue par l'Allemagne selon laquelle une « monnaie forte accompagnait une économie forte ». L'affirmation était un peu hâtive car ce type de relation n'existe pas. L'euro s'est montré très fort à chaque fois que la zone s'est laissée tirer par les autres, par les Etats-Unis en particulier avec leur effet de rayonnement sur les échanges internationaux. Le dollar a, alors, eu tendance à baisser.

Le mouvement fut spectaculaire au cours des années 2000, les Etats-Unis ayant joué un rôle déterminant dans une phase exceptionnelle de développement de l'économie mondiale. Et l'inverse quand la zone a assuré elle-même sa croissance, entre 1999 et 2001 et entre 2014 et 2016. L'euro a alors fléchi. La plupart du temps, la priorité donnée à la réduction des déficits publics sans la moindre considération pour l'état de la conjoncture a créé les conditions pour freiner la croissance de la zone et provoquer la hausse de l'euro. Ce n'est pas l'euro en tant que monnaie qui est le problème mais la manière dont la zone est gérée ! L'austérité qu'elle s'est appliquée maladroitement l'a empêchée de participer, au cours des années 2000, à la formidable conjoncture dont a bénéficié le monde.

On ne choisit pas le comportement de sa devise, on le subit. La force du marché ne permet plus de tenter de s'y opposer. L'accusation portée contre un gouvernement de vouloir dévaluer la monnaie de son pays est dépassée car il est devenu impossible de réaliser un tel objectif aujourd'hui même si certains prêtent le flanc à ce genre de critique. Les initiatives de la BoJ pour faire baisser le yen se sont régulièrement soldées par un échec quand la conjoncture ne s'y prêtait pas. Les pays émergents ont connu la même expérience. Les interventions des banques centrales de Thaïlande et de Corée du Sud ne sont pas parvenues à contrer la fermeté du baht et du won en 2017.

Le gouvernement français s'est réjoui de la baisse de l'euro début 2015 en attribuant le mérite à Mario Draghi de l'avoir provoquée. Outre que le désir d'une monnaie forte qui avait accompagné la création de la zone euro n'était plus unanime, le jugement était de plus en plus partagé qu'une devise forte n'était pas la panacée. La force de l'euro a même été désignée comme coupable de la faible croissance dont souffrait la zone.

Mario Draghi a cru en l'efficacité de son offensive, en 2015, sans y regarder de trop près car l'euro avait abordé une tendance baissière à la fin du printemps 2014 soit bien avant janvier 2015 quand la BCE a annoncé le lancement d'un « Q.E » et une nouvelle baisse de ses taux qui ne sont intervenus qu'en mars. L'euro-dollar est vite passé sous les $ 1,05 mais son repli n'a pas duré. L'initiative de Mario Draghi a ressemblé à un coup d'épée dans l'eau que personne n'a semblé remarquer. Le « consensus » comme cela se dit dans les marchés voyait l'euro revenir vers la parité en 2017. Il est remonté pour repasser au-dessus de $ 1,20 ! Un constat s'imposait : l'impact de la politique de la BCE sur l'euro, au-delà d'un effet d'annonce, était insignifiant. Il ne faisait que confirmer qu'une banque centrale n'était pas maîtresse de « sa » monnaie.

Les théories peuvent être unanimes à prétendre que la baisse d'une monnaie renforce la compétitivité du pays concerné en rendant ses produits exportés moins chers. Elles oublient l'impact de la hausse des coûts des importations qu'une dévaluation peut provoquer sur l'inflation. La relation est beaucoup plus complexe que des propositions trop simplistes ne le suggèrent. La baisse structurelle du dollar n'a pas permis aux Etats-Unis de résorber leur déficit commercial amorcé en 1972. Et inversement, la montée du mark et du franc suisse dans les années 1980 n'a pas empêché le gonflement des excédents extérieurs de l'Allemagne et de la Suisse. L'Allemagne a toujours eu un mark fort et la fermeté de l'euro qui lui a succédé n'a rien changé à sa tradition d'accumuler des excédents extérieurs. Ils battent régulièrement des records au point d'entraîner la réprobation du FMI et de ses partenaires de la zone. Tous souhaiteraient qu'elle les utilise à des fins de relance de sa demande alors qu'il revient aux pays en déficit de faire l'effort pour réduire leur écart de compétitivité.

Les pays à monnaie faible sont trop souvent blâmés pour avoir recours à des dévaluations tandis que les autres, ceux disposant d'une monnaie forte, sont vantés pour la solidité de leur devise mais ce jugement est caricatural. Les pays à l'économie solide qui bénéficie d'une croissance plus forte que les autres voient leur monnaie baisser. Le comportement relatif des monnaies s'explique, la plupart du temps, par des différentiels de croissance.

Tout au long des soixante dernières années, le rôle prépondérant du dollar dans les paiements internationaux et dans les réserves de change nationales s'est affirmé malgré ses longues périodes de faiblesse. La valeur d'une monnaie n'est visiblement pas le critère qui détermine son importance relativement aux autres. Le marché a su faire la différence entre l'essentiel et l'accessoire. Il a bousculé un système de paiement qui n'était pas bien conçu mais il n'a rien changé à la prééminence du dollar. À partir de ce moment, il n'a plus été possible de prétendre que cette prééminence était imposée par les Américains car elle l'était par un marché au comportement naturel. Le poids dominant du dollar a entériné le fait qu'il était la monnaie du pays qui jouait un rôle central dans l'animation des échanges internationaux. C'est ce qui explique que le mark puis l'euro n'y ont jamais pris une place dominante malgré les excédents extérieurs de l'Allemagne et de la zone.

Le passage du mark à l'euro a été vendu aux Allemands en leur assurant que la nouvelle monnaie serait aussi forte que celle à laquelle ils renonçaient. L'engagement a été tenu dans de mauvaises conditions. Les partenaires de l'Allemagne ont été incapables de la suivre dans la côte très raide de la gestion optimale de ses ressources nationales. En réponse à une reprise faible, l'augmentation de leurs dépenses publiques a alimenté la dérive de leur déficit budgétaire qu'ils ont dû combattre en pesant sur leur croissance. La zone s'est retrouvée prise dans un cercle vicieux.

Loin d'avoir privilégié une politique en faveur de la croissance, la zone a préféré donner la priorité aux variables financières sur les variables économiques. Cette erreur aurait pu la conduire rapidement à un naufrage si les Etats-Unis n'avaient pas fait l'inverse. Elle a eu de la chance car c'est la plus grande économie du monde qui a fait le bon choix, ses partenaires se contentant trop souvent de compter sur sa croissance pour se laisser tirer. C'est de cette ambiance malsaine que le malheureux euro a retirée sa fermeté ! Cette dernière a alimenté, en réaction, la dispersion des situations économiques des pays qui l'ont adopté. Le devenir de la zone était inévitablement condamné à passer par des moments difficiles. C'est ce qui s'est produit à chaque fois que la conjoncture américaine a connu des passages à vide. Le concept de « monnaie forte » possède une aura totalement usurpée. Seule compte la manière qualitative dont les économies évoluent.

# L'IMPRESSIONNANTE VÉRITE DU MARCHÉ

Les marchés d'aujourd'hui ne ressemblent plus à ceux qui prévalaient dans les années 1970. Les organismes de contrôle ont accru leur vigilance. Les règlements se sont multipliés pour prévenir les comportements frauduleux mais la meilleure garantie contre des manipulations des cours s'est retrouvée dans la profondeur des marchés. Les scandales récents concernant ce que l'on appelle le « fixing » qui détermine des taux d'intérêt et des cours de change de référence servant à des contrats commerciaux ne changent rien à cette situation. Le fixing ne correspond qu'à la fixation d'un prix à une heure convenue. Le procédé se démarque des mécanismes de marché qui affichent des cours en continu. Il a permis, en effet, des possibilités d'accords entre de puissants intervenants susceptibles de générer des profits sans risque avec, à la clé, une distribution de bonus. Ce procédé ne se confond pas avec le mode naturel d'évolution des cours.

La profondeur des marchés qui se caractérise par la multiplication infinie des intervenants et des transactions joue le rôle de la « main invisible » si chère à l'économiste anglais Adam Smith[15]. Grâce à elle, la recherche de l'intérêt personnel crée une dynamique d'ensemble en faveur de l'intérêt général car elle contribue au rapprochement du comportement des marchés de l'évolution de la conjoncture économique. Le marché des changes est devenu si profond que ses conditions de fonctionnement sont plus pures que celles des autres marchés (marchés d'actions et d'obligations) même si ces dernières se sont considérablement améliorées. Le devenir des marchés financiers a été emporté dans un véritable processus de fusion avec celui de la conjoncture. Il peut être qualifié de total avec le marché des changes. Le resserrement du lien entre les faits économiques et les marchés est

---

[15] Adam Smith, écossais du siècle des Lumières, il reste dans l'histoire comme le père des sciences économiques modernes. Son ouvrage *La richesse des nations*, paru en 1776, est un des textes fondateurs du libéralisme économique.

alimenté par la force d'attraction des premiers sur les seconds libérée par la masse des transactions. De l'importance de cette dernière dépend l'efficacité des marchés à refléter le devenir des variables économiques.

Les banques peuvent commettre des fautes comme l'affaire des « subprime » en a offert une illustration en 2007-2008 et contribuer à la chute des bourses. Les Américains ont cherché les moyens de parer à l'éventualité d'une future catastrophe avec la loi *Dodd-Frank de 2010* qui, s'inspirant de la *Volcker rule,* a limité les risques pour compte-propre pris par les banques sur les marchés. Une telle sévérité n'était pas indispensable car elle occulte le fait que les banques contribuent à l'approfondissement des marchés.

Les évènements de 2008-2009 ont offert une occasion particulièrement intéressante de mettre en évidence la relation fusionnelle entre les comportements des marchés et de l'économie qui répond à une mécanique universelle. C'est lors d'évènements radicaux de ce genre qu'il devient évident que les marchés n'anticipent pas contrairement à une idée tenace. S'ils avaient possédé le pouvoir d'anticiper, ils auraient baissé fortement avant que la récession ne se dessine au cours de l'été 2008. Or, ils ont vraiment décroché au moment où l'activité a chuté en septembre avant de rebondir en mars de l'année suivante. Exactement en osmose avec le parcours de la conjoncture !

Les marchés n'ont aucune autonomie. Ils ne sont qu'une ombre portée de la conjoncture. Ils sont qualifiés de « financiers » mais ils sont, en réalité, des « marchés économiques » par les variables qui les animent. Les exemples sont infinis, ils témoignent de la symbiose des mouvements de marchés avec le déroulement de la conjoncture où le second dirige les premiers. Il est

Un graphique de l'INSEE m'avait interpellé au début des années 1970 sur la relation économie/marchés qui manquait de clarté. Sous-jacentes il y a quarante ans, les preuves n'ont cessé de s'accumuler dans les décennies suivantes. Elles ont rendu cette idée évidente aujourd'hui à la condition de se dégager de la chape de plomb d'idées conventionnelles pour ne s'attacher qu'aux faits. La fusion des comportements des marchés et des conjonctures n'a pu être vraiment observée que quand le marché des changes, en avance sur les autres, a atteint une taille critique qui l'a rendu autonome des décisions des opérateurs. La fusion n'atteindra jamais la perfection mais elle se rapprochera de l'asymptote correspondant à cette perfection à mesure que le volume des transactions et le nombre de participants tendront vers l'infini. La situation actuelle en est suffisamment proche pour que l'erreur relative devenue très faible soit ignorée.

Cette relation univoque élimine les supposées déviances des marchés que certains dénoncent, par exemple, dans la prétendue surévaluation ou sous-évaluation des monnaies voire des bourses sans faire allusion aux « mécanismes de bulles » ! Les marchés peuvent s'écarter de la trajectoire de la conjoncture mais pour une période qui se chiffre de plus en plus en heures et moins en moins en jours. Cette règle admet, néanmoins, une exception de taille. Elle concerne l'euro qui en bloquant ce mécanisme naturel, conséquence de la disparition des différentes monnaies, a contribué au malaise de zone.

La richesse de l'observation à court terme est outrageusement sous-évaluée par ceux, et ils sont nombreux, ceux qui ne veulent pas accepter que les marchés puissent être dans le vrai et eux dans le faux. Cette fermeture d'esprit empêche d'appréhender le sens dans lequel les forces s'exercent. C'est l'observation du court terme qui permet de constater la force d'attraction que l'économie exerce sur les marchés. Ce n'est pas par hasard si les relations entre les taux de change, les taux d'intérêt et les bourses qui semblaient immuables ont été chamboulés au cours des trente dernières années. Le changement dans la nature des conjonctures en a été la cause. Il a été souligné, à l'occasion, qu'il n'existait pas de relations directes entre ces trois variables. Tant qu'un brevet de sérieux ne sera donné qu'à des études basées sur des longues séries du passé, la confusion règnera dans le rôle des forces économiques et financières.

Le Président de la banque fédérale de réserve de San Francisco, en février 2016, a clairement dit son opposition à l'attachement d'une politique monétaire à des formules mathématiques comme la règle de Taylor, à un moment où le Congrès des Etats-Unis souhaitait imposer des règles au Fed. Son côté systématique est d'autant plus contestable que cette règle correspond à une époque qui n'a plus cours.

La relation entre les variables en jeu est si complexe qu'elle entraîne des interprétations parfois des plus contestables. La justification du comportement des taux de change en offre des exemples infinis. John Connolly, alors ministre des Finances de Richard Nixon, avait surpris ses homologues étrangers, en 1974, avec son affirmation devenue célèbre : « le dollar est notre monnaie, mais il est votre problème ». C'était pour le moins maladroit car la faiblesse du dollar accompagnait, la plupart du temps, une reprise américaine qui stimulait la croissance du reste du monde. Le comportement du dollar n'était donc pas le problème des autres mais la conséquence de l'évolution d'une situation économique animée par les Etats-Unis qui convenait à tous.

Robert Rubin, ministre des Finances de l'administration Clinton, est revenu sur le sujet en 1999 en déclarant qu'« un dollar fort était dans l'intérêt des Etats-Unis ». Il a semblé avoir raison car son affirmation est intervenue avant que le redressement de la demande interne dans la zone euro faisant suite à sa déprime de 1998 n'entraînât, en 2000-2001, un affaiblissement spectaculaire de la toute nouvelle monnaie unique et la montée du dollar à des niveaux record nourrie, au même moment, par une récession aux Etats-Unis. Rubin a eu de la chance dans le timing, beaucoup moins dans l'argumentation. Ses successeurs, qui ont repris son affirmation, ont été régulièrement déjugés par les faits. Le dollar s'est installé sur une tendance fortement baissière dans les années 2000 en conséquence d'une croissance américaine qui contrastait avec la lourdeur de la conjoncture de la zone euro.

La chute du dollar, à partir de 2002, a été d'autant plus spectaculaire qu'elle est intervenue après une chute de l'euro qui l'avait été tout autant. Ce dernier s'est retrouvé à moins de $ 0,85 en 2000 contre $ 1,18 lors de son introduction début 1999. Puis il s'est envolé quand la reprise américaine s'est affirmée pour atteindre un plus haut historique à $ 1,61 le 17 juillet 2008. La hausse appelant la hausse, des experts le voyaient encore plus haut à la veille du déclenchement de la désormais fameuse « Grande Récession ». Les commentaires se sont faits de plus en plus agressifs contre les Etats-Unis accusés de faire baisser leur monnaie pour en tirer un avantage compétitif. La France se prenant pour Fouquier-Tinville a été, une fois encore, en pointe dans une opération visant à détourner l'attention de ses propres faiblesses car l'Allemagne ne s'est jamais plainte du niveau de l'euro. Une même monnaie, deux avis divergents que seules des dynamiques économiques opposées pouvaient expliquer.

À l'inverse de ce qui s'est passé au cours de la période de croissance des années 2000, le plongeon de l'économie américaine dans la récession pendant l'été 2008 a déclenché une remontée spectaculaire du dollar, l'euro revenant autour de $ 1,25 en trois mois, et cela au moment où la faillite de Lehman Brothers créait une véritable panique à Wall Street. Le dollar a, alors, été promu au rang de valeur refuge *(safe heaven)* dans des conditions qui ne s'y prêtaient pourtant pas ! C'était le moment où les grandes banques de Wall Street s'effondraient et où l'économie américaine était plongée dans la récession et ne rassemblait pas les critères les plus rassurants pour aller y placer son épargne !

Le retour de la croissance aux Etats-Unis, dès mars 2009, a provoqué un nouveau mouvement de bascule car la zone euro n'a que timidement suivi. L'euro est reparti tester les $ 1,50 en novembre 2009 avant de subir d'amples fluctuations mais sans revenir sur ses plus hauts de 2008 faute d'une conjoncture américaine comparable à celle de la décennie précédente. Son repli à partir de juin 2014 a été dû à un évènement rare qui a changé le paysage conjoncturel de la zone. Une reprise de la demande est intervenue en Allemagne indépendamment de ce qu'il se passait aux Etats-Unis. C'était une première depuis 1999. Elle a sorti la zone de la déprime. La monnaie unique a entamé une glissade grossissant le peloton de ceux qui le voyaient revenir à parité avec le dollar si ce n'est au-dessous. En contradiction avec ce qui apparaissait comme un « consensus », l'euro est remonté en 2017 de plus de 10 % alors que les conditions monétaires ne s'y prêtaient pas. Le Fed a confirmé sa politique de remontée des taux, la BCE celle de maintenir les siens très bas. L'argument traditionnel du différentiel de taux a été pris en défaut. Qu'importe ! Ce genre d'argument est trop ancré dans les esprits pour être remis en cause. Pourtant, si le marché n'a pas répondu à des données monétaires, c'est en raison de la prépondérance des variables économiques.

Le comportement du marché des changes a secoué des théories bien établies mais il en est allé de la même façon pour les autres marchés. Ils ont tous manifesté une grande indépendance par rapport aux décisions de politique monétaire. Ces dernières ne peuvent avoir d'influence sur leur comportement que si elles ont un impact sur la conjoncture. Comme c'est loin d'être le cas depuis de nombreuses années, la relation entre les décisions des banques centrales et le comportement des marchés est devenue de plus en plus distendue.

« Tout le monde se plaint de sa mémoire, personne ne se plaint de son jugement ». La maxime de la Rochefoucauld[16] prend tout son sens dans un domaine financier dont les relations avec l'économie sont mal maîtrisées. Les marchés remplissent un rôle ingrat et surtout parfaitement incompris quand ils réagissent d'une manière qui déplaît. Ils agacent quand ils contestent à de puissantes institutions la capacité de maîtriser leur comportement. Ils impressionnent par leur puissance qui leur a permis de bouleverser un ordre qui semblait bien établi pour imposer leur « diktat ». Ils sont apparus incontrôlables, donc dangereux quand ils ont provoqué l'effondrement d'un *Gold Exchange Standard* censé éviter une guerre des monnaies qui, de sombre mémoire, avait contribué à la catastrophe des années 1930. Tout cela a donné l'impression d'un vide aux défenseurs de grandes théories considérées comme inamovibles.

Le renversement du système des changes fixes, évènement spectaculaire s'il en est, a été considéré comme un véritable coup d'Etat alors qu'il a fait œuvre de salut public. Personne n'imaginait qu'un meilleur système que celui laborieusement adopté à *Bretton Woods* puisse exister, et ce doute demeure encore, pourtant, les taux de change flottants ont montré une efficacité exemplaire. Leurs opposants défendent l'idée qu'ils nuisent au bon déroulement de la conjoncture et au développement des échanges alors que c'est l'inverse qui s'est produit.

Ce bouleversement a révélé que ce n'était pas le marché qui était devenu ingérable. Il avait seulement trouvé une force suffisante pour imposer son mode naturel de fonctionnement que les gouvernements et les banquiers centraux lui refusaient. Ces derniers n'ont toujours pas compris que c'était eux qui étaient dans l'erreur. Ils continuent de critiquer l'évolution des cours des monnaies quand elle ne correspond pas l'idée qu'ils s'en font mais ils ne se risquent plus à s'y opposer car

[16] François de la Rochefoucauld, moraliste et mémorialiste, auteur de *Sentences et maximes morales*, Paris, 1665.

la bagarre ne peut se terminer, désormais, qu'à leur détriment contre les forces d'un marché devenues irrésistibles. L'obstination à chercher à défendre une monnaie faible a régulièrement entraîné la perte des réserves de change parfois difficilement constituées avant de céder à la pression du marché. Le Royaume-Uni de septembre 1992 en a offert un exemple formidable, l'échec financier d'un jour se révélant être un vrai succès économique le lendemain.

Les opposants au mécanisme des changes flottants défendent l'idée que leurs fluctuations « incontrôlées » renforcent la menace d'une « guerre des monnaies ». Le ministre des Finances de Barak Obama, Jack Lew, a établi une liste de pays soupçonnés de chercher à profiter de taux de change anormalement bas. Il n'a pas remarqué que la baisse tendancielle du dollar n'avait pas provoqué une amélioration du solde commercial de son pays. Ce faisant ce genre d'accusation n'apaise pas les relations internationales. La manipulation d'un taux de change est devenue quasiment impossible aujourd'hui pour le bonheur du monde. Le grand apport des taux de changes flottants est d'avoir renforcer la cohérence entre les comportements des économies et des monnaies, leurs cours fluctuant autour d'une tendance imposée par la conjoncture. Certains continuent de le nier en pensant que c'était mieux avant mais c'est faux et c'est sans espoir de retour. La BNS en a fait récemment l'expérience brûlante.

Contrairement à ce qui se dit, le mécanisme des changes flottants est si bien huilé qu'il a facilité, au cours des quarante dernières années, le plus grand développement des échanges internationaux que le monde ait connu. Et pourtant, les revanchards en reviennent toujours à leur intention de « réformer le système monétaire international ». Ceux qui croient à une telle idée n'ont aucune chance de la voir se réaliser sauf à revenir à un protectionnisme destructeur. Les taux de changes flottants sont là pour durer car ils collent, désormais, à l'évolution de la conjoncture à laquelle ils sont naturellement attachés. Ils ont été immédiatement acceptés par les pays les plus pragmatiques. Les autres, confiants dans le rôle de leurs administrations, sont restés méfiants. La création d'une monnaie unique est, pour partie, une réaction maladroite à la conviction que le marché des changes devenu incontrôlable pouvait être économiquement dangereux. Il fallait donc tenter de reprendre son contrôle. Des banques centrales stupéfaites que leur domaine réservé soit piétiné par de vils spéculateurs tenaient là, leur revanche. Elle allait coûter très cher en points de croissance à ceux qui y ont cru.

Une habitude veut que les marchés soient jugés par rapport à des critères bien définis mais les partisans d'une telle démarche sont involontairement présomptueux en imaginant qu'ils puissent détenir la vérité contre les marchés. Ils se comporteraient de manière plus concrète en s'interrogeant sur la relativité du comportement de ces derniers au lieu d'y voir une règle absolue. Si l'imposition du mécanisme des changes flottants était imparable, elle n'a pas été la victoire d'un camp sur un autre mais celle du mode de fonctionnement naturel et universel des marchés sur une construction arbitraire de l'homme sans lien avec la réalité. Le paysage économique et financier a été bouleversé depuis un demi-siècle. Le commerce international a connu un développement spectaculaire. Les taux de change ne l'ont visiblement pas contrarié. Au lieu de considérer qu'ils se trompent quand ils se détournent du « consensus », il vaudrait mieux tenter de comprendre pourquoi ils ont raisons.

# UNE ZONE EURO BIEN MAL ENGAGÉE

Quels efforts n'a-t-on pas fait pour créer une zone présentée comme un havre de stabilité pour ceux qui y adhèreraient ! L'euro, sa monnaie, a été vendu avec l'idée séduisante qu'il protégerait et qu'il serait une monnaie forte à l'image du mark. Bienvenue au club ! Malheur à ceux qui seraient tentés d'en sortir après y avoir adhéré. Ils subiraient la vindicte des marchés. C'est l'argument traditionnel qui continue de sévir pour donner du cœur à des partenaires qui pourraient douter de ses bienfaits. La réalisation de ce grand projet est partie d'une ambiguïté ou plutôt d'un contresens en donnant un rôle central à ce qui allait devenir sa « monnaie unique ». Ses fondateurs très ambitieux ont ignoré la rigidité qu'elle impliquait. Ils pensaient qu'elle jouerait le rôle de ciment, c'était une erreur. Quand les prémisses sont mal posées, la construction est fragilisée.

L'euro avait vocation à servir au renforcement du projet d'union politique. Il a été promu comme un rempart contre le mauvais vent des fluctuations de la conjoncture américaine et comme la monnaie capable de contester la suprématie d'un dollar dominateur sur la scène financière internationale. Les deux arguments ont vite été balayés par les faits. La construction dont l'euro est la pointe a imposé des souffrances inutiles à ceux qui n'ont pas été en mesure de respecter les conditions que, pleins d'espoir, ils avaient acceptées. La réalisation d'un objectif politique en usant d'une monnaie est d'autant plus difficile à réaliser que tous deux n'ont rien à voir ensemble. Elle devient problématique quand elle conduit à se crisper sur des principes au lieu de faire place au pragmatisme. La zone, par son parcours chaotique, a alimenté des doutes sur sa viabilité. Un quart de siècle après son lancement, elle a besoin d'un nouvel élan pour contrer les forces centrifuges qui la menacent.

La croissance des pays industrialisés hors zone, à l'exception notoire de celle du Japon, a été plus forte que celle des pays qui se sont engagés dans cette construction pleine de promesses. La pensée unique ignore cette observation et pourtant elle s'impose. Le principe de la zone euro n'est pas en cause mais la manière dont elle s'est enfermée dans des règles qui ont étouffé sa croissance. Les difficultés de l'expérience ont montré combien la théorie des zones monétaires optimales chère au prix Nobel Robert Mundell[17] pouvait être contestable.

L'euro a été créé à l'image d'un mark considéré comme une référence absolue. L'Allemagne avait tout bon, pourquoi ne pas la copier ? C'était aller un peu vite en besogne car l'imitation n'est pas chose facile. Le modèle vaut mieux que la copie et cela s'est vérifié à l'occasion. Les imitateurs se sont mis dans une situation délicate à partir du moment où le modèle allemand s'est montré hors d'atteinte. L'attention portée à un taux de change est réductrice. L'Allemagne est attachée à l'idée de monnaie forte qui ne lui pose aucun problème à partir du moment où elle est la conséquence de la manière dont elle gère son économie. « Pour les Allemands, l'économie est une branche de la philosophie morale. La croissance constitue la récompense d'un comportement vertueux ». Mario Monti, ancien commissaire européen, a donné la raison pour laquelle la plus grande économie de la zone a si bien réussi même s'il aurait dû rajouter « qui fait une large part aux exportations ». Les partenaires de l'Allemagne ont vite tiré la langue, tout au moins ceux qui n'ont pas pu suivre sa manière de faire. Ils se sont montrés incapables d'adapter la gestion de leur économie au comportement d'une monnaie unique largement influencé par l'économie allemande.

Les difficultés de la construction de la zone tiennent au fait de l'avoir bâtie à partir de critères financiers très stricts à laquelle la conjoncture devait se plier. L'Europe qui sortait d'une période d'inflation qu'elle avait eu le plus grand mal à contenir a accueilli avec bienveillance les critères anti-inflationnistes inscrits dans le traité de Maastricht. Ce n'est pas de chance car le monde était entré dans un processus désinflationniste qui allait s'avérer spectaculaire. Le choix des critères et leur timing se sont révélés maladroits voire dévastateurs. Ils sont vite devenus de vrais carcans qui ont étouffé la croissance. Sans le désir politique de poursuivre un projet sans

---

[17] Robert Mundell, économiste canadien, prix Nobel d'économie en 1999 et auteur de nombreux ouvrages traitant notamment de la ZMO (zone monétaire optimale).

précédent, les tensions auraient probablement conduit à une rupture. L'Allemagne, la référence acceptée de tous, était à l'aise dans un espace aux règles qui avaient épousé les siennes. Les autres ont ramé souvent en vain.

Le contexte économique a changé, mais les effets d'un changement sont longs à se faire sentir quand il est structurel. Décidé au début des années 80 avec les politiques de « supply side », il a vraiment été perçu quand le mouvement de désinflation s'est accéléré dans les années 2000 et surtout après la crise de 2008. La manière de gérer une économie ne pouvait plus être la même qu'avant 1980. Tout le monde a voulu croire aux bienfaits d'une monnaie forte jusqu'à ce que les pays épuisés par les contraintes commencent à réclamer une baisse de l'euro. Une monnaie n'a pas vocation à être utilisée à des fins politiques. C'est pourtant, le but qui lui a été assigné. Le traité de Maastricht a visé à garantir à la monnaie unique un comportement comparable à celui du mark abandonné à contrecœur par les Allemands. Sa force ne pouvait être que source de problèmes car la spécificité de la croissance allemande pouvait difficilement s'adapter à tous. Dans l'esprit des rédacteurs du traité, les critères retenus apparaissaient comme des références à vocation universelle. Il n'est venu à l'idée de personne d'envisager une clause de sortie des fourches caudines de ce qui est vite apparu comme un étau.

La vitesse de la vague de la globalisation a surpris tout le monde. Elle a renforcé le champ de la concurrence qui imposait une accélération des efforts de compétitivité. Ils passaient par des investissements productifs qu'une politique tournée vers la croissance ne pouvait qu'encourager. Malheureusement, c'est l'inverse que la zone a proposé en donnant la priorité au respect des équilibres financiers. La chance n'était décidemment pas de son côté ! L'absence de pragmatisme en a fait un poids mort dans la conjoncture mondiale pendant la majeure partie des vingt premières années de son existence. Ce n'est pas une monnaie qui doit être forte mais l'économie à laquelle elle se rattache et les sorts des deux ne se confondent pas.

Exit la déclaration de Robert Rubin sur les bienfaits d'une monnaie forte comme celle de Jens Weidman sur la relation entre économie forte et monnaie forte. Le dollar a plus souvent baissé que monté. Il a seulement « payé » régulièrement la volonté de croissance des Etats-

Unis sans s'embarrasser de contraintes financières dont celles concernant leur solde budgétaire comme leur gestion de la sortie de la crise de 2008 a pu le montrer. L'administration Trump a reconduit la même expérience dans une conjoncture pourtant porteuse. Elle s'est lancée dans une réforme fiscale qui a entraîné un gonflement du déficit du budget et de l'endettement de l'Etat fédéral. Le défi n'est pas de gérer l'alourdissement de l'endettement mais d'optimiser la destination économique des fonds. Si l'économie sort renforcée, le poids de la dette et le déficit baisseront.

Une monnaie n'a jamais eu la vocation de « protéger » contrairement à l'argument qui a servi à faire la promotion de l'euro. Elle est avant tout un moyen de paiement. Le devenir de l'euro a échappé à ses initiateurs qui pensaient pouvoir maîtriser son comportement. Il a été fort, en tendance, parce que la croissance de la zone est restée faible pendant la majeure partie de sa jeune histoire. Les signataires des traités avaient imaginé qu'une monnaie unique imposerait la convergence des économies mais l'incapacité à s'appliquer le modèle allemand, plébiscité au moment de la signature des traités, a provoqué la dispersion des situations économiques. S'il n'y avait pas eu une monnaie unique, le fonctionnement de la soupape de sécurité que constituent les ajustements des taux de change auraient limité cette dispersion. Faute d'avoir disposé de cette faculté, toute la pression s'est portée sur les structures économiques des pays les plus fragiles au point de générer une violente crise qualifiée de « financière » alors qu'elle était d'ordre économique, en 2011-2012. La fermeté de l'euro à ce moment est là pour le souligner.

Le programme défini à Maastricht n'était pas enthousiasmant mais tous ceux qui faisaient partie de la zone pensaient que son application serait salutaire. Ils se sont engagés dans un processus de réduction du déficit de leurs finances publiques sans considération de l'état de la conjoncture. Une répétition malheureuse de l'esprit qui avait guidé Andrew Mellon en 1930. C'était, encore une fois, prendre les conséquences pour les causes. Pourtant, le simple bon sens suffisait à constater que la gestion la plus efficace, la plus valorisante et la plus facile du rapport du déficit au PIB n'était pas de réduire le numérateur (le déficit) mais de gonfler le dénominateur (le PIB). Elle impliquait de privilégier des politiques économiques coordonnées entre ses membres tournées vers la croissance et non l'objectif subalterne d'un retour des finances publiques à l'équilibre. Le risque était nul dans un contexte dénué de tensions inflationnistes. Le pragmatisme des anglo-saxons a manqué à la zone.

Les Etats-Unis, animateurs malgré eux de la conjoncture mondiale, sont venus au secours d'une construction aux bases très mal assurées. Et ce n'est pas le moindre des paradoxes compte tenu de la méfiance qu'entretenaient les Européens vis-à-vis des Américains dans leur perception de l'euro ! Sans l'Amérique dont elle voulait se distancer, la zone aurait pu connaître de graves difficultés susceptibles de la remettre en cause. L'euro n'a pas pris la place du dollar comme monnaie mondiale, ce qui n'est pas grave en soi, mais la zone est restée très sensible à la conjoncture américaine en contravention avec les objectifs d'indépendance conjoncturelle affichés lors de sa création. Le bilan de sa gestion n'est pas bon. La tyrannie de la pensée unique a joué très négativement en empêchant une remise en cause des méthodes utilisées pour la réalisation d'un projet très ambitieux. À chacune de ses crises, les « mécaniciens » gouvernementaux des pays les plus solides ont pris des mesures sans aucun fil conducteur pour réparer les dégâts occasionnés chez leurs partenaires. Ils ont procédé au coup par coup en subissant les évènements. La cohésion économique de l'ensemble ne s'en est trouvée marginalement renforcée.

Ces évènements ont inéluctablement conduit la zone à s'enfoncer dans le couloir d'un fédéralisme dont la plupart des pays qui la composent ne veulent pas. Les obstacles politiques à sa réalisation sont si nombreux qu'elle reste menacée par de fortes tensions. Une politique économique basée sur une ligne de conduite claire est la seule solution. Elle ouvrirait la porte à l'émission d'obligations émises par une zone affichant enfin une solidarité qui ne se confondrait pas avec les gestes de premiers secours. L'idée est loin de faire l'unanimité. La plupart des pays qui composent la zone, à commencer par l'Allemagne, n'en veulent pas. Cette dernière a trop peur de devoir payer pour les impécunieux. L'erreur est d'avoir mis la charrue de la monnaie devant les bœufs de la convergence économique.

La source de cette erreur est à rechercher dans le fait que la déroute du système de taux de changes fixes du début des années 70 n'a pas été comprise et surtout pas acceptée en Europe. La création d'une monnaie unique a offert l'occasion d'une revanche aux banques centrales sur des marchés qui, devenus trop envahissants et donc dangereux en raison du prétendu rôle de la spéculation, avaient fait un hold-up sur la gestion de « leur » monnaie. En les fusionnant dans une monnaie unique, la victoire sur les marchés était assurée faute de combattants. Mais ce n'est pas si sûr ! Obsédés par une « obligation de résultat », les gouvernements ont ignoré les pressions économiques à la base des ajustements des taux de change.

Les monnaies une fois fusionnées en une seule, l'euro, ont disparu mais le jeu des forces économiques qui animait leur comportement existe toujours. La dispersion d'entités économiques indépendantes tend à s'opposer au principe d'une monnaie unique. Il ne s'agit pas, là, d'un choix politique mais d'un mécanisme économique naturel des plus objectifs. Une conjoncture forte lisse les situations. Un ralentissement important exacerbe les différences et crée des tensions. Le défi que se sont lancé les rédacteurs des traités était trop grand : en pénalisant la croissance, ils ont amplifié le manque de souplesse d'une monnaie unique. La meilleure solution pour réduire les effets des rigidités de cette dernière passait par l'offensive. C'est l'inverse qui a prévalu.

Comble de la confusion, la crise européenne de 2011-2012 a été qualifiée de « crise de l'euro » alors que ce dernier manifestait une grande force contre le dollar en conséquence de la déprime qui touchait la zone. De l'ignorance ou de l'aveuglement ? Malgré les chaudes alertes sur son fonctionnement, la zone ne possède toujours pas les clés de son avenir. Une récession américaine ne manquerait pas de lui poser de nouveaux et graves problèmes car elle souffre de ne pas vouloir aller au bout de son initiative qui conduit à la création d'une autorité supranationale. Comme les États ne voulaient pas que Bruxelles se mêlât de leur gestion, les règles de bonne conduite introduites dans le traité se sont limitées au strict minimum. Ces règles ont été choisies de façon à ne pas empiéter sur le choix éminemment politique des dépenses et des recettes publiques que chaque gouvernement voulait jalousement conserver. Tous se sont donc contentés de fixer des limites aux déficits publics au rôle tout à fait accessoire.

C'était l'une des contraintes les plus maladroites qui pouvaient être décidées. Elle a ouvert la porte à des politiques budgétaires très différentes avec leurs conséquences particulières sur les économies nationales. En décidant du plus petit accord commun, les critères retenus n'ont pas obligé les partenaires à faire l'effort nécessaire pour rapprocher leurs économies. L'Allemagne s'est lancée dans un programme majeur de restructuration dans les années 2000 tandis que, en réaction à la faiblesse de sa croissance et à la montée de son chômage, la France a multiplié les aides sociales qui ont renforcé ses rigidités et alourdi son économie. À l'opposé de ce qu'exige la globalisation. L'Allemagne avait raison et la France tort. L'Allemagne a accumulé les excédents commerciaux, la France les déficits depuis 2004. L'une a fait baisser son chômage au plus bas depuis sa réunification, l'autre a vu le sien s'accrocher à des sommets avant de refluer mollement en 2017. Il est difficile de faire une union avec de telles disparités.

La création d'une zone « économique et monétaire » s'est faite sur un contresens dans la mesure où il aurait été plus logique de s'assurer de la cohésion économique de la zone avant de la chapeauter par une monnaie. La chance ne fut pas du côté du projet puisqu'il a été lancé à la fin de 1993 soit à un moment où la région sortait lourdement d'une récession. La conjoncture ne correspondait pas aux meilleures conditions pour le coup d'envoi d'un projet politique d'une dimension exceptionnelle. L'Allemagne s'en est bien sortie. Cela n'a pas été le cas pour ses partenaires, à commencer par la France et l'Italie qui, dès la période préparatoire, ont eu les pires difficultés à respecter les règles fixées pour le lancement de la monnaie unique. La faiblesse de la conjoncture a nourri des déficits publics contre lesquels il était d'autant plus difficile de lutter que les mesures visant à les réduire conduisaient à les entretenir en freinant la reprise. Les déficits ont pris l'habitude d'adopter le principe de l'horizon…

En économie, la ligne droite n'est pas le chemin le plus court pour parvenir au but. Et le fait d'avoir oublié ce que pouvait apporter le principe du détour de production cher à Böhm-Bawerk[18] a conduit dans le mur. Si la zone avait soutenu sa croissance, son histoire aurait été différente. La spirale des ajustements budgétaires avec leurs conséquences négatives sur la croissance et l'emploi s'est révélée

[18] Eugen Böhm-Bawerk (1851-1914). Économiste de l'école autrichienne, il illustre son idée avec Robinson Crusoé qui, en prenant le temps de créer une pelle pour creuser les fondations de sa case sur une île déserte, accroît sa productivité et, avec elle, la vitesse de réalisation de son objectif.

éprouvante car elle confond rigueur et austérité, deux mots qui font encore débat. En entretenant un climat morose, elle tend à décourager les initiatives et nourrit les forces centrifuges qui menacent la survie de la zone.

La gestion rigoureuse d'un budget dépasse le simple cadre des finances publiques pour viser à rendre optimale l'affectation économique des ressources disponibles du pays. Elle n'a rien à voir avec l'austérité qui se confond avec une véritable punition. Elle vise à contenir le train de vie de l'Etat et à créer les conditions les meilleures pour encourager les entreprises à investir et à générer la richesse dont le secteur non marchand, non productif a besoin pour se financer.

Les Etats ont besoin de réduire leur poids dans le PIB car il alourdit maladroitement la compétitivité du pays. Un cheval nourri à l'avoine trop lourdement chargé n'avance pas. Il devient performant dès qu'il est débarrassé de sa surcharge. Ce principe vaut pour une économie qui, en s'allégeant de ses charges improductives renforce sa capacité de croissance. L'austérité ne peut s'imposer qu'en dernier ressort. La cure est raide pour les ménages qui voient leur niveau de vie reculer fortement mais elle comporte une suite prometteuse. L'Espagne, le Portugal, l'Irlande et la Grèce l'ont connue avant de retrouver une croissance plus rapide que celle de la moyenne de la zone.

Cette solution radicale est généralement dictée par les faits. Elle nécessite un courage que tous les gouvernements n'ont pas. La France reporte sans cesse la décision de procéder à la restructuration de son secteur public. Engourdie par l'importance de ce dernier, elle se contente de « mesurettes » de peur de provoquer des réactions incontrôlées de la part des protégés de la république que sont les fonctionnaires. Elle reste en queue de peloton de la croissance des pays de la zone. Les pays traînant un chômage élevé sont souvent ceux qui se refusent à adapter les conditions d'emploi à l'offre des entreprises. Plus le marché du travail est flexible et plus le taux de chômage baisse. Les Etats-Unis, le Royaume-Uni, l'Allemagne et d'autres ont vu leur taux de chômage tomber sur des plus bas historiques dans des conditions qui n'ont rien à voir avec les règles traditionnelles. Aujourd'hui, le coût marginal du travail est déterminant du niveau de l'emploi. Refuser cette réalité, c'est accepter plus de chômage indépendamment des problèmes de formation. La France très en retard semble l'avoir compris à partir de 2016. Elle a timidement accéléré ses réformes en 2017 en poursuivant les modifications du code du travail.

L'Allemagne est considérée comme le moteur de la croissance de la zone contre l'évidence à l'exception de rares moments comme en 1999-2000 ou encore entre 2014 et 2016. La baisse du chômage puis l'augmentation des salaires amorcées en 2013 ont déclenché le redémarrage de la consommation de ses ménages indépendamment de ce qui se passait aux Etats-Unis. Elle a entraîné la reprise de la zone à laquelle le petit relâchement du corset de la gestion des déficits publics décidée en janvier 2015 a contribué. L'euro a, alors, baissé. Ce qui a valu de manière exceptionnelle, tout au moins pour l'euro, s'est appliqué régulièrement au dollar. L'Allemagne s'est montrée trop rigide en imposant la priorité de la baisse des déficits publics à ses partenaires. Elle a eu, au contraire, raison de les pousser à procéder aux réformes qu'exige la globalisation. La croissance faciliterait les restructurations qui s'imposent mais l'expérience montre que quand la conjoncture est bonne, un pays comme la France traîne des pieds pour y procéder. La deuxième économie de la zone a pourtant besoin du support d'une conjoncture extérieure porteuse pour réduire le poids de l'empilement des mesures sociales qui n'a eu de cesse d'alourdir son économie depuis le lancement de la zone.

La France a trop longtemps joué avec des prévisions de croissance « adaptées » pour se donner du temps afin de parvenir à rentrer dans les clous budgétaires. Un beau fiasco qui s'est traduit par un chômage supérieur et une croissance inférieure à la moyenne de la zone. Elle a procédé à des « coups de rabot » de ses dépenses après avoir, sans succès, usé massivement de l'augmentation des impôts. Elle a fini par décider de réductions de charges sur les bas salaires. L'arrivée d'un nouveau Président, dans un contexte de croissance retrouvée, en 2017, a accéléré de manière très prudente ses ajustements. La croissance s'est renforcée grâce à la conjoncture internationale.

L'enjeu n'était pas de s'enfermer dans des contraintes financières inspirées d'une période d'inflation révolue. C'était une erreur de combattre des déficits créés, pour partie, par la pression de la concurrence internationale sur la croissance des pays industrialisés. « Faites-moi une bonne politique, je vous ferai de bonnes finances » disait le baron Louis, ministre des Finances sous la Monarchie de Juillet. Il avait bien défini le sens des priorités. Pourquoi l'avoir oublié ?

L'euro a pris une telle place médiatique qu'il a renvoyé au second plan la construction pour laquelle il avait été promu. Sa publicité a été si bien faite qu'il est apparu indispensable aux yeux de la plupart des habitants de la zone mais l'Histoire oblige à se méfier des consensus car il suffit parfois de peu de choses pour le faire basculer. La comparaison du parcours de la zone avec celui des autres pays industrialisés n'est pas à son avantage. Il est difficile de séparer la zone de sa monnaie mais, si l'euro est régulièrement critiqué, c'est sur la fin de la zone que le débat se cristallise régulièrement. Lors de la sévère crise financière qui a accompagné le retour de la zone dans la récession en 2011, d'aucuns ont annoncé, voire souhaité, une nouvelle fois, son éclatement mais c'était sous-estimer une volonté politique réelle d'aboutir à laquelle participait sincèrement l'Allemagne, partenaire le plus puissant mais aussi principal bénéficiaire de la construction menacée. Elle s'est senti une vocation de saint-bernard le temps de calmer les effets de la crise. Comme la Chine et le Japon dans leurs relations avec les Etats-Unis, elle a perçu que ses engagements financiers comptaient beaucoup moins que ses échanges économiques, ses exportations jouant un rôle essentiel dans l'animation de sa croissance.

L'Allemagne a accepté des mesures d'aide aux partenaires les plus faibles. Les Grecs l'ont si bien compris qu'ils ont cherché à en abuser en juin 2015 ce qui a fini par entraîner une réaction de mauvaise humeur d'Angela Merkel. Elle les a conduits à rentrer dans le rang dans des conditions rocambolesques. Alexis Tsípras, le Premier ministre élu en janvier 2015, n'a pas hésité à jouer du chantage pour faire bouger les lignes d'un accord qu'il jugeait trop sévère en considérant qu'il n'avait pas à supporter les graves dérives de ses prédécesseurs. Il avait compris que le débiteur pouvait exercer un pouvoir sur ses créanciers surtout quand ils affichaient leur inquiétude sur les conséquences de la sortie du pays de la zone. Mais la Grèce n'est pas l'Amérique. Elle joue un rôle conjoncturel confidentiel sur la scène économique mondiale et le comportement outrancier de son ministre des Finances a braqué l'ensemble des partenaires contre elle.

Au-delà de ses malheurs, la Grèce a rappelé les faiblesses d'une construction qui, en accumulant les épreuves, a émoussé l'envie d'Europe chez des participants condamnés à parcourir un véritable chemin de croix sans fin. La Commission de Bruxelles a pris peur de la montée du souverainisme. Elle a commencé à assouplir sa position en janvier 2015 mais elle est très loin du compte. La zone n'a pas encore passé son point de non-retour malgré les efforts accomplis. Seules, des mesures de relance coordonnées réduiraient les forces qui nourrissent le désamour d'Europe.

Puisque la globalisation oblige les entreprises à ajuster sans cesse leur coût marginal de production à la concurrence internationale, il revient à l'Etat de compenser la pression qui s'exerce sur les salaires. Il lui appartient de réduire les impôts sur les ménages pour préserver et accroître leur pouvoir d'achat. Le renforcement de la consommation ne doperait pas que les importations. Il augmenterait les chiffres d'affaires des entreprises locales et encouragerait un investissement productif capable de générer des gains de productivité avec leurs conséquences positives sur les comptes d'exploitation des entreprises. Toutes ces belles mesures ne font, cependant, pas oublier que la solution durable aux problèmes des pays industrialisés passe, avant tout, par de profondes de restructurations.

La zone a trop souvent mis son existence en péril. Elle est devenue une impressionnante machine à perdre alors qu'elle dispose d'une très grande richesse de compétences. Le jour où elle se décidera à débloquer sa situation en ayant le courage de prendre l'offensive, elle redeviendra une région très attractive. La monnaie unique a été basée sur des critères auxquels ses promoteurs et leurs successeurs s'agrippent bien maladroitement. Plus que les critères eux-mêmes, c'est la manière dont ils sont gérés qui est en cause. Elle ne crée visiblement pas les meilleures conditions de succès.

La zone a fait la démonstration qu'elle ne fournissait pas la protection promise. Cela saute aux yeux puisqu'elle a freiné le développement de ses composantes au pire des moments, celui de l'éclosion de la mondialisation qui imposait de ne pas perdre un temps devenu très cher pour renforcer sa compétitivité. Ceux qui ont refusé d'y participer ne s'en sont pas mal portés. Le Royaume-Uni, le Danemark et la Suède ont bénéficié d'une croissance bien supérieure à celle de la zone depuis son origine. La Suisse, dans le même état d'esprit, possède des entreprises de taille mondiale très performantes sans ressentir le besoin de se rapprocher formellement de ses voisins.

L'ambition politique a ses raisons que l'économie ne connaît pas. La zone euro a été créée pour avoir un poids politique suffisamment important lui permettant de faire face à un monde devenu multipolaire. Les Dix-neuf n'ont pratiquement jamais pu se mettre d'accord sur une réponse à apporter à des faits politiques majeurs. L'une de ses composantes, la Grèce, a connu le sort réservé, jusque-là, aux pays émergents. Un hasard ? non, la conséquence de traités programmés pour rendre la zone de plus en plus sensible aux fluctuations de la demande étrangère. Et le pire tient au fait que les gouvernements s'obstinent à les appliquer.

Plus que la monnaie unique, c'est la manière rigide de gérer la zone qui est en cause. La loi de finances française de 2014 prétendait qu'« une dévaluation de 10 % de l'euro suffirait à créer 150 000 emplois supplémentaires ». Elle se basait sur une relation directe entre le taux de change et l'emploi qui n'existe pas. La baisse tant attendue de l'euro s'est déclenchée à l'été 2014. Elle a été de plus de 15 % en quelques mois mais ce n'est pas elle qui a provoqué le recul de son chômage. Elle a donné la fausse impression d'améliorer la conjoncture alors qu'elle a été la conséquence du redressement de la consommation des ménages allemands avec son effet modeste d'entraînement sur le reste de la zone. Un autre scénario basé sur une récession américaine aurait aussi provoqué la montée du dollar et la baisse de l'euro. C'est celui du second semestre de 2008 quand les Etats-Unis ont subi une récession.

Ces exemples rappellent que le comportement d'une monnaie ne joue pas le rôle déterminant qui lui est donné sur le devenir de la conjoncture car la relation est vraiment inverse. Le temps presse. Au lieu de se préoccuper de questions monétaires subalternes, la zone ferait mieux de renforcer sa cohérence en promouvant sa croissance pour encourager les réformes économiques dont elle a besoin.

# UN DEUTSCHEMARK EXCHANGE STANDARD, MALVENU

La création de la zone euro ne pouvait se concevoir sans un label, une marque. Le débat fut très vif entre les tenants d'une monnaie « unique » » qui remplacerait les monnaies existantes et les partisans d'une monnaie « commune » défendue par Margaret Thatcher, au nom du Royaume-Uni. Une monnaie « commune » aurait seulement servi de référence à des monnaies nationales laissées libres de fluctuer à l'image des DTS (droits de tirage spéciaux) qui sont les unités de comptes du FMI. La première solution a été adoptée et Margaret Thatcher a décidé de ne pas y participer. Le Premier ministre britannique si critiqué n'avait pas tort ! Le Royaume-Uni est resté dans le clan des monnaies faibles, c'est-à-dire des grands pays qui ont choisi de privilégier la croissance. Son bilan est beaucoup plus positif que celui de la zone euro depuis son lancement.

Pendant les années 90 correspondant à la période préparatoire à la création de ce qui allait s'appeler l'euro, les candidats à son adoption ont connu des moments éprouvants. Les banques centrales des pays à monnaie faible, c'est-à-dire de ceux qui ne se résolvaient pas à sacrifier leur croissance à la rigueur, ont été conduits à relever spectaculairement leurs taux pour maintenir « leur » devise au plus près d'un cours pivot du mark fixé pour chaque candidat. Cela revenait à mettre un coup de frein sur la croissance avec pour effet immédiat de redresser la devise concernée. C'est le mécanisme qui a joué mais les banques centrales ne pensaient pas en ces termes. Elles relevaient leurs taux pour attirer des capitaux étrangers dont les flux étaient censés faire remonter la monnaie.

La France, à la veille de l'élection présidentielle de 1995, s'est retrouvée dans une ambiance pour le moins tendue entre les partisans d'une monnaie unique et les autres. Les premiers, outre qu'ils croyaient sincèrement détenir la vérité face aux seconds jugés profondément ignorants du sujet, voyaient là une occasion de prendre leur revanche sur des marchés qui avaient expulsé les banques centrales du jeu de la fixation des parités. Jean-Claude Trichet, alors gouverneur de la Banque de France et ardent défenseur du concept saugrenu de « désinflation compétitive », s'est illustré en procédant à coup de hausses de taux pour défendre le franc soi-disant « attaqué ». Il s'est, en fait, montré efficace pour ralentir une croissance déjà faible. Les partenaires de l'Allemagne se sont plu à jouer les *Bourgeois Gentilhomme* avec leur monnaie dans une nouvelle version de Monsieur Jourdain que Molière n'aurait pas imaginée.

Le jeu a coûté très cher aux fans de l'Allemagne et, par ricochet, à l'Allemagne elle-même qui leur adressait plus de 40 % de ses exportations. La zone s'est transformée en fabrique à déprime de plus en plus dépendante de la conjoncture internationale. Dans une version du joueur de flûte de Hamelin, l'Allemagne a séduit ses partenaires avant de les précipiter dans les tracas. Tous ont voulu imiter un pays au parcours remarquable, mais la plupart en ont pâti car ils n'avaient pas les moyens de leurs ambitions.

L'attrait d'une monnaie forte pour des pays dont la monnaie était traditionnellement faible s'était renforcé dans les années 1980. La force du mark et la solidité de l'économie allemande faisaient envie. Sa croissance était voisine de celle de la France, mais l'inflation y était plus faible et les taux plus bas. Elle accumulait les excédents commerciaux malgré un mark fort alors que son grand voisin cherchait à contenir ses déficits extérieurs malgré une monnaie faible. Tout était à l'avantage d'un pays qui impressionnait par ses succès. Il était tentant de vouloir l'imiter. Ses partenaires ont cru aux bienfaits de la méthode allemande sans prendre en compte qu'elle supposait une politique économique exigeante.

L'Allemagne, dans les quatre décennies d'après-guerre, a été dans la position d'un adepte du ski nautique qui se retrouve face à plusieurs bateaux susceptibles de le tirer. Par construction, le skieur et le bateau parcourent une distance analogue mais il y a une grande différence dans leur rôle : le premier utilise l'énergie du second sans laquelle il ne se passerait rien. Quand les pilotes des bateaux décident de devenir, à leur tour, des skieurs le nombre de ceux qui veulent être tirés gonfle tandis que le groupe de ceux qui les tirent diminue au risque que la situation se bloque. C'est ce qu'a vécu la zone euro.

L'Europe est tombée sur la tête. Elle a considéré et considère encore que l'Allemagne est le moteur de sa croissance alors qu'elle génère sa fortune de la croissance des autres. Sa rente de situation fonctionnait de manière optimale quand elle était l'un des rares pays à se positionner ainsi. Un accroissement du cercle de ceux qui voulaient s'en inspirer ne pouvait que peser sur la puissance de la croissance de l'ensemble. C'est inquiétant, d'autant plus que, faute de mieux, l'Allemagne a développé ses échanges avec les pays en dehors de la zone.

Tardivement, en octobre 2013, le Trésor américain a sorti un rapport dénonçant une croissance allemande trop dépendante de ses exportations, ce qu'Angela Merkel a rejeté contre la réalité des faits. L'excédent commercial du pays dépassait alors 6 % de son PIB, un seuil considéré comme excessif. Le FMI a conseillé à son gouvernement de procéder à des investissements publics capables de stimuler la demande interne et d'accroître ses importations. Ces avis ont vite montré leurs limites car, à partir de l'été 2014 pour une rare fois, la demande interne de l'Allemagne s'est nettement redressée. Elle a entraîné la reprise de la zone mais son excédent commercial a continué d'augmenter pour avoisiner les 8,5 % en 2016, ce qui n'a pas manqué d'entraîner une nouvelle vague de critiques sous le prétexte que l'Allemagne ferait bien de dépenser davantage alors que sa croissance était plus forte que celle des autres et que son chômage était sur des plus bas historiques. La discussion intervenue à l'occasion entre Wolfgang Schaeuble, ministre des Finances allemand et Mario Draghi président de la BCE, a tourné au dialogue de sourd voire à une « sincère mauvaise foi ».

Selon le principe que les excédents des uns ont pour contrepartie les déficits des autres, les bénéficiaires des premiers devaient relancer leur demande interne pour permettre aux pays détenteurs des seconds de se rééquilibrer. L'arithmétique de l'économie vue comme cela paraît simple, sa réalisation beaucoup moins. Wolfgang Schaeuble a répondu, d'une façon pour le moins discutable, que la baisse de l'euro provoquée par la BCE avait participé au gonflement de l'excédent extérieur allemand. Il a juste oublié le passé car la montée du mark a régulièrement accompagné la hausse des excédents commerciaux de l'Allemagne depuis les années 1950. Cette dynamique prouvait que l'impact d'une monnaie n'était pas aussi important que celui qui lui était traditionnellement reconnu. Le repli de l'euro à partir de l'été 2014 a profité à l'Allemagne mais pas à la France puisque son déficit commercial a continué d'augmenter. L'euro a baissé à la suite d'un réveil de la demande interne allemande qui a secoué l'apathie de la zone. Il n'a pas créé l'avantage compétitif dont tous auraient pu bénéficier.

L'accélération de la demande allemande a stimulé la croissance de ses partenaires qui ont accru leurs importations d'Allemagne, participant ainsi au gonflement de son excédent extérieur. Le pays le plus performant ne pouvait pas être déterminant de l'amélioration de la situation des traînards. Il leur revenait de se prendre en main pour renforcer leur compétitivité car les données économiques internes sont déterminantes. La valeur de sa monnaie est accessoire.

Pour une fois, l'Allemagne a joué le rôle de locomotive. Elle a créé un contexte susceptible de contrer les effets dépressifs des mesures financières que ses partenaires avaient été condamnés à prendre. Il reste aux retardataires de saisir l'opportunité qu'offre une conjoncture porteuse pour accélérer leurs réformes. Malheureusement le renforcement de la croissance a été de trop courte durée pour les encourager à les accélérer. Dans tous les cas, au bout du chemin, c'est soit l'éclatement soit plus de fédéralisme qui attend la zone.

Un débat violent s'était ouvert, en France, au milieu des années 90, juste avant l'élection présidentielle, entre les partisans d'un franc fort et les adeptes d'une « autre politique » accusés de chercher à « promouvoir une croissance facilitée par les dévaluations, l'inflation et les déficits ». Un article de Franz-Olivier Giesbert dans le Figaro du 5 août 1994 intitulé « Balladur, Trichet et les Diafoirus » en a donné le ton mais les Diafoirus n'étaient pas ceux que l'auteur de l'article croyait. Les faits l'ont montré, par la suite, de manière incontestable. Giesbert, pour être un grand journaliste, n'est pas un spécialiste en économie. Il n'était pas le seul à attiser le feu des échanges d'idées dans un environnement qui autorisait des outrances à la mesure de la taille de l'enjeu. Mais surtout les parties engagées dans la discussion ont utilisé des arguments plus faux les uns que les autres !

Dans une tradition bien établie, à chaque fois que le franc français a faibli dans la période préparatoire à l'entrée dans la zone entre 1993 et 1999 la Banque de France a relevé ses taux en application du principe trompeur que l'élargissement de leur écart avec ceux de l'Allemagne provoquait un renforcement de la parité du franc par rapport au mark sans imaginer qu'il résultait d'un ralentissement plus ou moins marqué de l'économie française dû au resserrement de la politique monétaire. Pour atteindre l'objectif recherché, il suffisait de relever suffisamment les taux et Jean-Claude Trichet ne s'en est pas privé. C'était au nom d'une idée selon laquelle la stabilité des cours des monnaies était déterminante du développement des échanges.

Nombreux étaient ceux qui pensaient qu'il convenait de mettre fin à une instabilité chronique entre le mark et le franc. Au fil du temps, le camp des adeptes des avantages d'une « monnaie stable », c'est-à-dire les nostalgiques du système des parités fixes, n'a cessé de se renforcer au point d'accepter n'importe quel flacon de réglementations pourvu que leur devise offre l'ivresse de la fermeté de la monnaie allemande. Les hausses de taux décidées, pour soutenir les monnaies faibles, bien que contestables dans l'absolu, pouvaient se comprendre en référence aux théories classiques qui lient abusivement les taux d'intérêt aux taux de change.

À la veille de l'élection présidentielle de 1995, la discussion était passionnée. Jacques Chirac, candidat à la présidence de la république, prompt à tomber dans tout ce qui pouvait être démagogique, s'est risqué à se laisser séduire par « l'autre politique ». Mal lui en a pris. Il s'est fait vertement rappelé à l'ordre par Jean Boissonnat, un grand journaliste au fait des évènements économiques et monétaires et alors membre du Comité de politique monétaire de la Banque de France. Il a publié un article dans *Le Monde* intitulé modestement « Rien compris, rien appris », pour défendre une monnaie unique, quelques jours avant l'élection présidentielle. L'auteur était quelqu'un d'ordinaire très pondéré qui, cette fois probablement entraîné par l'importance du sujet, s'est laissé emporter de manière outrancière dans une argumentation pour le moins contestable. Or « tout ce qui est excessif est dérisoire » disait Beaumarchais avec quelques bonnes raisons. Avec l'honnêteté qui le caractérisait, Jean Boissonnat aurait probablement reconnu, le recul du temps aidant, son erreur.

Il ne s'agit évidemment pas de faire le procès d'un expert éminemment respectable mais de tirer les leçons de modestie et de remise en cause qu'imposent les faits. L'objectif est plus ambitieux qu'il n'y paraît car il est difficile, pour ne pas dire plus, d'éradiquer de fausses idées devenues des croyances. L'accusation contre « l'autre politique » censée rechercher la croissance par la dévaluation, l'inflation et les déficits n'a pas grand sens car ces trois variables ne se meuvent pas dans l'esprit qui leur est imparti. Elles ne sont même pas interdépendantes ! Les faits se sont chargés de le rappeler par la suite mais s'il n'y a pas pire sourd que celui qui ne veut rien entendre, la formule s'adapte très bien à ceux qui ne veulent pas voir la réalité !

Lors de l'officialisation de la naissance de l'euro, les monnaies nationales ont fusionné. Les taux de change, une fois gelés, ont disparu. La zone euro a adopté un *« deutschemark exchange standard »* beaucoup plus sévère que le *« dollar exchange standard »* issu de *Bretton Woods* car le pilier du premier, l'Allemagne, attend généralement sa croissance des autres alors que le pilier du second, les Etats-Unis, les entraînait. En outre, il n'y avait pas de possibilité d'ajustement des taux de change. La zone s'est enfermée dans l'idée qu'il revenait à sa banque centrale de décider de l'évolution de « sa » monnaie devenue « unique ». Ce rôle aurait été logique si elle avait été sensible aux déplacements de capitaux. Ce n'est pas le cas et la zone l'a payé cher. L'euphorie des débuts n'a pas permis d'imaginer la pression qu'allait générer une monnaie unique sans une autorité politique commune élue capable de piloter le renforcement de la cohérence économique de l'ensemble.

Si l'euro a une utilité, c'est bien celle d'avoir apporté la preuve que les fluctuations des devises répondent à des contingences économiques et que s'en priver peut coûter cher en points de croissance. L'Allemagne, la France et les autres utilisent la même devise sans avoir le même type de politique économique et sociale. Malgré la hausse de plus de 50 % de la monnaie unique contre le dollar entre 2003 et 2008, l'Allemagne a battu des records d'excédents commerciaux. Le commerce extérieur de la France est passé dans le rouge en 2004. Au cours de cette période, la formidable hausse de ses exportations a évité à l'Allemagne la dure récession que lui promettaient des réformes « à la Margaret Thatcher » opérées par Gerhardt Schröder, son chancelier social-démocrate à l'époque. Par contre, l'absence de progression de sa demande interne a pesé sur ses partenaires qui n'ont pas pris conscience des conséquences très négatives, pour eux, de la restructuration de l'économie allemande à partir du moment où ils ne suivaient pas. L'Allemagne a pris un ascendant indiscutable sur ses partenaires.

L'une des grandes illusions a été de croire que la BCE pouvait avoir la haute main sur le niveau de l'euro qui conviendrait à tous et que la baisse des taux suffirait à assurer la reprise de la zone. Les promoteurs d'une monnaie unique n'ont pas pris la mesure du big-bang des taux de changes flottants intervenu vingt ans avant la création de la zone. Ils n'ont pas compris que le bouleversement imposé par le marché n'était rien d'autre que la mise en œuvre d'un mécanisme naturel longtemps contrarié où les forces économiques jouaient un rôle déterminant, pas les variables financières.

Si l'euro a survécu à une accumulation d'erreurs, c'est bien grâce à une volonté politique sans faille ! Tous les pays de la zone se sont unis pour faire face aux crises qui se sont succédées mais sans s'attaquer à leurs racines. Les promoteurs de l'euro pensaient qu'en mettant les différentes monnaies dans un pot commun, ils faisaient d'une pierre deux coups. D'un côté ils se débarrasseraient d'une spéculation capable de troubler la cohésion de la zone, de l'autre la disparition du risque de change ne pouvait que faciliter les échanges entre les partenaires. Outre le caractère très contestable de ces deux raisons, la mise en œuvre de la monnaie unique a ignoré que le jeu économique impliquant des ajustements de parités était toujours bien là. Les taux de change ne pouvaient plus jouer leur rôle de soupape, la pression s'est reportée sur la conjoncture des économies nationales les plus fragiles. La malchance s'en est mêlée avec le timing du lancement de la zone.

L'hyperinflation a été vaincue au début des années 80 mais l'entrée dans une période dominée par des forces désinflationnistes n'est devenue évidente que vingt ans plus tard. Les critères de Maastricht apparemment logiques dans un contexte inflationniste se sont retrouvés obsolètes. La dynamique de la globalisation a précipité le mouvement et voué la zone à des difficultés sans fin. La déception était programmée à partir du moment où les accords n'avaient pas prévu de remplacer des règles devenues désuètes. L'erreur a été lourde de conséquences car la faiblesse de la croissance de la zone qui en a résulté a donné une vigueur imparable à l'euro. Au moment où le libre-échange se répandait rapidement, c'était participer à une course en sac quand les autres concurrents avaient les jambes libérées. La zone ne peut s'en prendre qu'à elle-même car elle ne s'est pas facilité la tâche. Le bilan objectif d'une construction vieille d'un quart de siècle oblige à tirer la sonnette d'alarme. La création d'une monnaie unique devait renforcer la cohésion économique entre les pays. C'est l'inverse qui s'est produit.

« Hâtez-vous lentement et, sans perdre courage, vingt fois sur le métier remettez votre ouvrage ». Le conseil de Boileau n'a rien de honteux mais il n'a pas été retenu. La zone euro a été conçue par des gens trop pressés. Reconnaître ses erreurs est une force. C'est de l'expérience que naît le progrès. Pourquoi ne pas appliquer ce principe à la zone euro ? L'obstination menace de provoquer tôt ou tard une explosion politique. C'est ce que semble indiquer la montée des extrêmes qui a été concrétisée en Grèce par la fausse alerte de l'arrivée au pouvoir d'une gauche extrême finalement beaucoup plus réaliste que prévu. L'Italie a élu un gouvernement peu conventionnel qui entend secouer des règles contestables. La zone attire encore certains candidats, ceux dont le niveau de vie est inférieur à celui de la moyenne des pays qui la composent. Le Danemark dont la monnaie ne participe pas à l'euro, dans un référendum récent sur des liens de sécurité avec l'Union Européenne, a dit *« no thanks ».* Alors avec la zone euro…

Le traité de Maastricht signé en février 1992 suivi de celui d'Amsterdam de juin 1997, au titre provocateur de « Traité de stabilité et de croissance », puis du Traité de Lisbonne en 2007 a fait la part belle à des forces dépressives qui pénalisent la zone. Parmi les cinq critères retenus, seuls deux d'entre eux posent problème encore aujourd'hui, celui d'un déficit public inférieur à 3 % du PIB et celui d'un encours de dettes publiques inférieur à 60 % du PIB alors qu'aucun des deux ne nécessite une application urgente. C'est même le contraire. L'absence d'inflation permettait de tenter des politiques offensives sans grand risque avec, pour conséquence, la réduction des déficits publics tant souhaitée. Leur succès aurait été la meilleure démonstration du bien-fondé de la zone. Cette solution ne convainc toujours pas malgré les effets d'un renforcement de la conjoncture sur un budget comme celui de la France qui est passé, en 2017 sous la barre des 3%. Ce n'est pas l'idée d'une union qui est mauvaise mais le choix du modèle qui l'a inspirée.

Quand deux partenaires voire deux concurrents se partagent un rôle de leader, l'un d'eux finit toujours par prendre le pas sur l'autre. Ce fut l'Allemagne unanimement louée pour ses résultats passés. La France, deuxième économie de la zone euro, défendait une politique économique traditionnellement plus proche de celle des Américains et des Anglais que de celle des Allemands, ce qui a longtemps valu au franc de faire partie du clan des monnaies faibles jusqu'à la fin des années 80. En se rapprochant, contre-nature, de la philosophie allemande, elle a dû freiner sa croissance pour éviter une baisse de sa monnaie avant de la convertir en euro. Le franc a disparu, la tentation de la facilité est restée. Elle a vite buté sur les contraintes liées à la gestion de la zone.

La monnaie unique, somme pondérée des monnaies des pays qui y ont adhéré, a été utilisée pour servir de ciment à un ensemble disparate. Deux types de pays s'y sont retrouvés, ceux au niveau de vie le plus élevé dont l'Allemagne, la France, l'Italie et le Benelux qui représentent plus de 50 % du PIB de la zone et les autres, venus par petits groupes frapper à sa porte sans doute par amour de l'Europe mais aussi en raison de l'attrait de subventions capables d'accélérer leur développement. L'Espagne, le Portugal au milieu des années 90 puis la Grèce au début des années 2000 ont bénéficié d'un formidable soutien financier de Bruxelles. Ils sont entrés dans le club de l'euro avec la conviction d'être protégés d'une éventuelle tourmente par une monnaie unique dont la « crédibilité » dépendait des économies les plus solides. Ils sont tombés de très haut quand des crises à répétition de plus en plus dures les ont frappés.

Les marchés de taux de la zone, loin de réagir n'importe comment, ont eu un comportement ciselé. Les taux longs de ses maillons les plus faibles ont subi un traitement très rude alors que ceux de leurs partenaires les plus solides étaient épargnés. Les uns se sont envolés tandis que les autres ont baissé. Encore une preuve que les marchés évoluent d'une manière beaucoup plus rationnelle que d'aucuns le pensent. L'effondrement des obligations des pays les plus fragiles, conséquence de la remontée spectaculaire de leurs taux de financement, a ébranlé l'image de sécurité qu'était censée représenter la signature d'un Etat mais il a aussi posé la question de la protection que l'euro était censé apporter. Il a fragilisé les banques encouragées à investir dans des titres souverains en application de ratios dits « prudentiels » définis dans des accords signés à Bâle, au siège de la *Banque des Règlements Internationaux*, par tous les pays de l'OCDE. La mesure visait à conforter la solidité de leur bilan. Elles se sont exécutées tout en profitant du niveau anormalement élevé des taux que devaient payer certains pays. Elles arrondissaient leurs profits au nom de la sécurité ou plutôt d'une fausse sécurité. La réglementation autorisait voire encourageait à souscrire à des émissions du Trésor grec au rendement de plus de 20 % quand il était de moins de 2 % pour les grandes signatures. On connaît la suite, un bel ensemble capable d'aller dans le mur dans le respect des règles !

Dans un monde en pleine mutation où il n'a probablement jamais été aussi impératif de privilégier la qualité des politiques économiques en promouvant la croissance, la construction européenne s'est retrouvée à côté de la plaque. En se basant sur des considérations monétaires et financières avec la conviction que l'économie suivrait, la zone est devenue un véritable piège à croissance. La Grèce, le Portugal et l'Espagne ont plongé, en 2011, dans une véritable dépression qui aurait pu être évitée si les trois Etats avaient été soutenus par la croissance de leurs partenaires. Leurs restructurations auraient été facilitées au lieu de s'imposer dans une conjoncture particulièrement éprouvante.

La zone supposait une volonté commune d'aller dans le même sens quitte à accepter des sacrifices politiques comme Gerhardt Schröder l'a fait. Malheureusement, seul l'Allemand a eu le courage de risquer son poste. Il a eu raison mais pour le malheur des autres pays de la zone incapables de suivre le modèle qu'ils avaient plébiscité. Faute d'une unanimité dans la conduite des politiques économiques nationales, une libre variation des parités aurait permis de diminuer la pression éprouvante que la faible croissance de la zone a fait subir à des partenaires incapables de prendre des mesures comparables à celles de l'Allemagne. C'était aller à l'encontre de l'esprit de l'alliance scellée avec l'euro. On comprend pourquoi l'enthousiasme dans lequel baignait l'idée d'Europe a pu s'étioler !

Les traités fondateurs supposés assurer un minimum de cohérence ont coûté très cher en points de croissance pour avoir multiplier les rigidités lors de leurs conceptions. Ceux qui les ont écrits auraient pu s'inspirer des Chinois qui ont construit la Cité Interdite au début du XVe siècle. Ils s'étaient employés à rendre flexible ses structures pour lui permettre de résister aux violents tremblements de terre de la région. Plus une construction est grande et plus elle doit faire preuve de souplesse. Boeing et Airbus en savent quelque chose avec leurs avions gros-porteurs. Pour l'avoir ignoré, la zone euro a souffert et souffre encore de crises au point de se retrouver remise en cause.

La France et l'Italie, qui faisaient partie du groupe des pays à monnaie faible avec les Etats-Unis et la Grande-Bretagne en contrepartie d'une croissance relativement forte, l'ont quitté à la fin des années 80 pour participer au projet de formation de ce qui allait s'appeler la zone euro. La France a laissé filer plus de 20 points de croissance depuis 1992, l'Italie encore davantage car c'est elle qui a le plus perdu au change.

Le timing du lancement de la zone ne pouvait pas plus mal tomber. L'opération aurait été facilitée si elle était intervenue dans une conjoncture internationale porteuse. Malheureusement, c'est le contraire qui s'est produit. La future zone euro est entrée en récession au second semestre de 1992. Elle en subissait encore les conséquences au moment de l'entrée en vigueur du traité de Maastricht le 1er novembre 1993 malgré l'amorce d'une timide reprise à partir du printemps. L'état des finances publiques des participants s'était dégradé. La contrainte des 3% proposée par la France qui aurait pu gêner une Allemagne encore sous le coup d'une réunification lourde à gérer a vite affecté tous les partenaires.

Vingt-deux ans plus tard, l'Allemagne est parvenue à rétablir l'équilibre de ses finances publiques pour afficher un excédent de 0,8 % en 2016 et de 1,2% en 2017. La France n'est parvenue à ramener son déficit sous les 3 % qu'à l'occasion de la reprise de 2017. Comment la zone est-elle arrivée à une telle dispersion ? En s'enfermant trop longtemps dans l'austérité. Un manque de vision a empêché de voir que le contexte avait radicalement changé depuis le début des années 80, soit dix ans avant la signature de Maastricht. La zone s'est laissée distancer par les autres régions du monde à un moment où la mondialisation obligeait à s'ajuster à un bouleversement sans précédent. Le bilan de la création de l'euro est beaucoup moins rose qu'on veut bien le dire. Ce genre d'avis suffit pour se faire cataloguer d'anti-euro et donc de ringard. Une réponse vient à alors : on peut aimer les gâteaux mais pas quand on y met du ciment au lieu de la farine.

La zone euro comporte des contraintes que l'Union Européenne n'a pas. Pourtant, le Royaume-Uni a décidé de sortir de cette dernière. Une erreur de son gouvernement d'avoir choisi la voie d'un référendum pour en décider ? Peut-être mais son résultat a permis de constater que l'idée d'union a considérablement perdu de son attractivité. Au lieu de condamner le choix britannique, la commission de Bruxelles ferait mieux de s'interroger sur les raisons des tensions qui traversent la construction européenne pour rétablir de manière urgente son image.

# UNE CONSTRUCTION TOUJOURS EN SURSIS

La succession de crises subies par la zone euro peut être considérée comme une épreuve inévitable sur le chemin de la construction d'un ensemble d'une ambition sans précédent. Elle peut aussi inquiéter si elle représente le symptôme d'un projet mal abouti. Dans le premier cas, le temps finira par cimenter les partenaires entre eux, dans le second il pourrait bien provoquer l'inverse. Les traités fondateurs de la zone ont été bâtis par des gens trop sûrs de la justesse de leurs idées. Un minimum de modestie aurait conduit à introduire un peu de souplesse dans leur projet. En se cantonnant à prendre en compte des règles qu'ils jugeaient absolues, ils ont rigidifié son fonctionnement pour ne pas avoir imaginé qu'elles pouvaient n'être que relatives.

Le choix d'une monnaie unique était ambitieux mais périlleux compte tenu des contraintes qu'il imposait à ses adhérents. Il n'a pas la souplesse d'une monnaie commune qui laisse chacune des parties y adhérant responsable des conséquences de ses décisions de politique économique sur sa devise. Son adoption avait pour but d'assurer la cohésion de l'ensemble. Les initiateurs du projet se méfiaient du comportement futur des différents gouvernements concernés une fois l'opération lancée au point d'imposer des critères de bonne gestion de leurs finances publiques. Ils n'ont pas perçu qu'en procédant ainsi, cela revenait à mettre les partenaires indociles dans un carcan. Entre la contrainte d'une monnaie unique et la liberté absolue, un espace de pragmatisme aurait été fort utile pour limiter l'amplitude des crises plus ou moins sévères subies par la zone. Sa gestion austère a alimenté des forces centrifuges qui menacent son devenir. Si un projet de cette envergure peut essuyer des revers qu'il lui revient de dépasser, la répétition des crises a semé un doute d'où il est urgent que la zone se sorte.

Pour réussir une entreprise, la chance est un bon allié. La zone n'en a pas eu tant sur le plan conjoncturel que structurel. Elle s'est élancée à un moment où ses composantes sortaient d'une récession et, surtout, où l'environnement économique commençait à changer fondamentalement par rapport à celui qui lui avait servi de référence. Toutes les belles théories qui ont inspiré sa construction allaient être remises en cause. Le décalage qui n'a cessé de grandir entre la conception et les modalités de la réalisation du projet pèse lourdement sur le devenir d'une entité qui a du mal à s'affirmer. En se concentrant sur les seuls critères financiers des deux traités fondateurs que le traité de Lisbonne n'a pas modifié, la jeune histoire de la zone a avancé sous la pression des marchés dont le comportement a été exacerbé par des choix malheureux.

Les marchés ont réagi de manière objective aux dérives d'un ensemble accumulant des handicaps provoqués par des conditions mal adaptées aux grandes ambitions économiques affichées. La zone faisait dépendre son avenir de critères financiers trop restrictifs. De simples ratios concernant des soldes budgétaires ne donnent qu'une vue gravement incomplète de la réalité. Ce n'est pas la meilleure des manières de gérer un pays à partir du moment où la signature d'un Etat dépend de la capacité de ses entreprises à créer la richesse nécessaire au financement de ses dépenses.

La commission de Bruxelles et les chefs d'Etat des pays les plus solides ont réagi à chaud et superficiellement aux crises qui ont marqué son avancée. Ils ont montré une détermination politique sans faille à les régler mais toujours dans le sens de l'austérité là où des initiatives tournées vers la croissance auraient été d'un précieux secours. Ce n'est pas de mesures ponctuelles de secours dont la zone a besoin mais d'une nouvelle manière de penser son développement. Les crises apparemment financières sont, avant tout, d'origine économique. Les mesures prises dans l'urgence pour les résoudre n'ont pas aidé au renforcement de la cohérence de la construction. Une profonde remise en cause de son fonctionnement est nécessaire mais la politique d'ajustements au coup par coup se poursuit. Ainsi avance, cahin-caha, la zone euro.

Il n'était pas indispensable de multiplier les contraintes dans un contexte qui allait se révéler progressivement dénué d'inflation. La zone s'est fixée comme objectif d'obliger chaque partenaire à remettre en ordre ses finances publiques alors que la recherche de la cohérence économique était prioritaire. Les pays qui tardaient à respecter les critères financiers ont vu leur situation économique se dégrader. Leur croissance a été pénalisée, leur chômage est monté plus que chez les autres. La construction ne pouvait que se fragiliser.

L'Union Européenne a agi dans la précipitation en abordant trop de sujets différents qui devaient renforcer son existence. Le tohu-bohu auquel ont été confrontés les *Accords de Schengen* qui régissent la libre circulation des personnes au sein de la zone et établit une frontière commune à l'ensemble des signataires n'a rien arrangé. L'ouverture des frontières au sein de l'U.E. a permis de profiter de la spécialisation des échanges sur la base de la théorie des avantages comparatifs chère à David Ricardo[19] mais d'une manière limitée par les déplacements de main d'œuvre qu'elle a déclenchés. La libre circulation des personnes a provoqué des tensions.

Les pays aux coûts salariaux très en dessous de la moyenne de l'Union y ont trouvé tout intérêt, certains pays d'Europe de l'ouest au niveau de vie bien plus élevé, beaucoup moins. L'affaire s'est compliquée avec l'arrivée imprévue de vagues de migrants sans précédent. Elle exigeait la mise en place de contrôles efficaces aux marches de l'ensemble des pays qui adhèrent aux accords. Les barrières ont montré, à la première épreuve d'envergure, toutes leurs insuffisances faute d'une bonne organisation. L'Union s'est trouvée dépassée. L'Allemagne inquiète de sa démographie vieillissante a voulu y voir une opportunité mais elle a vite été débordée. Elle a négocié un accord de limitation des émigrants avec la Turquie qui a engagé l'Union sans l'avis de ses partenaires. L'esprit de concertation n'y est plus.

Les imperfections des accords confrontés à l'épreuve des faits ont provoqué de plus en plus de grincements de dents. La manière rigide dont ils ont été appliqués porte la marque des insuffisances d'une construction qui a voulu avancer trop rapidement. Certains pays, dont les deux plus importants de la zone, ont repris le contrôle temporaire

---

[19] David Ricardo, économiste anglais de l'école classique de la fin du XVIII^e^ siècle, son travail s'inscrit dans le prolongement de celui d'Adam Smith.

mais mal assuré de leurs frontières pour contenir les risques de désordres.

L'avenir de Schengen est menacé. Celui de l'euro n'est pas vraiment assuré. Jean-Claude Juncker est allé un peu vite en besogne en liant le devenir des deux. Schengen peut être remis en cause sans affecter la vie de l'euro. S'il n'est pas possible d'empêcher des mouvements de population qui se sont fait de tout temps, il serait souhaitable qu'ils soient maîtrisés. Un choc trop violent entraîne des phénomènes de rejet que des migrations bien gérées permettent d'éviter. Le malaise est réel car le Royaume-Uni a décidé de sortir de l'UE alors qu'il n'a même pas signé les *Accords de Schengen.*

La situation de la zone est bien loin de celle décrite par la propagande de 1992 quand la « pensée unique » vendait le projet comme une protection pour ceux qui la rejoindraient. Elle subit les travers de l'Union plus les siens. Il serait malvenu de se voiler les yeux : son parcours est décevant quand il est comparé à celui des pays qui n'ont pas jugé bon de l'intégrer. Il est urgent que son mode de fonctionnement s'améliore. Si rien n'est fait, la zone restera une machine technocratique qui perdra de plus en plus de son attractivité. Pour avoir choisi une monnaie unique plutôt qu'une monnaie commune en se croyant obligée d'y adjoindre des conditions financières rigides, le problème de sa survie se pose encore aujourd'hui indépendamment de tout parti pris politique.

Les pays de la zone ont pratiqué des politiques économiques sans concertation avec leurs partenaires tout en ayant en commun l'objectif d'équilibrer leurs finances publiques. C'était donner une importance à des variables financières qu'elles n'ont pas. L'erreur a largement contribué aux graves accrocs que la jeune zone euro a connus depuis sa naissance. Les divergences dans l'évolution des économies lissées dans les phases de croissance sont réapparues avec plus de force dans les périodes de basses eaux conjoncturelles.

Cette dynamique n'est pas sans rappeler celle du système des « pegs » qui lie une monnaie à une autre, généralement le dollar, de manière fixe. Dans la plupart des cas, le taux de change finit par sauter dans une conjoncture affaiblie comme cela s'est produit lors de la crise asiatique de 1997. Même la Chine a dû lâcher prise en 2015, bien que son gouvernement ait cherché à résister, mais les variables économiques ont eu le dernier mot. Cette mécanique universelle qui conduit les taux de change à dépendre de critères économiques est restée de manière sous-jacente au sein de la zone euro. Elle ne peut pas s'exprimer puisque les monnaies ont disparu au profit d'une seule. En conséquence, la pression s'exerce sur l'économie. La zone se retrouve, lors de périodes de basses eaux conjoncturelles, dans la situation d'une cocotte-minute dont le couvercle peut sauter.

L'Espagne, le Portugal, l'Italie et l'Irlande ont été très affectés par la crise de 2011-2012 mais la Grèce, maillon le plus faible, a été particulièrement touchée. Sa dette a fait l'objet d'un moratoire sur plus de la moitié de son encours détenu par des banques privées. La décision n'a pas empêché une nouvelle crise en 2015. En privilégiant l'approche statique de la restructuration des dettes sur la dynamique du retour de la croissance, Bruxelles n'a cessé de rejouer un air des années 1930 mais, heureusement, sans que la zone n'ait eu à subir une conjoncture extérieure analogue à celle qui prévalait alors.

La Grèce a été victime d'abord de l'impéritie de ses gouvernements successifs dans la gestion de son économie et ensuite du manque de croissance de ses partenaires. L'évasion fiscale y est un sport national. Face à la faillite qui le menaçait, le pays a engagé des réformes douloureuses en juillet 2015 avec un gouvernement d'extrême gauche censé les combattre. Son réalisme s'est révélé aussi remarquable qu'inattendu. Dépendant de la « troïka » à savoir du FMI, de la BCE et de la Commission de Bruxelles, le pays a dû céder à des conditions de remboursement de ses dettes qui n'auraient pas eu de raison d'être s'il avait conservé un accès direct au marché financier. Ce dernier comporte un grand avantage, celui de ne pas exiger de remboursements, à la condition que l'emprunteur soit adossé à une économie solide, garantissant le paiement des intérêts sur l'encours de sa dette. La Grèce ne remplissant plus cette condition s'est retrouvée face à des prêteurs exigeants. Les choses ont changé à la fin de 2017 quand sa situation est apparue en net progrès avec l'aide d'une conjoncture extérieure devenue porteuse.

Le souverainisme a trouvé dans les erreurs accumulées des éléments objectifs pour prospérer. C'est ce que semblait avoir compris Matteo Renzi, le Premier ministre italien, quand il a décidé de provoquer la Commission de Bruxelles en octobre 2016 en élargissant, à nouveau, le déficit budgétaire du pays plutôt que de respecter des engagements intenables pris six mois plus tôt. La croissance italienne étant encalminée depuis des années, un supplément d'austérité aurait ajouté à la déprime. Matteo Renzi a, enfin, osé condamner des mesures aussi vieilles qu'absurdes qu'il a accusées, avec raison, d'être responsables de la médiocrité du parcours conjoncturel de son pays. Il a perdu un referendum sur la réforme des institutions en décembre 2016. Il a démissionné. Depuis, un peu par chance, la croissance italienne entraînée par l'embellie de la conjoncture mondiale s'est accélérée en 2017, mais cette embellie n'a pas duré. Les élections de mars 2018 ont permis la victoire d'une majorité qualifié de « populiste » qui a immédiatement décidé d'un budget de relance que la Commission de Bruxelles s'est empressée, à tort, de condamner.

L'adhésion à la zone ne comporte qu'un ticket, aller simple. Pour décourager toute envie de quitter l'euro considérée comme une menace pour sa survie, ses défenseurs ont cherché à faire peur avec des d'arguments apparemment imparables mais, en fait, hautement contestables pour ne pas dire qu'ils sont faux. Un scénario catastrophe était annoncé à l'imprudent qui se laisserait séduire par une telle idée. La chute de sa monnaie, le gonflement mécanique de la charge de sa dette en euros à la suite de la dévaluation de sa monnaie et la hausse programmée de ses taux devaient le précipiter dans d'énormes difficultés. La description a quelque chose de cynique car la Grèce a subi une envolée de ses taux longs bien au-delà de 20 % en 2012 alors qu'elle était censée être sous la « protection » de l'euro !

Les défenseurs de l'intégrité de la zone, en entretenant l'idée du cauchemar qui attend les malheureux tentés d'en sortir, donne l'impression qu'elle est devenue une prison d'où il n'est pas possible de s'évader sous peine de se faire rattraper par la police des marchés. En quelque sorte Alcatraz avec les requins autour pour décourager les prisonniers de tenter une fugue ! L'histoire du Royaume-Uni en octobre 1992 a montré que non seulement une dévaluation n'avait rien de catastrophique puisqu'elle avait été provoquée par une reprise salutaire et que celle de 2016 était largement due à une croissance particulièrement forte amorcée bien avant le référendum du 23 juin 2016 sur le Brexit.

Au lieu de faire peur avec des arguments peu fiables, tous les Cassandre seraient plus inspirés d'encourager au renforcement de l'attractivité de la zone. Et cette solution s'appelle croissance dans un contexte totalement dénué de tensions inflationnistes. Un choix à l'opposé de celui qu'elle a vécu jusqu'en 2014. L'accélération de sa reprise entre 2014 et 2017 a amélioré les conditions dans lesquelles les retardataires auraient pu procéder aux restructurations qu'exige la zone mais surtout la globalisation. Cette conjoncture n'a pas duré. Si rien ne change, la lassitude voire le découragement nuira à l'image de la zone.

Les dévaluations décidées dans le contexte inflationniste des années 1970 ont régulièrement provoqué une envolée des prix et des taux qui aboutissaient souvent à une récession dans les pays où elles intervenaient. L'environnement désinflationniste actuel prévient ce genre de scénario. L'euro a perdu plus de 15 % contre le dollar en 2014-2015. Avant lui, la livre et le dollar ont connu des chutes plus importantes. Les indices de prix et les taux d'intérêt loin de s'emballer ont juste fait l'objet d'une réaction technique, la nature des politiques économiques en cours n'autorisant pas une accélération de l'inflation et une poussée durable des taux. L'accélération de la chute de la livre en 2016 se situait dans le prolongement d'une tendance qui s'était amorcée en 2014 et elle a eu un effet inflationniste limité. Si la bourse de Londres a non seulement résisté mais est montée pendant plusieurs mois après le vote, c'est bien parce que la récession attendue par de mauvais augures ne s'est pas produite.

Une véritable dictature de la pensée prévient toute critique des mécanismes de la zone alors qu'ils n'en sont pas dépourvus ! La raideur de ses règles a réussi la prouesse de pénaliser sa croissance à un très mauvais moment, celui où la globalisation rend prioritaire le renforcement de la compétitivité des entreprises. Les deux critères de Maastricht concernant les finances publiques ne sont pas contestables dans leur principe. Seule, la manière rigide dont ils sont appliqués est en cause car leur rééquilibrage n'a pas le caractère urgent qui lui est donné. Les restructurations, en particulier celles concernant les administrations publiques en ont un, les entreprises privées ayant déjà compris l'impérieuse nécessité de s'ajuster.

Le manque de courage devant l'épreuve se paie. La France a longtemps préféré endormir ses ouailles. Ses grandes envolées, sur l'argent qui dort et les dangers d'une économie de rente qui doit être taxée pour voir un président se faire élire parce qu'il « n'aime pas la finance », sont impressionnantes. Au bout de ce genre de gesticulation, le pays s'est retrouvé toujours un peu plus bloqué. Cela lui a valu, six ans après la fin de la crise de 2008, un manque de ressort impressionnant de sa reprise, un chômage record et la plus grande difficulté à contenir la dérive de ses déficits. La France a longtemps accusé Bruxelles de ses tracas avant d'y ajouter l'Allemagne. La critique du mauvais élève adressée au premier de la classe ! L'arrivée d'un jeune président n'a pas vraiment changé l'esprit qui dominait la politique intérieure : la rente est considérée comme une tare qu'il convient de taxer au bénéfice des autres. La priorité de la chasse aux déficits n'a pas changé pour le malheur du pays.

Même si l'Allemagne a rarement joué le rôle d'animateur de la croissance qui lui revient en tant que leader voire de modèle de la zone, il était pour le moins insolent de mettre l'efficacité de la fourmi allemande au service de la cigale française incapable d'arrêter le processus de gonflement de ses engagements publics. Néanmoins, devant la montée des mécontentements, la Commission a assoupli sa position sur la manière d'appliquer Maastricht mais d'une façon beaucoup trop partielle et trop passive. Elle n'a pas envisagé une remise en cause de la gestion des critères qui étrangle la zone. Il est pourtant dommage de continuer à fragiliser une construction sans précédent pour une question de dogmes, surtout quand il devient évident qu'ils ne sont pas fondés.

La croissance est indispensable au renforcement de la cohésion des Dix-neuf. Elle est la solution la plus simple, la plus séduisante et la plus valorisante. Et cela d'autant plus que l'absence totale d'inflation encourage les initiatives. Sans un changement de « business model », l'existence de la monnaie unique restera menacée. Un échec serait regrettable au regard des efforts accomplis pour la préserver mais il n'est pas possible de lutter éternellement contre des forces naturelles. La zone a un besoin urgent de mesures à effet immédiat pour ne pas continuer à nourrir des forces contraires.

L'ajustement de ses règles à un environnement qui n'a plus rien à voir avec le passé serait une alternative plus crédible et opérationnelle à une avancée vers le fédéralisme. Un choix va se poser dans un futur proche mais un accord est loin d'être assuré. Compte tenu d'une absence de courage politique des dirigeants pour faire bouger les lignes, l'avenir de la zone paraît encore bien mal assuré. Le manque d'espoir encouragerait à en finir avec Maastricht et son chapelet de traités. Une telle rupture ne se confondrait pas nécessairement avec la remise en cause de l'idée d'Europe.

# UN CHALLENGE À RELEVER

Le temps passe sans que rien ne change. L'Union se repose sur des traités dont les conditions sont de plus en plus remises en cause par les faits. Elle ne peut pas laisser la situation en l'état. Son immobilisme, au-delà des « mesurettes » sans réelle portée, nourrit les forces centrifuges. Le Brexit a fait l'effet d'un coup de tonnerre sans que les partenaires du Royaume-Uni s'interrogent vraiment sur les raisons d'un tel vote. Et que dire de la zone euro ? Son immobilisme fait grossir des forces centrifuges qui continuent d'étonner alors qu'elles signalent le malaise entretenu par un déficit lancinant de croissance. Elle se retrouve prise entre le choix d'aller jusqu'au bout du processus déclenché par l'adoption d'une monnaie unique qui conduit au fédéralisme et celui de remettre en cause son modèle pour reprendre sa construction à partir d'une zone de libre-échange. Une solution intermédiaire serait difficile à gérer.

La première voie suppose un abandon des souverainetés nationales dont aucun des pays membres ne veut aujourd'hui. Elle aurait l'avantage de permettre d'adopter une politique de relance sous la houlette d'un ministère des Finances de la zone qui profiterait d'une situation budgétaire consolidée proche de l'équilibre. Elle diminuerait les tensions que créent des structures économiques différentes. Mais voilà, la solidarité a ses limites ! Ce serait la solution la plus douce. Son contournement par l'adoption de plans d'investissement décidés à Bruxelles pour renforcer sa croissance n'a été qu'un pansement mal adapté aux besoins des malades car la zone euro est dans une mauvaise forme. Le renforcement récent de la conjoncture tend à la dissimuler mais non à la soigner. La deuxième issue conduirait à la renaissance des monnaies nationales qui libèrerait la relation naturelle et imparable entre le devenir des économies et celui des parités monétaires. Contrairement à une crainte bien partagée, la fin de la zone sous sa forme actuelle libèrerait des énergies capables de doper la croissance des pays qui la compose. Elle renforcerait la responsabilité de chacun dans la gestion de son économie au lieu d'y associer faussement la zone. Le climat ainsi créé obligerait chacun à décider de réformes structurelles.

L'Allemagne est trop satisfaite d'une organisation dont les règles de fonctionnement ont été acceptées par tous pour donner son accord à des ajustements importants. L'économie la plus puissante de la zone est loin d'être convaincue de l'intérêt d'un changement de scénario. Pourtant au lieu de penser une zone à son image, elle devrait reconsidérer ses dogmes pour constater que ses critères financiers favoris n'ont pas l'importance qu'elle leur donne. Il appartient à ses partenaires de la convaincre d'accepter de débarrasser la zone du carcan d'idées qui ne sont pas prioritaires dans un contexte dénué de risques inflationnistes. Le président français Emmanuel Macron, avec une volonté affichée de jouer un rôle essentiel dans le devenir de l'Europe, aurait pu aider à des changements allant en ce sens. Il s'est, en fait, fondu dans le moule de Maastricht avec les déceptions potentielles qui peuvent en être attendu. Sans une évolution des mentalités, la survie de la zone est en jeu.

Comme le montre la gestion du Brexit, c'est le règlement de problèmes essentiellement juridiques qui complique le scénario. Une remise en cause de la zone euro en son état actuel nécessiterait de la bonne volonté de tous. La pensée unique interdit une sortie de l'euro qui est pourtant une solution réaliste pour débloquer la situation à partir du moment où toutes les composantes de la zone ne sont pas prêtes à ajuster leur politique économique (et non leur situation financière) aux exigences que sous-tendent leurs engagements. Un nouveau projet fort des leçons du précédent permettrait de repartir sur des bases plus saines et plus réalistes car le bilan de la construction actuelle est particulièrement affligeant.

La monnaie unique et les critères financiers de Maastricht ont lourdement pesé sur la vie de la zone. Contrairement à une idée bien répandue, la fermeté de l'une n'est pas nécessairement liée au respect des autres. La méfiance dans la manière dont les différents partenaires allaient respecter leurs engagements a encouragé les promoteurs de la zone à imposer des critères supposés de bonne gestion. Et cela avec l'idée de rassurer l'Allemagne sur la fermeté la monnaie unique. La zone s'est bâtie à partir d'idées plus ou moins fausses. Son histoire suffit à le montrer. Les Dix-neuf s'accommodent de la situation par peur de défaire une construction laborieusement bâtie. Ils ne semblent pas voir que la zone ne maîtrise pas son avenir. La croissance apaise les tensions en son sein mais de nouvelles difficultés ne manqueraient pas de se dresser lors d'une récession américaine.

L'inconnu étant de taille, le mieux pour les Dix-neuf serait de reprendre la maîtrise de leur devenir soit en décidant d'une politique de relance soit en remettant tout à plat dans le calme. La détérioration de la confiance risque de rendre de plus en plus difficile un retour à un minimum de sérénité. La violente réaction des partisans de l'Union au résultat du référendum britannique du 23 juin 2016 a été inspirée par la peur de voir le Royaume-Uni faire des émules. Quel gâchis ! La zone euro possède des réserves de croissance qu'elle n'a cessé d'accumuler pour l'avoir longtemps contenue. Pourquoi ne pas chercher à les utiliser ?

La zone est partie sur les bases d'une monnaie unique participant à la convergence des économies mais c'est le contraire qui a prévalu. La BCE, seul organisme fédéral, ne peut rien contre cette mauvaise interprétation. Mario Draghi a été considéré comme le sauveur de l'euro en 2012 puis comme l'organisateur de sa baisse quand il a annoncé le lancement d'un « Q.E » massif en janvier 2015. Ses initiatives pour contenir l'envolée des taux des dettes des pays « attaqués » ont été applaudies. Elles ont paru avoir une efficacité impressionnante. Son désormais fameux « *whatever it takes to preserve the euro and believe me it will be enough*[20] » est resté comme la phrase qui a arrêté la crise financière de la zone en 2012. Outre que cette interprétation des faits est contestable, le calme n'a pas duré. De nouvelles tensions sont vite apparues.

Mario Draghi a cherché à convaincre de l'efficacité de ses décisions jusqu'à la caricature. Il a annoncé, en septembre 2012 en application de son engagement de juillet, la création d'OMT (*outright monetary transactions*) qui permettaient à la BCE d'acheter les dettes

[20] Discours du 26 juillet 2012, Global Investment Conference, à Londres : « Je ferai tout pour préserver l'euro et, croyez-moi, ce sera suffisant ».

« attaquées » de manière illimitée. Les cours de celles-ci se sont redressés sans qu'il ait eu besoin de recourir à ces nouveaux instruments. Le principe des OMT n'avait pas encore été validé par le Tribunal constitutionnel allemand. L'amélioration de la conjoncture a suffi à apaiser les tensions. En janvier 2015, quand le Président de la BCE a annoncé le lancement d'un ambitieux programme de « Q.E » de 60 milliards d'euros par mois en mars, l'euro s'est affaibli. Le mérite du repli attendu de la monnaie unique par les partenaires de l'Allemagne lui a été attribué alors qu'il s'était amorcé en juin 2014.

Le programme a été porté à 80 milliards d'euros, lors du *comité de politique monétaire* (CPM) du 10 mars 2015, comme si rajouter 20 milliards allaient rendre le « Q.E » plus efficace. Lors de sa mise en œuvre, l'euro a chuté de plus de 1 % par rapport à ses niveaux d'avant le CPM à $ 1,08. Les bourses européennes ont bondi de plus de 3 %. Trois heures plus tard, elles ont non seulement perdu ce qu'elles avaient gagné mais elles ont terminé la séance dans le rouge. L'euro a suivi une trajectoire symétrique en remontant rapidement. Il est repassé au-dessus de $ 1,20 fin 2017 alors que les taux courts de la BCE étaient négatifs. Les marchés avaient juste subi un effet d'annonce avant de le corriger.

L'expérience subie par Mario Draghi n'est pas unique. Alan Greenspan en particulier a systématiquement bénéficié d'un a priori favorable souvent en contravention de la réalité. En 2017, le président de la BCE s'est vanté d'avoir entraîné une embellie de la conjoncture. Pourtant, à y regarder de près, ses initiatives n'y ont pas été pour grand-chose.

Une analyse des mécanismes économiques et financiers ne peut avoir de portée que si elle est faite sur le vif au moment du déroulement de la conjoncture mais cela ne suffit pas. Pour consolider son caractère scientifique, une prise de positions dans les marchés permet de mieux observer les relations entre les variables en jeu. Il est tellement facile de bien parler et d'ajuster ses propos à l'évolution de la conjoncture. Les positions prises en conclusion d'un raisonnement, livrent un constat objectif. Cette manière de procéder est la seule qui offre vraiment l'opportunité de renforcer la connaissance en se débarrassant des effets nuisibles de l'apparence. Le rôle déterminant des variables économiques apparaîtrait sans ambiguïté. Une banque centrale n'a actuellement qu'une influence subalterne sur le devenir de la conjoncture. Si ses initiatives monétaires n'ont pas manifesté une grande efficacité, le président de la BCE n'a pas cessé, depuis 2015, de réclamer aux gouvernements des pays de la zone de procéder aux réformes structurelles capables de doper la croissance.

La zone est prise dans des rigidités qui freinent son adaptation aux conditions imposées par la mondialisation. C'est ce qui lui vaut l'amplification de tiraillements menaçant son devenir. Si elle avait adopté un programme de croissance, son image en aurait été changée. Il aurait gonflé les recettes fiscales sans augmenter les taux d'imposition. Les dépenses auraient été mieux contenues. Les déficits publics contre lesquels luttent désespérément la plupart de ses composantes auraient fondu et l'euro aurait faibli. La question de l'opportunité d'une sortie de la zone euro n'aurait pas pris l'importance actuelle et les souverainistes n'auraient pas eu de grain à moudre.

La zone ne fait plus rêver et le peloton des électeurs qui la conteste ne cesse de grossir. Si sa gestion continue de pénaliser la croissance, le mouvement s'amplifiera. C'est à la zone de s'adapter aux conditions de la mondialisation car le contraire n'est évidemment pas possible. Bruxelles cultive une attitude malthusienne qu'encourage la lourde procédure accompagnant toute modification des traités mais le monde n'en a cure. La globalisation s'accompagne de règles incontournables qui ont donné un coup de vieux à celles ayant été choisies pour la construction européenne. Elle exige des mesures offensives et non des initiatives faisant la part belle à une austérité inutile.

La zone euro, telle qu'elle est aujourd'hui, est à bout de souffle malgré l'amélioration de la situation de certains pays du sud comme l'Espagne et le Portugal voire la Grèce. Sans une adaptation de ses règles à celles de la globalisation, la remise en cause de la construction telle qu'elle est actuellement pourrait bien être programmée. Une telle issue ne serait qu'une nouvelle version de ce qui s'est produit sur le marché des changes au début des années 1970. Les mécanismes naturels finissant toujours par gagner, il ne sert à rien de les contrarier.

# REPENSER LA ZONE EURO

Les taux de changes flottants devaient nuire au développement du commerce international. C'est l'inverse qui s'est produit. Pour une raison analogue, la remise en cause d'une monnaie unique ne serait pas aussi dramatique que les Cassandre le prétendent. Bien au contraire. La liberté retrouvée de ses composantes serait, de loin, la solution la meilleure à partir du moment où les partenaires se refusent à entrer dans un système fédéral. Elle donnerait un coup de jeune à l'ensemble. Elle rendrait les gouvernements responsables de leurs décisions au lieu de les voir pleurnicher en faisant croire que la source de leurs malheurs vient de la commission de Bruxelles, de l'Allemagne, des marchés voire des trois !

Mieux vaut des acteurs libres de leurs choix plutôt que des déçus traînant des pieds, ils pourraient revenir, une fois ragaillardis, dans un ensemble qui aurait retiré les leçons de la première expérience. Ils choisiraient alors, en connaissance de cause, entre une zone de libre-échange et une zone euro nouvelle, entre une confédération d'Etats-nation où chacun garde la liberté de sa politique et une fédération d'Etats qui cèdent leur pouvoir politique à un gouvernement central élu. La première solution moins ambitieuse que la seconde paraît plus que l'autre à la portée de tous. Elle préserve les relations commerciales entre des pays refusant de déléguer leurs droits régaliens. La seconde suppose d'adhérer à l'objectif enfin avoué de l'adoption d'une autorité politique centrale sans laquelle une monnaie unique n'a pas vraiment de raison d'être. Sauf à utiliser la force comme cela a pu se faire dans le passé, en particulier aux Etats-Unis en 1860, pour réaliser un tel but, il y a beaucoup de chances pour que les gouvernements nationaux restent jaloux de leurs prérogatives.

Le pragmatisme peut améliorer l'efficacité d'un projet et convaincre d'y adhérer dans des conditions nouvelles là où l'obstination dans de fausses certitudes conduit dans une impasse. L'efficacité de la gestion actuelle de la zone passe par une intégration politique plus poussée à laquelle les textes des traités ont pris soin d'éviter de faire référence. Si l'abandon de la souveraineté nationale n'est pas programmé rapidement, la chose la plus simple et la plus réaliste, sera un retour aux monnaies nationales. Un nouveau départ, enrichi de l'expérience accumulée, renforcerait l'efficacité de ceux qui auraient la charge d'élaborer de nouvelles règles. Ce travail de reconstruction s'accompagnerait d'une contrainte, celle d'accepter les vraies raisons de l'échec au lieu de se laisser bercer par des explications de bonimenteurs.

Une monnaie n'influence pas de manière active le devenir qualitatif d'une économie. Elle peut, en revanche, provoquer des pressions d'autant plus insupportables que la monnaie considérée ne peut pas s'ajuster pas à la dynamique du pays concerné. Cette faille explique le caractère difficilement viable d'une monnaie unique. On voit là les problèmes inutiles que pose l'euro à certains partenaires d'une Allemagne si différente d'eux d'autant plus qu'elle joue un rôle important dans l'évolution des cours de la monnaie unique. Le but n'est pas d'avoir une monnaie forte, concept dévié de sa finalité, mais une économie forte.

En se débarrassant des contraintes financières qui accompagnent l'euro, la croissance des pays membres de la zone serait libérée. La prise en compte réaliste de la relation univoque entre l'économie et les marchés débloquerait la situation. Elle créerait un choc positif que les bourses, en juges de paix, salueraient. Un contexte désinflationniste autorise bien des initiatives de croissance qu'un environnement inflationniste ne permet pas. La zone doit saisir la chance que lui offre un tel environnement en contenant son penchant actuel à réparer ses accrocs avec des rustines. Tout peut s'arranger entre gens de bonne compagnie, tout peut aussi se dégrader. L'Allemagne voudra conserver un modèle qui lui a si bien réussi mais ses partenaires n'ont pas vocation à parcourir un chemin de croix d'une longueur indéterminée.

La peur de la réaction des marchés à l'importance des déficits des finances publiques participe au choix de considérer leur réduction comme une priorité, mais cette peur est infondée. Et les marchés ont clairement confirmé aux cours des dernières années que le problème n'était pas là, que la relation directe entre les déficits et les marchés n'existait pas. La situation de la zone est paradoxale. Ses responsables s'accrochent à des idées du passé qui n'ont pas cours aujourd'hui. Et ce sont ces idées qui menacent la zone ! Un comble pour des partenaires dans la situation de naufragés qui s'accrochent à des bouées qui se dégonflent !

Dans sa situation actuelle, avec une austérité imbécile, la zone creuse sa tombe. À l'inverse, si sa croissance si longtemps retenue était libérée, elle aurait un impact positif sur les populations concernées que les plus optimistes ne soupçonnent probablement pas ! La zone aurait une autre allure. Les entreprises seraient incitées à investir pour renforcer leur compétitivité. Exactement ce qu'exige la mondialisation. La croissance finirait par réduire naturellement l'en-cours des dettes par rapport au PIB sans même avoir à procéder à un quelconque remboursement. Tout le monde y gagnerait. C'est exactement ce qui s'est passé en 2017 mais pendant une période trop courte. La France a pu le découvrir avec une réduction du déficit de ses finances publiques qui a surpris son gouvernement. L'élasticité des dépenses publiques à la croissance a permis de le faire baisser à 2,6 % sans peine malgré l'augmentation regrettable des dépenses. Dans le passé, malgré des accroissements d'impôts, il n'avait pas pu passer sous les 3 % qui définissent un déficit « excessif », encore un qualificatif abusif parce qu'absolu.

L'austérité est une grave erreur. Elle bloque la croissance alors que la rigueur peut la stimuler. C'est pour des raisons politiques que l'euro a été créé. C'est pour des raisons financières malvenues que la zone est menacée. L'élaboration d'un nouveau traité fort des expériences pas-sées permettrait d'améliorer la construction. L'idée d'Union Européenne a été sublimée dans celle de zone monétaire mais elle a pris des raccourcis périlleux pour précipiter sa réalisation. La monnaie unique a fini par jouer le rôle d'un véritable corset qui s'est resserré sur les pays les plus dispendieux. La zone euro doit avancer au risque de se remettre en cause. D'un échec peut naître un bien. Celui de la CED (la communauté européenne de défense) en 1954 n'a pas empêché le processus d'intégration européenne de se poursuivre. L'éclatement de la Société des Nations, en 1928, a été relayé par l'ONU. Une guerre horrible est intervenue entre temps mais les relations en Europe ne se présentent plus en ces termes.

Le résultat du référendum du 23 juin 2016 sur la sortie du Royaume-Uni de l'Union Européenne a déclenché une vague de pessimisme sur les conséquences d'un tel choix. Le Royaume était destiné à tomber en récession dès le second trimestre de l'année. Les enquêtes de conjoncture déclenchées juste après l'événement ont traduit une chute libre du moral des agents économiques. La BoE a revu ses perspectives de croissance en forte baisse. Mark Carney, son gouverneur s'est empressé d'abaisser les taux britanniques lors du comité de politique monétaire, le 4 août, pour tenter d'amortir le choc du résultat du vote sur la conjoncture.

Les défenseurs de la construction européenne ont endossé un habit de partisan qui les a rendus aveugles. Ils n'ont vu que la menace que pouvait représenter le résultat du référendum pour la survie de l'Union. Cela ne méritait pas de se laisser entraîner dans une propagande annonçant le pire. Au lieu de remarquer la hausse de la bourse de Londres qui contrastait avec la sinistrose du moment, les Cassandre ont préféré porter leur attention sur la chute spectaculaire du sterling annonciatrice d'une envolée de l'inflation, de la baisse du pouvoir d'achat des ménages et de la chute de leur consommation. L'avenir du royaume était tracé. Il était sombre. Mais le pire n'est jamais certain et, là, c'est plutôt l'inverse qui s'est dessiné. Le Brexit a probablement précipité la chute du sterling mais c'est une croissance britannique plus forte que celle des autres grands pays qui a été la cause fondamentale de sa tendance baissière depuis l'été 2014.

L'importance des contrastes entre l'inquiétude entraînée par le Brexit et le comportement de la bourse de Londres a offert une illustration de l'approche défendue ici, à savoir que les marchés répondent à des données économiques et à rien d'autre. La hausse de la bourse a été ignorée. La baisse de la livre, en revanche, a été soulignée. Les comportements de l'une comme de l'autre étaient significatifs d'une conjoncture très forte outre-Manche qui a été longtemps ignorée. Mark Carney le gouverneur de la BoE a eu tort d'annoncer une catastrophe. Les marchés reflétaient sans ambiguïté et sans délai la réalité d'une conjoncture britannique alors plus ferme que celles des Etats-Unis et de la zone euro. Les avis pessimistes des opérateurs n'importaient pas. L'ambiance extrêmement négative qui régnait alors n'a eu aucun impact sur le comportement de la bourse de Londres montrant, s'il en était besoin, que les opérateurs ne « faisaient » pas les tendances des marchés, ils les subissaient. Le pessimisme qui a suivi le référendum s'est nourri du principe que la livre allait rester sur une tendance baissière. Elle doperait le CPI et affaiblirait le pouvoir d'achat des ménages britanniques, une récession deviendrait probable. Une telle prévision comportait la faiblesse de se référer à un passé révolu.

La livre a regagné plus de 15 % par rapport au dollar, début 2017. L'économie britannique a ralenti à ce moment-là en conséquence de l'effet mécanique de la montée de l'indice des prix à la consommation, le CPI, sur le pouvoir d'achat des ménages. Comme il ne s'agissait, en aucune façon, de la mise en mouvement d'une spirale inflationniste, la hausse des salaires est restée limitée à moins de 3 %. La détente du CPI a été longue à venir mais elle s'est produite et la croissance s'est raffermie.

Dans les décennies qui ont suivi la seconde guerre mondiale, une dévaluation était inflationniste parce que l'environnement l'était. La politique de « *supply side* » que le Royaume-Uni a été le premier à mettre en œuvre a changé la nature de la conjoncture. Les pressions inflationnistes ont fini par disparaître. Le contexte a permis de voir qu'une dévaluation intervenait surtout en conséquence de différentiels de taux de croissance. C'est ce que la livre a subi entre 2014 et 2016.

La baisse d'une monnaie n'entraîne plus l'envolée des prix parce que l'environnement économique ne s'y prête pas. La poussée des coûts des biens et des services est vite amortie par les entreprises. Dans le contexte actuel du Royaume-Uni, une hausse de l'indice des prix ne se confond pas avec une tendance structurelle. C'est si vrai que les rendements des obligations du Trésor anglais, les *Gilts,* n'ont guère réagi à la montée du CPI contrairement à ce qui s'est passé dans les années 1970. Le pouvoir d'achat des ménages n'a pas été durablement menacé. La croissance a confirmé qu'elle était intrinsèquement plus solide que les Cassandre ne l'avaient prévu. Le Royaume-Uni n'était pas voué à subir une récession.

Si les enquêtes d'opinion ont été incroyablement pessimistes, les marchés ont réagi différemment. L'imprécision des enquêtes tient au fait qu'elles sont faites auprès d'un échantillon de personnes au nombre limité influencées par le contexte du moment. Elles ne reflètent que des états d'âme à un instant donné. Malgré tout le talent des statisticiens qui les font, le résultat a beaucoup de chance d'être subjectif. Cette subjectivité n'importe pas quand il s'agit de sondages sur les intentions de vote puisque, dans ce cas précis, elle fait partie des données qui influencent les élections. Les données concernant les marchés sont très différentes car il s'agit d'une mécanique d'ensemble. C'est ce qui donne cette puissance de vérité, en particulier, au marché des changes compte tenu de sa taille. Il voue les interventions, pour en changer le comportement, à l'échec si elles ne cadrent pas avec la conjoncture.

Le Brexit a offert une formidable occasion d'illustrer une approche qui prétend que l'économie dicte le comportement des marchés et non l'inverse. C'est ce qui m'oppose à ce que certains appellent un « consensus » que les marchés ignorent. La baisse de la livre a été induite, bien avant le référendum, par l'évolution relative des conjonctures. Le Brexit l'a amplifiée. La bourse de Londres s'est montrée particulièrement ferme alors qu'au même moment Wall Street et les places européennes ont baissé avant de se ressaisir. Les marchés ont fait, à l'occasion, une démonstration éclatante de leur indépendance par rapport aux opinions. La monnaie britannique a donné une nouvelle version de ce qui s'était passé en septembre 1992 ! Les marchés n'ont pas été impressionnés par l'obstination quasi générale à afficher un pessimisme extraordinaire. Ils ont simplement montré que les humeurs des experts leur importaient peu, qu'elles n'influençaient pas leur comportement. Seule la réalité des faits économiques comptait.

Le vote britannique a été pris pour un désir de protectionnisme alors que dans le pays d'Adam Smith le libre-échange est une véritable religion. Le Royaume-Uni ne veut pas fermer ses frontières aux échanges de biens et de services. Il cherche, en revanche, à se protéger contre les flux de populations étrangères. L'Union risque d'adopter un comportement dur voire malthusien en réaction au Brexit pour éviter qu'il ne donne des idées à d'autres pays de la quitter. Pourquoi ne pas laisser le principe du libre-échange jouer sans contraindre à l'adoption des autres closes des traités ? La raideur des représentants de l'Union est significative de sa faiblesse. Si rien ne change, la sortie d'un partenaire de zone autoriserait une accélération de sa croissance qui entraînerait une baisses de sa monnaie. Les conséquences comptables de la dévaluation de ses emprunts libellés en euro devenu monnaie commune seraient compensées par les revenus issus de sa croissance. La généralisation d'une telle initiative transformerait l'euro en une monnaie commune. Ce serait une manière simple de donner l'air qui manque à la zone.

# LE DUO INFERNAL

« Krankreich flop, Deustchland top » a résumé le quotidien *Bild* en utilisant le mot « krank » (malade en allemand), le matin de l'arrivée de Manuel Valls à Berlin le 22 septembre 2014. La France n'a pas tenu le rythme des traités, élaborés en commun, imposés au début des années 1990. Elle croyait que l'Allemagne affaiblie par sa réunification aurait du mal à absorber un poids aussi lourd. Elle a sous-estimé sa détermination.

L'Allemagne a profité d'une dynamique formidable parce que sa fusion lui a permis de récupérer une population éduquée parlant la même langue et disposant d'une même culture. Quand j'ai annoncé, lors d'une intervention devant des investisseurs à Lyon, le réveil de ce grand pays en 1991, mon auditoire m'a interpellé en me rétorquant que je n'avais pas vu l'état pitoyable de l'ex-RDA. Mieux valait ne pas prendre le problème de cette manière car les « combinats » en ruine encombraient le paysage. Ils ne pouvaient qu'impressionner alors que renaissait un pays dont les grandes transformations allaient se voir avec le temps, pas dans l'instant.

Le temps a passé. Les règles de Maastricht se sont vite trouvées dépassées dans un environnement en grande mutation sans que personne n'y prenne garde. La globalisation a vite imposé ses règles au monde. Grâce à sa capacité d'ajustement au commerce international, son vecteur traditionnel de croissance, l'Allemagne s'y est adaptée. La France, par son refus de faire bouger ses structures pour éviter de multiplier les mécontents, a vu son économie s'alourdir au moment où il aurait été souhaitable de la rendre plus souple !

Son aventure rappelle celle d'un skieur qui a peur de la pente dans laquelle il doit s'engager. Son réflexe est de l'aborder par son côté le moins décourageant mais, au moment de se lancer, son refus de la pente l'envoie vers plus de pente au risque de tomber et de se faire très mal, ce qui finit par arriver. C'est ce que la France fait depuis plus de vingt ans au risque d'avoir de mauvaises surprises.

L'Allemagne et la France, les deux économies les plus importantes d'Europe, sont, avec l'Italie et ce qui s'appelait le Benelux, les moteurs d'une construction européenne qu'ils ont voulu sublimer en créant une zone avec une monnaie unique. L'équipage a lancé l'euro en évitant de créer des conditions qui seraient trop avantageuses pour l'autre. Et à ce jeu, la France a cherché à jouer « malin » en imposant des critères budgétaires. Elle pensait avoir un avantage sur une Allemagne qui avait la lourde tâche d'assurer sa réunification. Elle a perdu !

La construction qui allait aboutir à la signature du Traité de Maastricht a été inspirée de l'exemple d'une Allemagne dont tous les participants enviaient le parcours. C'est l'Allemagne qui en a tiré le meilleur parti alors que la France a subi l'effet de boomerang des conditions qu'elle avait promues. Ses rigidités nationales qu'alimentent des politiques sociales généreuses n'ont rien arrangé. La France n'a pas pris garde qu'en multipliant les engagements publics en réaction à la montée de son chômage, c'est cette dernière qu'elle alimentait. Une spirale détestable pour ceux qu'elle prétendait protéger. L'Allemagne mieux gérée a vu le taux de son chômage publié par *l'Office Fédéral des Statistiques* revenir sous la barre des 6,0 % à la fin de 2016, le plus bas depuis sa réunification en 1990. Celui de la France tournait alors encore autour de ses plus hauts de 10,0 % sans compter toutes les mesures visant à réduire artificiellement le nombre de demandeurs d'emplois.

Certains ont pu être surpris de voir les bourses des deux pays monter mais c'était oublier que les marchés d'actions reflètent l'évolution des conditions d'exploitation des entreprises et non l'état général d'une économie. Les entreprises sont accusées de sacrifier des emplois pour préserver leur situation financière alors que les vrais responsables de cette dynamique ne sont autres que les gouvernements quand ils n'hésitent pas à alourdir les charges des entreprises pour plaire à leurs électeurs. Ces dernières ne font que réagir pour préserver leur situation compétitive dans un monde ouvert donc de plus en plus concurrentiel.

L'obligation de s'adapter aux règles de la mondialisation n'est pas réservée au secteur privé. Elle s'applique indirectement à l'administration qui, en faisant l'effort d'accroître son efficacité dans l'emploi de ses ressources, peut diminuer la pression des charges qu'elle impose au reste de l'économie. La France, sur ce point politiquement sensible, a tardé à le comprendre. En tout cas, sa tradition jacobine l'a empêchée de changer de cap. Le poids exorbitant de son économie non marchande s'est longtemps ajouté aux rigidités du code du travail avant qu'il ne soit allégé à partir de 2016.

Le pays à de rares moments, à la fin des années 80 et au début des années 90, quand il a affiché naturellement un « franc fort » dont il rêvait, s'est laissé séduire par les règles que son grand voisin exigeait pour rassurer ses ouailles peu enclines à échanger leur mark contre une monnaie européenne dévalorisée. La France a, en retour, imposé la règle des 3 % de déficit des finances publiques en croyant gêner une Allemagne engagée dans une réunification qui lui a coûté faussement cher. La France s'est alors engagée dans un marché de dupes dont elle paie, encore avec d'autres, les conséquences.

La France a mal évalué la capacité de redressement de l'économie allemande, en 1990. La réunification obligeait à faire un effort en faveur de l'ex-RDA au niveau de vie très bas. Du côté financier, elle a donc représenté une charge pour l'ex-RFA d'autant plus lourde que son Chancelier Helmut Kohl a accepté l'échange à parité du mark de l'est contre celui de l'ouest alors que le rapport était de un à cinq voire à huit sur le marché noir.

Les ménages ouest-allemands ont été contraints de payer un impôt de solidarité pour financer l'opération, encore en vigueur 2017. L'Allemagne unifiée a vu son déficit budgétaire s'accroître et ses charges d'intérêt gonfler fortement. Ce qui est apparu, au début, comme un fardeau s'est transformé en un puissant facteur de développement. Du côté économique, l'arrivée de l'ex-RDA s'est révélé être une formidable opportunité pour relancer sa croissance. Pour hâter son développement, Bonn, encore la capitale, a lancé une série de grands travaux qui a dopé la croissance de l'ensemble de l'Allemagne. Ses syndicats ont vu dans la fermeté de la conjoncture l'opportunité de réclamer des hausses des salaires. Le syndicat *IG Metall*, habitué à amplifier ses revendications, a réclamé des augmentations à deux chiffres qu'il n'a pas eu. La Bundesbank a répondu en relevant brutalement ses taux pour arrêter les dérapages inflationnistes qui s'annonçaient. Les taux de l'Allemagne ont commencé à grimper, entraînant ceux de ses voisins, pour atteindre 9,5 % au cours du premier semestre 1992. Le mouvement a fait croire que ses partenaires payaient pour sa réunification alors qu'ils ne répondaient qu'à une volonté de stabilisation de leur monnaie par rapport à un mark qui avait repris des couleurs.

L'Allemagne n'avait pas besoin des autres pour financer sa réunification. Elle disposait d'un stock d'épargne constitué par l'accumulation de ses excédents extérieurs passés. Elle a maîtrisé l'inflation au prix d'une récession qui a entraîné la zone dans la déprime au second semestre de 1992. La dynamique de sa réunification a soutenu une croissance qui, au-delà de l'accroc de 1992, allait se poursuivre jusqu'au début des années 2000. L'Allemagne a renforcé son appareil de production en empruntant sur le marché mais le poids de l'endettement s'est révélé d'une importance mineure par rapport aux dividendes du renforcement de la compétitivité qui en a résulté. Le pays a vite retrouvé sa tradition d'accumuler les excédents extérieurs et d'être, en conséquence, un prêteur pour le monde. Elle a pu constater les bienfaits d'une conjoncture forte sur l'état de ses finances. Ce fut une expérience heureuse qu'elle n'a pas voulu partager avec ses partenaires car elle s'est résolument opposée à donner la priorité à la croissance plutôt qu'à l'austérité financière lors des négociations qui allaient aboutir à la signature du traité de Maastricht.

La réunification, à ses débuts, avait conduit ses déficits à dépasser largement la barre des 3 % alors que la France était en deçà. Le renforcement de l'économie allemande valait mieux que la lutte contre les déficits publics. Ce principe a vite été oublié. Les traités de Maastricht et d'Amsterdam se sont révélés être une formidable trappe à croissance qui a été mal supportée par une France engagée dans la multiplication de ses rigidités. Le devenir de son commerce extérieur est allé dans un sens opposé à celui de son grand voisin au début des années 2000.

Convaincue des bienfaits d'une monnaie forte, pour avoir vu l'Allemagne en profiter, la deuxième économie de la future zone a subi un ralentissement structurel de sa croissance afin de préserver la parité de sa monnaie avec le mark, condition nécessaire à respecter pendant la période préparatoire à l'introduction de la monnaie unique. Loin de chercher à revoir l'organisation de sa production et à contenir l'importance de ses dépenses improductives, elle a réagi à sa manière en multipliant les transferts sociaux et en gonflant les effectifs d'une fonction publique devenue pléthorique. Son chômage, dont on disait encore en 1972 que s'il dépassait 600 000 personnes, créerait un climat révolutionnaire est monté à 3,5 millions fin 2015 et même à plus de 5 millions selon la manière de le comptabiliser sans créer de drames. On s'habitue aux évolutions les plus détestables. Ses syndicats défendent ceux qui travaillent quitte à laisser grossir la masse de ceux qui en cherchent. Ils ont ignoré que le coût marginal du travail était devenu la variable d'ajustement essentielle dans un monde de plus en plus concurrentiel. La fuite des gouvernements devant leurs responsabilités a nourri la dégradation de la situation du pays.

La France n'a pas imaginé les conséquences des bouleversements provoqués par la globalisation. Son manque de lucidité lui a coûté cher en points de croissance, elle a fait partie des victimes de ce mouvement historique par un manque de flexibilité. La solidité de ses structures économiques lui a, toutefois, évité le sort des maillons faibles de la zone en 2011 mais la multiplication de mesures sociales alourdissant dangereusement son économie, a plombé, à chaque fois, un peu plus sa croissance. C'est devenu évident au cours de la reprise intervenue après la fin de la récession de 2008.

Son grand voisin habitué à attendre sa croissance de l'extérieur a fait preuve d'une capacité d'adaptation aux exigences du contexte international qui a manqué à la France. S'il avait vraiment été la locomotive de la zone euro depuis ses débuts, la situation de ses partenaires ne se serait pas dégradée aussi fortement. Ce n'est, toutefois, pas une raison suffisante pour travestir la réalité. La France coutumière de l'école de la facilité voire d'un certain populisme qu'elle se plait à condamner a fini par réclamer un euro plus faible dans une vieille tradition interventionniste alors qu'une monnaie n'a pas vocation à renforcer la croissance. Le pays tarde à répondre à l'impérieuse nécessité d'ajustements structurels imposés par une mondialisation partie au galop. C'est ce qu'a fait le Royaume-Uni de David Cameron en transférant au secteur privé des activités qui n'avaient pas nécessairement de raisons d'être dans la sphère publique. En allégeant les structures du Royaume, il a permis une accélération de sa croissance. C'est un choix que le gouvernement du Royaume a pu assumer. Il en va différemment en France.

Les « fans » du modèle allemand déçus par un déficit de croissance qui dure souhaitent désormais un changement de politique en faveur de la reprise mais il est difficile de demander à un champion d'Europe de se mettre au niveau de clubs de deuxième division. Les augures penchent plutôt vers l'idée que c'est aux retardataires de s'ajuster au monde globalisé d'aujourd'hui. Le basculement dans un environnement qui allait s'avérer puissamment déflationniste obligeait tout le monde à s'y adapter, les traités comme les partenaires. Il n'en a rien été, la France s'est enlisée dans des politiques sans cohérence. Elle n'a pas eu le courage de faire front à la rue qui a pris l'habitude d'imposer ses vues à des gouvernements élus. L'atmosphère est tout autre en Allemagne même si des tensions se sont produites avec les syndicats. La sensibilité des Allemands à la compétition internationale a permis de faire passer des réformes comme ce fut le cas, en 2003, sans de grandes protestations.

Les deux économies ne pouvaient pas faire bon ménage sur ce plan et, effectivement, les deux modèles se sont progressivement éloignés l'un de l'autre. Les Allemands ont vite considéré la globalisation comme une chance, là où les Français se sont plaints de la concurrence abusive qu'elle entraînait. L'Allemagne a particulièrement souffert de la contraction du commerce international dans la « Grande Récession » de 2008 alors que la France s'est vantée d'avoir amorti le choc grâce au poids démesuré de son économie non marchande. La première a profité immédiatement de l'embellie de la conjoncture début 2009. La seconde lestée par le poids excessivement lourd de ses dépenses publiques s'est traînée jusqu'en 2016, incapable d'assurer sa reprise. Elle est restée sous la menace d'un retour dans la déprime.

La France a oublié de porter son effort sur l'efficacité de son système de production. Incapable de créer les conditions susceptibles de dynamiser sa croissance, faute d'avoir les coudées franches à partir de 1993, elle a fait payer ceux qui avaient la chance d'avoir un travail pour financer le gonflement des transferts sociaux consécutifs à la montée du chômage. Elle a longtemps vidé des pots pour en remplir d'autres et ce principe de redistribution continue en faisant payer les transferts sociaux de ceux qui ont un emploi par les retraités. La France a pu se permettre des dérapages sous le couvert de la richesse d'une économie nourrie par un esprit d'entreprise qui ne se dément pas. Même si ses déséquilibres sont préoccupants, sa situation ne se confond pas avec celle des pays du sud de l'Europe en 2012.

L'Allemagne a une démographie plus défavorable que celle de la France mais l'avantage que possède cette dernière est biaisé. Trop de jeunes qui coûtent cher à former vont chercher un emploi à l'étranger faute de le trouver chez eux. L'Allemagne, au contraire, attire ceux qui ont une expertise. Ils acceptent des salaires bas plutôt que de rester au chômage. Ils préfèrent prendre le train de la vie dans des conditions pénibles plutôt que de le regarder passer. Comme l'Allemagne compte sur ses exportations pour tirer sa croissance, ses gouvernements sont vigilants sur ses coûts de fonctionnement. Le résultat se retrouve dans le bas niveau de son chômage. Le dialogue patrons/salariés a évité de menacer la compétitivité de ses entreprises.

L'Allemagne a subi un traitement de choc entre 2003 et 2005 sous l'égide de son Chancelier. Son plan de restructuration de l'économie baptisé « Agenda 2010 » a conduit à une refonte radicale de la protection sociale. Gerhardt Schröder avait perçu que de grands ajustements s'imposaient dans un monde en mutation. « L'Agenda 2010 », conclu sans la moindre concertation avec les autres membres de la zone, a accru la singularité de l'Allemagne. Le plus performant a lâché le peloton de plus en plus étiré de ses coéquipiers. Les Français se sont appuyés sur la solidité de leur économie pour poursuivre leurs traditions sociales, leurs « valeurs » comme leurs gouvernements successifs n'ont cessé de le répéter. Ils ont longtemps considéré que la situation économique devait s'accommoder des choix politiques et non l'inverse.

L'économie a répondu à cette pétition de principe en générant plus de chômage, les 35 heures présentées officiellement comme une avancée sociale ne visait qu'à le travestir. La réduction du temps de travail était censée induire de nouvelles embauches mais ce genre de croyance malthusienne ne fonctionne pas. La France a créé des emplois à ce moment-là mais c'était en conséquence d'une reprise économique générale. Ce résultat conjoncturel ne pouvait pas se confondre avec un changement structurel. Non seulement l'initiative a fait long feu mais en allant à l'encontre de « l'Agenda 2010 » décidé trois ans plus tard, l'économie française a doublement perdu de sa compétitivité.

L'écart d'efficacité entre l'Allemagne et la France n'a cessé de s'amplifier comme l'a montré le gonflement de l'excédent commercial de l'un et le maintien voire l'élargissement du déficit commercial de l'autre. La France s'est enfoncée dans une voie opposée à celle de son grand voisin, celle qu'impose objectivement la mondialisation. Les Allemands ont vite compris qu'il fallait parfois commencer par reculer pour mieux avancer. Ils ont accepté les efforts qui s'imposaient. Les résultats positifs qui en sont ressortis ont permis aux salariés de bénéficier de fortes augmentations de salaires à partir de 2013. Elles ont entraîné une hausse de leur consommation qui a réveillé la conjoncture de la zone euro à l'été 2014. C'est à ce moment que l'euro a abordé une tendance baissière qui s'est poursuivie jusqu'en 2016. Si cette baisse a semblé favorable, c'est parce qu'elle est intervenue en conséquence d'une reprise de la croissance de la zone. Pour une fois, rompant avec sa règle de l'attendre de la demande extérieure, l'Allemagne a tiré la reprise de la zone.

La France s'est refusée à toute remise en cause de sa situation. D'aucuns ont commencé à rappeler le bon temps où elle pouvait faire n'importe quoi à l'abri de ses frontières. L'idée farfelue d'un protectionnisme « intelligent » est même apparue alors que l'Histoire a montré que ce genre d'initiative pouvait être mortifère. La France reste tenue de réduire ses déficits publics indépendamment de l'état de sa conjoncture alors qu'il lui faudrait relancer sa croissance pour créer des conditions favorables à la diminution d'engagements de tous ordres qui nourrissent ses rigidités. À continuer ainsi, elle ne peut qu'affaiblir sa position. S'il lui faut accepter des sacrifices pour se renforcer, ils doivent être économiques et sociaux, et non financiers.

François Hollande a compris tardivement qu'il faisait fausse route à ajouter des charges aux charges déjà excessives. Il a décidé d'atténuer cette lourdeur par des mesures spécifiques dans une tradition bien française avec le CICE en 2014 qui a conduit à réduire des impôts sur les sociétés mais pas la masse des impôts. Les Allemands ne sont pas tombés dans ce genre de panneau. C'est d'une politique globale de restructuration dont la France a besoin pour accroître la place du secteur privé dans l'économie. Elle passe par une baisse des impôts et des dépenses publiques. La France jacobine croit trop à la capacité de ses hauts fonctionnaires à décider de choix stratégiques et pas assez à celle des chefs d'entreprises confrontés à la réalité des aléas de la conjoncture.

Les Français sont attachés à la notion « d'argent public » qui encourage à dépenser. Les contrevérités ne gênent pas grand monde. L'initiative prise de réduire le poids des impôts supporté par les entreprises en 2014 a été lourdement critiquée sous le prétexte qu'elle « donnait » au secteur privé de l'argent public. D'où cette critique adressée à l'Etat qui ferait des cadeaux aux entreprises alors qu'il se contente de rendre au secteur privé l'argent qu'il lui a pris souvent de manière abusive. L'idée de redistribution ne peut être positive que si elle est supportable. Dans le cas contraire, elle devient vite contre-productive comme la France peut en faire le constat.

Le problème ne se pose pas aux Etats-Unis. Les fonctionnaires de Washington considèrent les recettes budgétaires destinées à financer les dépenses comme de « l'argent des contribuables ». La conception française de l'utilisation des ressources d'un Etat est radicalement différente car les responsables politiques partent du principe que « les contribuables paieront ». La notion de responsabilité n'est pas la même des deux côtés de l'Atlantique. En France, il est difficile de réduire les dépenses publiques sans risquer d'avoir à affronter des grèves dans les services publics. Les salariés du secteur privé, en alimentant le chômage, jouent le rôle de variable d'ajustement aux pressions de plus en plus insupportables d'une économie non marchande trop lourde.

La France préfère indemniser les laisser pour compte d'une mauvaise politique plutôt que de toucher aux avantages acquis de ceux qui peuvent en profiter. La France croit au rôle unificateur de son administration, véritable monarchie dans laquelle les fonctionnaires et ceux qui leurs sont assimilés occupent trop souvent une place de choix. Ils en profitent pour s'arroger des privilèges dans un pays qui prône l'égalité. La taille de la fonction publique a dépassé les limites du supportable dans un contexte de plus en plus concurrentiel. Pourtant, aucun syndicat ne remet en cause un système qui crée des pauvres.

La divergence entre les évolutions des économies allemande et française s'est retrouvée dans la différence de perception du comportement de l'euro au rôle pourtant accessoire. Seule, la croissance aiderait la France en retard à procéder aux ajustements qui s'imposent mais il n'est pas sûr qu'une fois la conjoncture renforcée, elle ne soit pas tentée de retarder, encore une fois, les ajustements en question. C'est ce dont une Allemagne échaudée par les reculs français successifs ne veut plus. Et il est difficile de l'en blâmer tant les ajustements imposés par la globalisation deviennent urgents. C'est, là, la cause de la mésentente cordiale qui s'est instaurée entre l'Allemagne et la France. Le président français Emmanuel Macron a proposé un « plan de marche » ambitieux mais irréaliste pour rééquilibrer les rôles et pour renforcer une cohésion européenne indispensable à son fonctionnement. Si la France milite pour plus de fédéralisme avec la création d'un poste de ministre des Finances et d'un budget de la zone, l'Allemagne avec la plupart des autres pays n'en veulent pas. La zone aurait besoin d'avancer, mais elle chante « marchons » comme on le fait à l'opéra. Le chemin est périlleux car sa survie est loin d'être assurée.

# UN MONDE A L'ENVERS

« Il en manque », dit-on sur le marché des changes, quand le cours d'une devise monte rapidement et l'inverse quand il se replie. Cette remarque suggère que la détermination de la valeur est sujette aux mêmes règles sur les marchés financiers que sur les marchés des biens et des services. Elle fait l'impasse sur la variable essentielle qui sépare ces deux catégories de marchés, à savoir la variable temps. La « valeur » reste une préoccupation de toutes les écoles de pensée. Les prix des biens et des services sont soumis à la loi de l'offre et de la demande.

La valeur est particulièrement « pure » ou « objective » sur les marchés financiers quand ces derniers proposent des cotations en continu des cours c'est-à-dire quand ils se trouvent dans des conditions où la variable temps est voisine de zéro. La valeur apparaît alors comme une variable dynamique et non comme un point comme tendent à le faire croire les théories visant déterminer son « juste » niveau. L'offre et la demande de devises dans le monde sont devenues si mêlées qu'elles semblent ne faire plus qu'un. Les cours sont totalement passés sous l'emprise d'une puissante force sous-jacente qui détermine inéluctablement leur destin. Cette puissante force prend sa source dans le devenir des variables économiques. Son emprise sur les marchés constitue la raison fondamentale pour laquelle les interventions des banques centrales sont devenues stériles. Vu le nombre de fois où elles se sont montrées impuissantes à réaliser leurs objectifs, elles ont préféré progressivement y renoncer. Et elles ont bien fait ne serait-ce que pour préserver leur « crédibilité ».

Le cycle de la tomate m'a été opposé par des traders qui opèrent sur le marché des changes pour me rappeler que quand sa demande dépassait son offre son prix montait et que, quand sa production était trop abondante, son prix baissait. Pourquoi en irait-il différemment pour les instruments financiers ? La question posée induit naturellement une réponse d'une logique apparemment imparable si ce n'est que cette logique ne s'applique pas au marché des changes pris comme le marché le plus accompli.

Quand un ménage achète des tomates, c'est en règle générale pour les consommer et non pour en faire un commerce. Elles ne reviendront donc pas sur le marché. En outre, si la demande de tomates est instantanée, leur production a besoin de temps pour y répondre, celui nécessaire à ce qu'elles poussent et qu'elles mûrissent avant d'arriver sur l'étale du commerçant. Le décalage inévitable entre la concrétisation de l'offre et la décision d'achat oblige à la gestion de stocks dont les variations ont une incidence sur les prix qui influenceront plus ou moins la production du cycle suivant. Ce mécanisme bien connu en économie auquel l'économiste Nicolas Kaldor a donné le nom de « toile d'araignée » n'est pas adapté aux marchés financiers.

Un marché de biens comporte des impératifs que celui des monnaies ne connaît pas. Le fonctionnement d'un marché de biens de consommation dépend d'une destruction (la consommation de tomates dans le cas cité ici) et d'un écart de temps (le délai pour les produire). Aucune de ces deux contraintes n'est transposable aux instruments financiers dont l'euro-dollar est certainement le meilleur représentant. Sur ce marché, l'offre répond instantanément à la demande. Le marché des grandes devises a été le premier à remplir cette condition avant que les marchés d'actions et de taux ne s'en approchent.

Un risque de surplus ou de pénurie qui justifie la gestion de stocks n'existe pas sur le marché des changes. Son absence enlève tout fondement aux expressions qui prétendent qu'il y en a « trop » ou qu'il en « manque ». On voit mal une grande entreprise ayant conclu des accords globaux avec des banques se voir refuser d'opérer une transaction sur le marché sous le prétexte qu'il « en manque » ! Les euros et les dollars, pour ne considérer que ces deux monnaies, changent de propriétaires et de comptes bancaires. Il ne s'agit que de transferts de devises qui demeurent dans un marché toujours en équilibre.

Il n'y a pas de destruction et les opérations sont immédiatement conclues. La variable temps, d'ordinaire si importante en économie, n'intervient plus. La cotation des cours se faisant en continu sur les grands marchés, les seuls qui nous intéressent ici, les intervenants peuvent disposer, instantanément, d'un prix dans les deux sens, à l'achat comme à la vente. L'intermédiaire n'est pas censé connaître le sens de l'opération de son client car il ajusterait la cotation en sa faveur. Le client serait abusé mais le fonctionnement du marché n'en serait pas altéré. Un progrès formidable par rapport à ce qui pouvait encore se passer dans les années 1970.

Ce n'est pas par hasard si le marché des grandes monnaies est mis en avant ici. Il est celui qui se rapproche le plus des conditions de la concurrence parfaite en raison de la multiplication infinie du nombre des intervenants. Il ne subit guère de frottement. Il est d'une fluidité totale. Il offre l'exemple le plus pur du fonctionnement d'un marché. Les marchés de taux et les bourses n'atteignent pas cette quasi-perfection. L'offre répond instantanément à la demande et inversement dès lors que la capacité de recyclage des marchés est assurée par leur profondeur.

La globalisation, en accélérant ce processus, a éradiqué l'impact que pouvaient avoir les déplacements de capitaux dans le passé. Les capitaux sont indispensables au fonctionnement d'un marché. Ils sont le carburant de son moteur mais ils n'en déterminent pas le comportement. La véritable révolution qui est intervenue dans les dernières décennies s'est faite de manière si discrète que personne ne semble y avoir prêté attention. Donc, tout paraît continuer comme avant alors que tout a changé ! Les « flux » de capitaux, en particulier quand ils sont d'origine étrangère, sont toujours aussi présents dans les motivations censées animer les marchés. Ils y participent, en fait, comme les autres sans en influencer le sens d'une manière indépendante de la conjoncture. L'habitude est de s'inquiéter de l'impact que peuvent avoir les déplacements de ces fameux flux alors qu'il serait plus opérationnel de s'intéresser aux raisons qui les animent. Ce simple constat devrait encourager les gouvernements à ne pas se laisser tenter par des contrôles des flux de capitaux car ce genre de mesure nuit au bon fonctionnement des marchés en réduisant leur profondeur. Et cette nuisance a un coût.

Les croyances sont si ancrées que rares sont ceux qui regardent ce qu'ils pourraient voir… ou, plus grave, refusent de voir la fragilité de leurs explications. Le n'importe quoi a toujours droit de cité car les arguments évoluent au gré du comportement des marchés. Ils n'apportent aucune preuve de leur fondement à partir du moment où ils sont énoncés a posteriori, et comme cette manière de procéder est bien partagée, les idées fausses peuvent régner en maître ! Alors qu'est-ce qui peut bien donner cette impression de « trop » ou de « manque » ? La réponse est à rechercher uniquement du côté des variables économiques qui sont le moteur du devenir des marchés.

Les banquiers centraux sont persuadés qu'à partir du moment où ils ont la capacité d'influencer le comportement des « flux de capitaux », leurs décisions ont un impact déterminant sur les marchés donc sur la conjoncture. Si leurs interventions sur les taux de changes sont passées de mode et pour cause, ils se sont lancés dans des opérations d'envergure sur les marchés de taux et, plus accessoirement, sur les bourses. Le Fed, la BoE, la BoJ puis, plus tard, la BCE ont lancé des politiques non conventionnelles d'un montant impressionnant. Ils pensaient pouvoir influer sur le comportement des marchés comme cela avait été le cas auparavant, en particulier dans les trois décennies d'après-guerre.

C'était une époque où la priorité donnée à la hausse des revenus avait fini par générer de l'inflation que les banquiers centraux pensaient parvenir à maîtriser. Ils ont eu, alors, la capacité de peser sur la conjoncture et donc sur le devenir des marchés. Les temps ont changé. Le « supply side » a totalement marginalisé leur influence sur la conjoncture économique. En conséquence, l'impact de leurs décisions l'est tout autant sur les marchés car la relation économie/marchés est univoque : elle ne vaut que de la première vers les seconds. L'inverse ne joue pas ou si marginalement que c'est insignifiant.

À la suite de la crise de 2008, les banquiers centraux ont voulu faire baisser les rendements pour rendre les bourses relativement plus attractives et orienter les capitaux vers elles. Les cours des actions étaient supposés monter et provoquer un « effet richesse », susceptible d'encourager les ménages à dépenser. La croissance s'en trouverait renforcée. La stratégie paraissait séduisante si ce n'est qu'elle ne prenait pas la relation dans le bon sens. Elle n'avait donc guère de chance de se concrétiser. Les « Q.E » ne pouvaient pas avoir le rôle opérationnel qui leur était attribué.

Mark Carney, le gouverneur de la BoE, a cru bon d'affirmer à l'issue du Comité de politique monétaire de novembre 2016 que « la surprise de la croissance solide du Royaume au cours de l'été était due, au moins pour partie, aux décisions prises par la Banque ». La BoE avait décidé d'une nouvelle tranche de « Q.E » tout en abaissant ses taux le 4 août, mais l'accélération de la reprise britannique datait de bien avant et elle n'avait tout simplement pas été contrariée par le vote du 23 juin. Les chiffres économiques de juillet ont été très bons. Comment un personnage aussi important a-t-il pu faire pareille déclaration en contravention de la réalité des faits ?

Il y a là un problème de bonne foi ou plutôt d'opportunisme trop souvent confondu avec le mot « crédibilité ». Alan Greenspan avait été plus adroit quand il avait souligné, en décembre 1996, « l'exubérance irrationnelle » de Wall Street, déclaration qui reste encore dans les mémoires malgré son absence de portée. Wall Street a confirmé sa tendance haussière. La bourse américaine n'a connu qu'un coup de torchon en 2000 avec la crise de la « high tech » soit quatre ans plus tard. Les cours avaient eu le temps de monter. La déclaration du maestro n'avait pas grande valeur.

Les banquiers centraux ont usé et abusé des « Q.E ». Convaincus qu'il ne s'agissait que d'une question de volume et de temps, ils ont ajouté des liquidités aux liquidités. Certains ont fini par accepter que leur influence sur la conjoncture était devenue si faible qu'elle ne comptait plus. C'est le cas de Mervin King le prédécesseur de Mark Carney. Les autres, souvent les mêmes qui refusent encore le bien-fondé des changes flottants, sont persuadés qu'ils ont fait le bon choix. Toutefois, le constat, car ils ne sauraient parler « d'échec », de l'absence de réaction évidente de l'économie à des décisions monétaires les a conduits, avec une grande lucidité, à demander aux gouvernements de prendre des mesures budgétaires pour amplifier les effets de leurs initiatives. Ils restent persuadés que, sans leur politique offensive, les marchés d'actions auraient chuté et la conjoncture aurait périclité.

Les marchés ont pour vocation de drainer des capitaux participant au financement de l'économie mais ils n'ont pas le rôle actif qui leur est attribué. Un marché financier ne peut pas exister sans capitaux comme un stylo a besoin d'encre pour fonctionner mais ce n'est ni le stylo ni l'encre qui couche les mots sur la feuille de papier. Ils ne sont que des moyens qui permettent d'écrire. Sans les capitaux (l'encre), les marchés (le stylo) n'auraient pas de raison d'être. Reste le problème de leur animation. Un avis bien partagé part du principe que les détenteurs de capitaux s'en chargent. Mais voilà, ce qui paraît évident ne se confond pas nécessairement avec la réalité.

Les marchés sont qualifiés de « financiers » en ne considérant que la matière qui les compose. Le moteur qui les anime est économique, les flux de capitaux n'ont qu'un rôle accessoire. L'accroissement considérable des volumes de transactions facilité par la globalisation a fait tendre la capacité d'influence de ces flux sur le comportement des marchés vers 0. La faiblesse des volumes, l'impression de rareté qui s'en dégageait leur a longtemps accordé une influence déterminante sur le comportement des cours. Le fonctionnement du marché était alors imparfait. Leur multiplication à l'infini a provoqué un progrès énorme en créant les conditions d'un marché de concurrence presque parfaite. Elle a conforté le sens de la relation dans le sens naturel qui lui revient. La série des cours qui se succèdent est animée par des intervenants autour d'une tendance imposée par le devenir de variables économiques bien ciblées. La libre circulation des capitaux n'a pu qu'amplifier ce mécanisme, la succession des cours s'inscrivant sur une tendance qui échappe, par construction, aux opérateurs.

L'approfondissement des marchés a renforcé le processus de fusion entre leur comportement et celui de l'économie. Les détenteurs de capitaux prennent des positions mais ce n'est pas « la somme » de leurs décisions qui anime le devenir des marchés. La fixation des cours est un jeu à somme nulle puisqu'elle correspond à la rencontre d'une offre et d'une demande de mêmes montants au même moment. Elle ne comporte aucune dynamique en soi puisque le cours suivant n'est pas fonction du cours précédent. C'est l'ensemble des intervenants, concept dépassant la notion de somme, qui anime la succession instantanée des cours avec pour conséquence de ramener le jeu de l'offre et de la demande à un rôle accessoire, celui de fixer des prix sur une tendance qui leur échappe car dictée par l'évolution de la conjoncture dont l'attraction est imparable.

Les marchés ne peuvent pas « attaquer » contrairement aux accusations dont ils sont régulièrement l'objet. L'impression d'agressivité que dégagent les mouvements parfois brutaux des cours ajoute à la confusion mais un peu de recul permet de voir que les marchés réagissent aux politiques économiques décidées par les gouvernements. Ils ne sont jamais dans une position arbitraire mais dans celle d'arbitre. La relation univoque qui les attache à l'économie ne permet pas la subjectivité. Ce sont les gouvernements et plus rarement les banquiers centraux qui, étant les décideurs, se retrouvent dans la position de l'arroseur arrosé. Au lieu de considérer que les marchés « attaquent », ils devraient s'interroger sur le bien-fondé des décisions ou sur les raisons des fluctuations de la conjoncture à la base des réactions des marchés.

Les conditions d'exploitation des entreprises se sont tellement améliorées au cours des dernières décennies que le moindre accroc dans leur évolution provoque une forte réaction des cours de leurs actions. Une telle sensibilité n'avait pas de raison d'être dans les années 1970 quand les politiques économiques ne cherchaient qu'à promouvoir le pouvoir d'achat des ménages. Les marges des entreprises se retrouvaient alors sous pression. L'absence actuelle d'inflation est à la mesure de l'amélioration de la situation financière des entreprises là où l'hyperinflation n'était que le signe de détresse d'entreprises menacées dans leur survie.

L'inflation a été représentative d'un environnement économique délétère. Les banquiers centraux rêvaient alors d'une inflation zéro. Son absence actuelle est révélatrice d'une situation économique solide. Elle ne menace pas de se transformer en déflation à la manière de ce qui s'était passé dans les années 1930. L'envolée des bourses contraste avec leur effondrement de l'époque. Les entreprises bénéficient d'une souplesse dans la gestion de leurs conditions d'exploitation qui leur permet de les optimiser là où leur dégradation avait conduit à la multiplication des faillites. Les banques centrales n'ont pas de raison de se fixer un objectif de hausse des indices de prix même de seulement 2 %. L'idée est d'autant plus saugrenue qu'elles n'y peuvent rien. Le message qu'elles transmettent n'est pas bon mais, heureusement, les entreprises subissent une pression de la concurrence qui leur évite d'être tentées d'y répondre. Le jeu est dangereux car les banques centrales ne seraient pas en mesure de le contenir. Il n'est pas dans leur tradition d'encourager une hausse des prix et elles devraient s'y tenir.

Le comportement des marchés est ciselé. Cela se voit dans leurs réactions aux petites fluctuations de la conjoncture et, bien sûr, quand elles sont fortes, comme ce fut le cas lors de la crise qui a frappé la zone euro en 2011. Les taux des obligations de l'Allemagne, l'économie la plus forte de la zone, ont reflué sur des plus bas pendant que ceux de ses partenaires les plus fragiles se sont envolés. L'un des cinq grands Instituts de conjoncture, l'IWH de Halle en Allemagne, a cru bon de trouver dans le naufrage de la Grèce l'explication du niveau de rendement des obligations de son pays qu'il jugeait « anormalement » bas. La recherche de la sécurité *(« fly to quality »* comme cela se dit dans les marchés) aurait été la raison de se précipiter sur des « valeurs refuges ». C'est ainsi que l'Allemagne aurait, sur la base de ce raisonnement, fait jusqu'à 100 milliards d'euros d'économies dans le financement de sa dette publique.

Ce genre de conclusion particulièrement hâtive ne peut que nuire à la réputation de cet organisme car elle est fausse. Si l'argument avait une quelconque valeur, l'Allemagne ne pourrait que souhaiter la multiplication de ce genre d'évènement. Les rédacteurs du rapport de l'IWH ont commis une grossière erreur en « zoomant » leur attention sur un pays au lieu de prendre un grand angle qui leur aurait permis de voir que d'autres ont bénéficié du même mouvement, à commencer par une France qui n'en espérait pas tant.

La baisse des taux était animée par le renforcement de pressions désinflationnistes accompagnant un ralentissement de la conjoncture que seules des économies suffisamment solides étaient en mesure de supporter sans difficulté. L'IWH a pu voir son erreur dans les mois qui ont suivi puisque les taux des obligations suisses, japonaises puis allemandes à 10 ans ont continué de baisser alors que la Grèce ne défrayait plus la chronique. L'institut allemand a eu un mérite, celui de montrer que l'utilisation des corrélations pouvait être trompeuse.

Les marchés ont un comportement beaucoup plus objectif qu'il n'y paraît. L'affirmation choque compte tenu de la violence avec laquelle ils peuvent réagir mais leur volatilité dépend de la nature de l'environnement économique du moment. Un point noir sur un mur d'un blanc lumineux peut être plus choquant qu'une tache sur une peinture défraîchie. Il en va de même pour les marchés. Le moindre signe d'un changement dans un environnement extrêmement positif pour les entreprises tend à prendre des proportions inhabituelles sur l'évolution des cours de leurs actions. Dans les années 1970, quand leur situation financière se dégradait, les cours des actions des sociétés étaient beaucoup moins réactifs à l'évolution de leurs conditions d'exploitation. En économie comme sur les marchés, tout est vraiment relatif, rien n'est absolu.

La preuve la plus percutante, de la manière dont le devenir des marchés colle fondamentalement à la vie économique, est offerte par la cohérence impressionnante de leurs ajustements aux changements radicaux de nature des politiques économiques. Les politiques des revenus ont alimenté une inflation qui a fini par bloquer la croissance à la fin des années 1970. Le basculement dans une politique de « supply side » a provoqué l'inverse. Elle a permis aux entreprises de redresser leurs marges et leur situation financière. En conséquence, elles sont devenues plus conquérantes car elles ont pu faire des efforts sur leurs prix. Ce faisant, elles ont éradiqué les pressions inflationnistes plus sûrement que les banques centrales. Ce mouvement structurel a nourri, en tendance, la baisse des taux d'un côté et la montée des bourses de l'autre, les deux n'étant pas directement liés. Ce mouvement n'empêche pas qu'une embellie de la conjoncture puisse entraîner une légère hausse des taux longs avec la montée des bourses. L'amplitude de la montée des taux n'a rien à voir avec celle des années 1970 car ils n'ont conservé que leur caractéristique d'être très sensible à la vitesse relative de la croissance des pays concernés.

L'amélioration des marges a généré une détente structurelle des prix qui a été facilitée par un changement radical des relations sur un marché du travail devenu plus souple. Désormais, l'offre d'emplois impose ses conditions. L'ajustement du coût marginal du travail aux besoins des entreprises a été le moteur de la baisse du chômage au cours du cycle qui s'est amorcé après la crise de 2008. Cet ajustement explique la baisse de son taux sur des plus bas records au Royaume-Uni, en Allemagne, aux Etats-Unis et au Japon c'est-à-dire là où les conditions d'embauche sont les plus souples. En conséquence, les salaires ne sont plus sensibles au niveau du taux de chômage comme par le passé. C'est leurs ajustements qui aident à la baisse de ce dernier. La relation est inversée par rapport à ce que prétendent les théories traditionnelles issues du passé exprimées par la courbe de Phillips et par le NAIRU[21].

Cette flexibilité a permis d'accroître les offres d'emplois en l'absence du butoir du coût du travail. Si ce dernier devait s'emballer, le chômage remonterait probablement très vite. La détermination des entreprises est liée au fait que la pression de la concurrence internationale ne leur laisse pas une grande latitude dans la gestion de leurs coûts. Les entreprises animent des forces désinflationnistes que les gouvernements ont sous-estimées. L'inflation n'a guère de chance de se redresser tant que les politiques de « supply side » s'exerceront. Ce qui s'est révélé d'une manière de plus en plus explicite au niveau du comportement des marchés après 1982 n'a été qu'une version de ce qui a provoqué l'explosion du système des taux de changes fixes intervenue dix ans plus tôt. L'ensemble des marchés était voué à s'ajuster, par principe, à la réalité économique.

Toutes les théories qui expliquent le comportement des monnaies par des différentiels d'inflation et de taux d'intérêt ont capoté mais les croyances sont si fortes qu'elles conservent une place importante dans les relations supposées entre ces variables. C'est ainsi que le comportement des monnaies répondrait à des opérations de *« cash and carry »* basées sur des différentiels de taux, le plus élevé étant supposé entraîner la hausse de la monnaie à laquelle il est attaché. Ce genre d'explication ne vaut seulement qu'en apparence et d'une manière outrancièrement sélective, donc partisane. Un différentiel de taux est un mauvais argument car la volatilité des cours, en taux annualisé, est incomparablement plus forte. Il en va de même concernant les actions. Elle se base sur une mauvaise interprétation des raisons du comportement des marchés.

Les explications basées sur les motivations des opérateurs ne valent pas grand-chose car le comportement des marchés ne dépend pas de leurs choix. Ce principe vaut pour tous y compris pour les banques centrales. Elles sont considérées comme les tuteurs des marchés financiers alors qu'elles n'ont visiblement aucune prise sur eux à partir du

[21] NAIRU « Non Accelerating Inflation Rate of Unemployment ». Le concept parti de la courbe de Phillips a été développé par Franco Modigliani et complété par James Tobin en 1980.

moment où elles ne maîtrisent pas l'évolution de la conjoncture. Et c'est ce qui est arrivé discrètement puis d'une manière de plus en plus évidente au cours des quarante dernières décennies. L'éclairage donné ici rend caduque tous les procès qui sont faits aux marchés. Il implique un bouleversement dans la manière de considérer leur rôle si injustement condamné. Au lieu de les accuser des pires turpitudes, il apparaîtrait plus judicieux de les prendre au sérieux sans les craindre car ils ne sont pas responsables des errements de la conjoncture. La relation économie/marchés qui n'a eu de cesse de se renforcer n'a rien à voir avec les risques pris par les opérateurs. Si la spéculation *(le trading)* concerne des individus, elle n'existe plus quand ces derniers sont considérés dans leur ensemble.

Les acteurs des marchés prennent individuellement des positions qui induisent des prises de risques de plus en plus difficiles à évaluer en raison du développement rapide de technologies de l'information et de la communication. Leurs choix ne changent pas le sens des marchés mais les institutions qui les emploient peuvent se retrouver dans la situation du conducteur d'une voiture dans le brouillard. Lui ralentirait voire s'arrêterait devant le danger. Les établissements financiers n'ont pas toujours ce réflexe, ne serait-ce que par appât du gain. L'exemple des « subprime » est là pour le rappeler. Les règles prudentielles seront bien évidemment affinées mais la capacité de création de l'homme est telle que le passé ne permettra pas de se protéger contre des dérapages futurs d'un genre différent. Faut-il alors contenir voire brider la croissance puisque le confort qu'elle instaure fait oublier ce que représente une prise de risques ? La réponse est évidente. L'histoire des cycles n'est pas terminée et, avec elle, celle d'excès en tout genre qui ne se confondent pas avec le comportement des marchés. Si Marx n'est pas mort, Sisyphe non plus.

# UNE REMISE EN CAUSE DIFFICILE

« Les amis de la vérité sont ceux qui la cherchent et non ceux qui se vantent de l'avoir trouvée ». Ce mot de Condorcet dans un discours prononcé le 1er avril 1791 n'a pas pris une ride en particulier pour ce qui concerne l'économie et sa relation avec les marchés. Les théories économiques sont toutes basées sur une exploitation du passé. Si elles aident à se familiariser avec la science économique, elles peuvent se révéler très contestables dans leur application. La méthode ne permet pas de déterminer avec certitude le sens de la relation entre les variables en jeu. Or, ce point est essentiel.

La manière déductive d'avancer dans la connaissance économique utilise des outils mathématiques de plus en plus élaborés qui participent à une impression de solidité des modèles qui en sont issus. Ces derniers sont d'autant plus reconnus que la période de référence ayant servi à leur construction est longue. Pourtant, leur fiabilité n'en sort pas accrue. Le changement de nature des politiques économiques au cours des trente dernières années a bousculé la plupart des théories mais une omerta universitaire si ce n'est un aveuglement, ce qui serait grave pour des chercheurs, empêche d'en faire état. Les bulles sont annoncées dès que les cours des actions montent d'une manière non conventionnelle. La spéculation est montrée du doigt. Elle alimente la méfiance qu'inspirent les marchés. Sans le moindre doute, ces derniers sont condamnés pour leur impudence à contester des relations que les experts jugent pertinentes. Les certitudes sont si grandes qu'elles nourrissent une pensée unique qui n'admet pas d'être contestée. Un stade supplémentaire a même été franchi. Au nom du « politiquement correct », on en est arrivé à une véritable dictature de la pensée car il ne fait pas bon de la contester. L'euro en est un exemple affligeant. Ses partisans ne démontrent plus, ils imposent, avec une certaine violence, leur opinion. Face à ces blocages, la zone a vu la grogne de la contestation gonfler. Les votes dits « populistes » ont le vent en poupe.

Les modèles de prévision qui inspirent désormais toute politique économique ne sont jamais que des jeux de mécano ou de lego influencés par la pensée de ceux qui en sont les constructeurs. S'ils sont de plus en plus sophistiqués, ils n'en sont pas plus performants pour autant. C'est ainsi que la récession de 2008, la plus profonde depuis les années 1930, ne participe pas au renforcement de leur crédibilité car ils ne l'ont pas vu arriver. Angel Gurria, secrétaire général de l'OCDE, a reconnu dans son discours du 14 septembre 2018 sur la crise provoquée par Lehman Brothers que ses services ne l'avaient pas prévue. Il a malheureusement entretenu la confusion en partant du principe que la crise avait été déclenchée par des variables financières alors que ce sont des données économiques qui ont joué ce rôle. Les données financières n'auraient pas eu des conséquences aussi lourdes si l'activité économique ne s'était pas autant dégradée. Malgré l'opportunité qu'offrait un évènement exceptionnel, rares ont été ceux qui ont reconnu la faiblesse inhérente aux modèles dont, encore une fois, l'apport n'est pas en cause s'il se cantonne à permettre de se familiariser avec la chose économique.

Si les modèles apparaissent fiables en référence à un passé qui les a inspirés, ils peuvent être trompeurs. Le passé ne peut pas assurer les fondements de théories qui en sont issues car il est source d'erreurs d'interprétation. Son caractère figé occulte la complexité des combinaisons multiples et changeantes entre les variables qui l'animent. S'il est indispensable à l'observation des faits, il ne permet pas de diagnostiquer, avec certitude, leurs liens de causalité ni de déterminer le sens pourtant essentiel des forces en jeu.

La pertinence des idées ne peut pas être testée qu'en adoptant, comme Galilée en 1583, un principe encore rare à l'époque, celui de lier la théorie à l'expérience. Cela vaut d'autant plus qu'un marché financier n'est que l'ombre portée du déroulement de la conjoncture. Il n'a pas d'état d'âme donc pas de subjectivité. L'exercice concerne surtout court terme futur car le long terme dilue la capacité d'apprécier l'efficacité des idées proposées. Il encourage à des prises de position sur le devenir de la conjoncture qui seront plus ou moins confirmée par le comportement des marchés. C'est le moyen le plus sûr de donner à la science économique le caractère expérimental qui lui manque. Seul, le court terme permet d'observer le sens des forces.

Pour avoir ignoré cette contrainte, des confusions ont été possibles comme celle d'avoir donné beaucoup trop d'importance aux variables financières par rapport aux variables économiques. Contrairement à ce que prétendent Keynes et ses disciples, ce n'est pas la sphère financière qui influence la sphère économique mais l'inverse. Il est vrai que les marchés étroits de son époque ne l'ont pas aidé. L'accroissement de la profondeur de ces derniers a révélé le lien de dépendance du comportement des marchés avec le devenir de la conjoncture. Mais cet avantage ne gomme pas le risque de confusion. Dix ans après son déclenchement ; la crise de 2008 est toujours considérée comme une « crise financière » à laquelle le nom de Lehman Brothers reste attaché. Cette croyance s'oppose à la réalité d'une crise avant tout économique.

La science économique se veut rigoureuse mais elle l'est beaucoup moins qu'il n'y paraît car ses méthodes d'analyse manquent d'une exigence qui conforterait sa fiabilité. Les chercheurs élaborent des constructions sans prendre toutes les précautions indispensables pour les poser sur du roc et non sur du sable. Les faits leur donnent tort ? La réponse est systématique : c'est parce que le court terme est irrationnel. Ils préfèrent une approche à moyen ou long terme sans voir qu'elle sert plus d'excuse que de test de vérité.

Les banquiers centraux s'en servent sans vergogne. C'est ainsi qu'ils peuvent vanter la justesse de leurs décisions. « Des choix appropriés » comme ils disent tout en précisant qu'ils ne sont valables que « dans le moyen terme ». Comment peut-on imaginer qu'ils puissent affirmer le contraire ? Le moyen terme peut durer au point de les conduire à jouer les sœurs Anne à force de ne rien voir venir. Pour justifier l'efficacité de leurs « Q.E » à atteindre le désormais fameux objectif gadget d'inflation de 2 %, le moyen terme est devenu un long terme qui s'éternise. Cet allongement sans fin a conduit certains, dont Mervin King l'ancien gouverneur de la BoE, à se distinguer de ses pairs pour contester cette efficacité mais il n'a été pas entendu.

Les prévisions se trouvent souvent influencées par la conjoncture du moment. Le FMI s'en est fait une spécialité en élaborant des prévisions à deux ans qu'il change plusieurs fois par an au gré de la conjoncture. Ce procédé lui vaut de prévoir régulièrement ce qui vient de se produire. Un comportement à la mesure des célèbres carabinieri !

L'esprit des prévisions longues correspond davantage à celui d'un plan qu'à celui d'une prévision. Les deux ont leur utilité mais ils ne doivent pas être confondus.

Le long terme futur est une série de courts termes qui, par le caractère binomial des choix qui s'y opèrent, rend son déroulement aléatoire. Son utilisation sans réserve à des fins de prévisions ouvre la porte au n'importe quoi. Il sert d'échappatoire à ceux qui n'ont pas le courage de prendre le risque du court terme. La manière de progresser dans la connaissance des relations entre l'économie et les marchés est exigeante. Elle passe par l'observation du présent et par des prévisions qui peuvent difficilement dépasser trois mois sous peine de perdre rapidement de leur pertinence. Cette approche a le grand avantage de « vivre » le déroulement de la conjoncture en temps réel. L'exercice est indiscutablement délicat. En acceptant de se compromettre dans le futur immédiat, il en ressort une méthode qui adopte le mode opérationnel rejoignant ce qui se fait dans les autres sciences. C'est la seule manière de tester la valeur des arguments utilisés que la simple analyse d'un passé figé ne permet pas.

D'aucuns diront que ce genre d'affirmation est aberrant que, sans la prise en compte du long terme, les entreprises n'investiraient pas et que les grands projets d'Etat ne pourraient pas voir le jour. Personne ne conteste ce genre de remarque qui se place sur un plan radicalement différent de celui qui vise à analyser la manière dont se comportent les forces économiques et financières en jeu. Une entreprise se doit d'élaborer des plans sur les conditions de rentabilité d'investissements qui auront des conséquences sur son avenir. Un Etat a besoin d'élaborer des plans de dépenses qui engagent ses finances dans le long terme. L'exercice est indispensable mais il perd de sa crédibilité dès lors que les hypothèses utilisées sont au service des résultats recherchés. La France s'en est longtemps fait une spécialité pour convaincre de sa volonté de respecter les critères de Maastricht. Qui dit plan dit objectifs avec des hypothèses que la conjoncture à toutes les chances de contester.

Le comportement des marchés financiers ne répond qu'aux faits du moment. Il est inutile de les critiquer pour leur « courtermisme ». Ils ne prennent pas en compte le temps. Leur comportement est riche d'enseignement mais il est mal compris. Une mauvaise interprétation basée sur un passé qui n'a plus cours entretient la méfiance et le dénigrement à leur égard.

Ce débat m'en rappelle un autre, celui-là auprès de grands responsables de la gestion de capitaux au sein de compagnies d'assurance. Quand je leur ai proposé l'approche d'une prévision à trois mois « roll over », la réponse a été immédiatement de la refuser sous le prétexte qu'ils géraient dans une optique à long terme. Alors le court terme… Après discussion, ils sont convenus que les fluctuations des marchés sur lesquels ils opéraient s'imposaient à tous même si les contraintes liées à leur activité les conduisaient à répartir leurs risques, selon leurs choix, dans la durée. Une confusion entre une exigence interne et la réalité du déroulement des marchés qui s'impose à tous. Ils ont changé d'avis.

Le présent s'appuie sur le passé, il n'en dépend pas. Son devenir est aspiré par un futur, par construction, incertain. Cela n'empêche pas d'entendre des opérateurs dire que « les marchés n'aiment pas l'incertitude ». C'est le champ des variables économiques qui, par son attraction, détermine le devenir des marchés.

Les marchés de taux, de changes et d'actions n'évoluent pas de manière désordonnée. Il est d'usage d'affirmer que les opérateurs « font » les marchés, qu'il existe une « psychologie des marchés » et surtout que les marchés « anticipent ». Ces deux dernières affirmations confondent le comportement des individus qui sont sujets à des états d'âme avec celui de leur ensemble qui n'en a pas. Des marchés en forte baisse génèrent une déprime chez les intervenants comme leur montée crée de l'euphorie. Si les marchés n'anticipent pas, les opérateurs ont pour fonction d'anticiper leur devenir pour en tirer profit. Il n'est pas facile de renoncer aux idées acquises quand la confusion est acceptée. Les explications a posteriori se répètent au risque de brouiller l'analyse mais pourquoi faire simple quand on peut faire compliqué disaient les Shadocks. S'ils ont disparus des écrans de télévision, ils ont encore de beaux jours dans la vie économique et financière.

« La langue est la meilleure et la pire des choses » prétendait Esope. Il en va de même des banques dont on ne retient injustement aujourd'hui que le côté négatif. Si l'on écoute les commentateurs avertis, ils sont, avec les marchés financiers, responsables des malheurs économiques et sociaux qui nous accablent. L'évocation de la « crise financière » de 2008 conduit à ignorer qu'il s'agit, avant tout, d'une « crise économique ». La course au profit maximum est critiquée, elle fait pourtant partie du jeu qui anime l'économie marchande. Elle est une retombée collatérale de la dynamique du progrès. Elle devient, toutefois, préoccupante quand les dirigeants oublient leur devoir de responsabilité sociétale.

Le personnel politique est très prompt à montrer du doigt une finance dont ils savent toute la méfiance qu'elle inspire mais cette manière de détourner l'attention ne peut pas faire oublier qu'il est les premiers responsables de la situation économique d'un pays. « Tout est politique » entend-on dire mais la démarche a ses limites comme cela s'est vu avec la désormais célèbre stagflation de la fin des années 1970. Cette affirmation ne peut pas excuser éternellement la fâcheuse tentation des gouvernements à basculer dans la démagogie. Ils endorment le bon peuple en profitant de sa crédulité car tout le monde n'est pas compétent dans un domaine économique et financier qui tend à rebuter.

Les gouvernements trompent leurs ouailles mais la conjoncture qui résulte de leurs choix ne trompe pas les marchés. Quand la dynamique de la conjoncture est à bout de souffle, « l'économique » reprend le dessus sur le « politique ». Si un manque de lucidité ou de courage conduit à l'aveuglement voire à la turpitude comme cela s'est vu avec la Grèce en 2011, les marchés sont là pour sonner la fin de la partie.

De tout temps, les récessions ont été accompagnées de faillites bancaires plus ou moins retentissantes. La déroute de la banque Knickerbocker à New York en 1907 a marqué l'Histoire américaine par la tragédie qu'elle a entraînée en dépouillant les déposants de leurs avoirs. Elle a poussé à la création du *Federal Reserve Système*, en 1913 qui n'a pas empêché l'effondrement de banques par la suite, en particulier dans les années 1930. Avant de s'occuper de la conjoncture sur laquelle elles n'ont pas l'influence qu'elles croient, le premier rôle des banques centrales est celui de pompier pour éteindre l'incendie des pertes qui peuvent toucher dangereusement des établissements financiers qu'elles ont la mission de contrôler. En 1974, le Fed a contenu les conséquences de la chute de la Franklin National Bank. C'était une première depuis la fin de la guerre. Ses interventions n'ont cessé de se multiplier à partir de 1984 après la faillite de la *Continental Illinois.* Il n'a pas su, cependant, prévenir le scandale déclenché par la récession de 2008. L'affaire des «subprime» a stupéfié le monde par l'ampleur des dérives incontrôlées qu'elle a révélées. Elle a provoqué le vote du controversé *Dodd-Frank Act* en 2010, un document de 30 000 pages, si exigeant en matière de limites de risques pris par les banques qu'il est vite apparu comme un carcan.

Ben Bernanke a eu le mérite, fin 2008, de se lancer dans un soutien à grande échelle du système bancaire américain en péril. Cependant, il a été surpris, comme ses pairs, par la violence de la crise. L'impression de supériorité des banquiers centraux a été ébranlée. Leur pouvoir n'en avait pas fait des devins. Il n'en demeure pas moins qu'ils sont capables de faire des démonstrations de mauvaise foi au nom d'un principe qui voudrait qu'ils ne doivent pas perdre la face, leur « crédibilité » comme ils aiment à le dire. Ils ne peuvent donc pas se tromper. Ce genre d'exigence est bien-sûr inexacte. Mark Carney s'est magistralement trompé dans l'évaluation de l'impact du vote en faveur du Brexit. Mario Draghi a prêché pour sa paroisse en invoquant la réussite pourtant contestable de son « Q.E. ».

S'il est dans leur rôle de réagir à l'évolution de la conjoncture économique, les marchés n'ont aucune influence sur elle. Ils n'ont aucun parti pris politique. Ils ne réagissent qu'à des faits. Au premier trimestre de 1978, la baisse de la bourse de Paris a été expliquée par l'éventualité d'une victoire de la gauche aux élections législatives qui ne s'est pas réalisée. Elle ne faisait, en fait, qu'entériner la contraction du PIB français intervenue au même moment. La gauche est vraiment arrivée au pouvoir en 1981 avec les communistes. La bourse, après un moment d'émoi, s'est mise à monter lorsque la croissance s'est renforcée. Un exemple spectaculaire de l'absence de côté partisan des marchés. La démission des Premiers ministres grec et italien, début 2012, a bien été provoquée par la pression des taux d'intérêt qui ont alors atteint des niveaux rendant de plus en plus difficile l'appel de leur pays au marché. Ce blocage n'avait rien d'une « note de gueule». Les marchés ont seulement réagi à la soudaine découverte d'une profonde dégradation de la situation économique locale.

Les marchés possèdent un côté trop méconnu, celui d'être les révélateurs objectifs de la manière dont évolue une économie. Au début des années 1980, le changement radical de politique économique en faveur des entreprises a dopé les bourses. Le peloton des investisseurs attiré par leur comportement a grossi. Le volume des transactions s'est considérablement accru entraînant l'explosion des contrats à terme (les « *futures* ») et des options. Le volume de leurs échanges sur la bourse de Chicago spécialiste de ces instruments a vite triplé celui de Wall Street. La dimension prise par les marchés à terme n'a cessé de faire peur bien qu'ils n'aient eu aucun rôle spécifique dans les moments conjoncturels difficiles, comme les récessions, auxquels a été exposé le monde.

Les marchés à terme sont des marchés officiels qui fonctionnent avec des « deposits » et des appels de marges. Étant notionnels, c'est-à-dire représentatifs de montants qui ne sont pas versés, les contrats qui y sont conclus ne déplacent pas de capitaux à la mesure de la valeur qu'ils affichent. Le risque de graves accrocs dans leur fonctionnement est très faible car il s'agit de marchés réglementés qui s'ajustent aux variations des cours par des appels de marges quotidiens. Ils inquiètent par la masse qu'ils représentent bien qu'ils n'impliquent pas de liquidités à la mesure de leur valeur faciale. Le développement des marchés à terme, en contournant le besoin de liquidités pour prendre des positions, a offert un début de preuve que la quantité de monnaie en circulation n'était pas déterminante du comportement des marchés financiers. En revanche, la multiplication des contrats à terme animée par des intervenants divers a contribué à leur approfondissement.

L'augmentation de l'intérêt du public pour les marchés a attiré les media qui, ne s'intéressant pas aux trains arrivant à l'heure, montent en épingle ceux qui connaissent des accidents. Il est évident qu'il ne pouvait en aller autrement avec le naufrage des grands établissements financiers américains qui s'est accompagné de l'effondrement des bourses des deux côtés de l'Atlantique à l'automne 2008. Des banques sont passées à la trappe en Allemagne. L'affaire américaine a acquis une dimension exceptionnelle en raison du poids économique des Etats-Unis dans le monde.

Si les banques ont contribué à l'approfondissement de la récession, les marchés n'y ont eu aucun rôle actif. Ils en ont été les « victimes » puisqu'ils sont condamnés à suivre la conjoncture. La gestion des banques est assurée par des hommes qui sont faillibles. Une longue période de croissance alimente la confiance. Elle encourage à la prise de risques jusqu'au jour où le retournement imprévu de la conjoncture creuse des pertes abyssales comme ce fut le cas en 2008. Avant « l'accident », les banquiers se sont distribué des bonus outranciers. Après « l'accident », les Etats et les banques centrales ont dû intervenir pour éviter un désastre. Les Trésors nationaux ont été sollicités. Un vieux refrain populaire breton ajusté pour la circonstance pourrait résumer la situation : « les pommes de terre 'des bonus' pour les banquiers, les épluchures 'des pertes' pour les cochons de contribuables » ! Et, bien sûr, la répartition des rôles présentée ainsi n'est pas très populaire. Quelle est la responsabilité des marchés dans tout cela ? Aucune.

La mauvaise image des banques est exagérée car elle vient d'un éclairage quelque peu biaisé de la réalité. Les banques sont exposées à des dérapages comme toute entreprise humaine si ce n'est qu'elles peuvent les amplifier. Ces mauvais côtés ne doivent pas occulter leur vocation à financer l'économie par leur propre bilan mais aussi en contribuant à une désintermédiation qui participe au développement formidablement positif des marchés financiers. Ce dernier point est malheureusement sous-évalué dans les nouvelles réformes bancaires. Les banquiers peuvent faire des erreurs, les marchés n'en font pas car ils ne sont pas animés par des hommes mais par leur ensemble. Et c'est très différent ! Mieux vaut encourager leur approfondissement.

# UNE MÉCANIQUE QUANTIQUE

« Jamais au spectateur n'offrez rien d'incroyable. Le vrai peut quelquefois n'être pas vraisemblable » (L'Art poétique, chant III) et Nicolas Boileau d'ajouter : « l'esprit n'est point ému de ce qu'il ne croit pas ». Sa formule très élégamment tournée s'applique parfaitement à la scène financière sur laquelle les contrevérités trouvent plus facilement grâce que la simple vérité. « Les déplacements de capitaux déterminent le comportement des marchés qui influence, à son tour, le devenir de la conjoncture ». L'axiome est tellement partagé qu'il en est banal. Les banques centrales l'ont fait leur, d'autant plus qu'il s'agit de liquidités ! La relation dans cet ordre apparaît acquise et cela contre vents et marées ! Elle a l'avantage d'être compréhensible par le plus grand nombre et, à une époque où la communication est reine, les media s'en servent sans compter.

Les exemples ne manquent pas, ils montrent que le comportement d'un marché est animé par des variables économiques. Le niveau des cours qui les écrivent ne peut être qu'indéterminé a priori. Sans cette condition les marchés se retrouveraient bloqués. Le mot « niveau » est, ici, impropre car il se définit comme un point niant la réalité du fonctionnement d'un marché qui ne peut s'exprimer qu'en dynamique. La notion de « cours objectif » ne peut être que très subjective. Il convient de rappeler que si le volume des transactions est déterminant du comportement des marchés (de son « efficacité »), il ne l'influence pas. Seules les variables économiques importent. Si leur comportement relatif change à la suite de l'adoption d'une nouvelle politique économique comme ce fut le cas avec le « supply side », les relations entre les taux d'intérêt, le cours des monnaies et les bourses en font autant. C'est le danger que rencontre tout recherche s'appuyant sur le passé pour établir des règles.

Actuellement, les entreprises jouent un rôle de rempart économique contre les excès que les banquiers centraux multiplient avec leurs politiques non conventionnelles. Elles sont devenues les responsables de la gestion de la conjoncture à côté des Trésors nationaux souvent rendus discrets en raison de la situation de leurs finances. Elles ont un rôle de plus en plus central dans l'économie et donc sur le devenir des marchés même si celui des Trésors nationaux demeure essentiel.

La tendance intrinsèque des marchés est animée par le devenir des variables économiques qui leur sont sous-jacentes. Le marché des changes en reste le meilleur exemple. Les intermédiaires du nom de *« market makers »* y ont un rôle central. Ce qualificatif en dit long sur la confusion des rôles dans la mesure où, contrairement à leur appellation, ils ne « font pas le marché ». Ils sont des *« price makers »* qui proposent des prix à l'achat et à la vente car ils ignorent l'intention de leurs clients comme ils ne connaissent pas le devenir des marchés. Cette indétermination est essentielle à leur bon fonctionnement. Ce métier opportuniste ne peut vraiment dégager de profits qu'en application de la loi des grands nombres car ni eux ni leurs clients ne savent quel sera le prix suivant. La multiplication à l'infini des opérations s'est spectaculairement accélérée quand les moyens d'information se sont sophistiqués. Aujourd'hui, les marchés n'ont plus rien à voir avec ceux de la fin des années 1970 alors que le telex jouait encore un rôle essentiel. Les sources d'informations sur écran commençaient tout juste à se développer. C'était encore un peu le temps de la lampe à huile ! Les volumes de transactions étaient beaucoup plus faibles, mais *Bretton Wood* avait déjà sauté !

Les intervenants ne peuvent plus exercer leur influence sur des marchés dont le fonctionnement s'est considérablement assaini. Ils peuvent disposer, à tout moment et de manière instantanée de cours dans les deux sens soit à l'achat comme à la vente. L'utilisation de nouvelles techniques comme le trading de haute fréquence a fait craindre une déstabilisation des marchés mais le risque est beaucoup plus limité qu'il n'y paraît. Ce mode opératoire existe car la profondeur des marchés le permet. Sans cela, ils se bloqueraient et les cours ne pourraient pas être fixés.

Des vieilles expressions comme la « pression acheteuse » donnant une raison de la montée d'un marché ou la « pression vendeuse » une justification de sa baisse sont basées sur l'apparence. Si une telle explication comportait un début de vérité, il n'y aurait pas de prix, tous les intervenants se retrouvant alors dans le même sens puisqu'il paraîtrait évident ! C'est ce qui arrive quand un marché est étroit. Dans des conditions normales de fonctionnement, les opérateurs n'ont pas de prise sur les tendances d'un marché qu'ils tentent d'estimer.

Le devenir d'un marché dépend d'un principe d'incertitude sans lequel il ne pourrait pas avancer. Les cours participent à un équilibre dynamique généré par l'empilement des offres et des demandes qui se renouvelle sans fin. La succession des cours ne répond pas à une fonction linéaire, ils sont des variables discrètes qui ont pour caractéristique de ne pas dépendre les unes des autres. Ils se succèdent sans que le suivant soit déterminé par le précédent.

La meilleure garantie du bon fonctionnement des marchés financiers passe par la multiplication potentiellement infinie du nombre de transactions et d'opérateurs. L'offre et la demande avancent alors en fixant les cours qui subissent l'attraction naturelle de la « troisième force » que représente le devenir des variables économiques. Le résultat des trois forces s'inscrit sur une tendance imposée par la « tyrannie » de la conjoncture.

Cette réalité brouillée par le leurre de l'apparence n'est toujours pas acceptée. Les théories se sont multipliées au cours du temps pour déterminer le « juste » niveau des cours des actions. Le mot « juste » est très troublant par son caractère faussement objectif. Il sous-tend l'idée que, sur un grand marché, un cours peut être durablement « sous-évalué » ou « surévalué ». Ce genre d'avis ignore la dynamique des prix qui s'oppose à une approche financière des marchés. En ce qui concerne les bourses, l'idée de « rotation sectorielle » des cours nie la réalité des mécanismes qu'elle est censée décrire. Les investisseurs ne peuvent pas la provoquer mais ils peuvent l'anticiper.

Sur un grand marché, les valeurs traitées le sont en continu, c'est-à-dire que le temps entre deux cotations est devenu nul. Cette condition correspond à l'optimisation du mode de fonctionnement d'un marché. En conséquence, la notion statique du « juste » cours d'une devise ou d'une action n'a guère de sens. Elle correspond à un vieux réflexe qui traduit une certaine nostalgie des taux de changes fixes. En réalité, la valeur ne se comprend qu'en dynamique. Sa vérité s'est renforcée quand la variable temps n'a plus compté. Un cours tend à être « juste » dans un processus qui suit au plus près la tendance déterminée par la main invisible de la conjoncture économique. La mécanique fonctionne d'autant mieux que la profondeur des marchés alimente la fusion de leurs comportements avec celui de l'économie.

La fixation des cours répond clairement aux caractéristiques de la physique quantique. Son principe de superposition correspond à la dynamique des achats et des ventes sur un marché bénéficiant d'une profondeur suffisante qualifiée de taille critique. L'idée qui prétend qu'un marché peut monter « ou » baisser est évidemment vraie mais cette approche classique est trop primaire. Elle appartient aux opérateurs qui s'essaient à appréhender les tendances des cours et le timing de leur retournement avec les aléas que l'exercice comporte mais ils n'ont aucune prise sur elles. Le fonctionnement d'un marché est tout autre. Il est animé par la dynamique créée par l'ensemble des intervenants à la condition que le marché soit suffisamment profond. La géométrie euclidienne ne suffit pas à l'expliquer. La loi des grands nombres et la disparition de la variable temps donne force à un comportement attaché à la mécanique quantique.

Le paradoxe de Schrödinger décrit parfaitement le fonctionnement d'un marché. Erwin Schrödinger a développé une expérience en supposant un chat enfermé dans une boite contenant un flacon de gaz mortel sous la menace d'un marteau actionné par une force extérieure. Si, en probabilité, l'expérience veut que le flacon ait une chance sur deux d'être cassé, le principe de superposition quantique suppose que tant que l'observation n'est pas faite, le chat est simultanément dans deux états, celui d'être mort et celui d'être vivant jusqu'à ce que l'ouverture de la boite déclenche le choix entre les deux états. Un marché tel que celui des changes, choisi pour sa grande profondeur, avance avec la superposition quantique d'ordres d'achat et d'ordres de vente potentiellement influencée par l'évolution des variables économiques. Selon le principe de superposition quantique, le marché a 100 % de chances de monter et 100 % de chances de baisser jusqu'au moment où les deux catégories d'ordres se rencontrent (ce qui équivaut à l'ouverture de la boite) pour fixer des cours qui se succèdent de façon continue pour écrire une tendance. Les expressions « il en manque » et « il y en a trop » n'ont pas leur place ici.

Leur ensemble ne se confond pas avec leur somme algébrique qui est nulle. Il écrit la trajectoire que les marchés sont appelés à suivre en conséquence de l'évolution de variables économiques. Le gonflement spectaculaire des transactions sur les marchés au cours des dernières décennies a provoqué une véritable fusion de leur comportement avec celui des variables économiques sous l'égide de ces dernières. Leur interdépendance répond au principe d'intrication quantique qui n'existe que lorsqu'un marché a atteint une taille critique.

Un marché est assuré d'atteindre une taille « critique » quand le volume des transactions qu'il génère tend vers l'infini. L'offre et la demande se fondent alors dans un mouvement d'ensemble continu. Lorsqu'il atteint ce stade, un marché est immunisé contre les initiatives d'intervenants particuliers. Il n'a rien à voir avec un marché de biens où la variable temps conserve un rôle important. C'est le niveau de maturité désormais atteint par le marché des changes. Cette réalité, qui décourage les tentatives de manipulations des cours, condamne sans appel les initiatives visant à entraver le développement des marchés.

Un marché ne s'exprime que par des tendances sur lesquelles s'inscrivent les cours. Ces derniers sont des points éphémères. Toutes les explications visant à définir leurs justes niveaux par des calculs ne servent qu'à ceux qui sont convaincus par une telle approche. Les tendances peuvent être prévues alors que le niveau des cours est indéterminé ex ante.

Les gérants de portefeuilles investis en actions ont l'habitude de contourner les aléas du marché en prenant une optique à long terme comme ils aiment à le dire. En partant du principe que les marchés anticipent, ils se basent sur le rapport des cours aux bénéfices (les *« price-earnings ratios »* ou P/E). Ce rapport qui met en œuvre des intégrales ignore le jeu des dérivées déterminant du comportement d'un marché. Cette approche n'accorde pas une grande importance au devenir de la conjoncture à court terme. C'est la raison pour laquelle les sociétés de gestion encouragent leurs clients à leur confier des capitaux sur des périodes longues généralement de cinq ans. C'est l'attitude du pêcheur à la ligne qui attend la réalisation de son souhait.

La notion de P/E n'est pas vraiment opérationnelle. Je l'avais qualifiée d'opium de l'investisseur au début des années 70 tant les gérants s'accrochent à un concept qui rassure mais ne présente pas un grand caractère opérationnel. La désignation d'un cours objectif s'assimile plus ou moins à un jeu de loterie. Ce qui vaut pour les bourses vaut pour les changes mais les critères utilisés ne sont pas les mêmes.

Quand Goldman Sachs a annoncé, en janvier 2015, qu'elle prévoyait un euro-dollar sous la parité en 2016, elle pensait limiter ses risques car l'horizon était bien lointain. L'air du moment a influencé cette prévision. L'euro venait de baisser de 15 % au cours des six mois précédents. Le temps a fait oublier cette tentative d'estimation car la banque s'est trompée mais si la conjoncture lui avait donné raison, elle n'aurait pas manqué de le rappeler ! C'est du marketing !

L'euro a baissé au début de 2016. « Tout le monde » voyait le dollar monter pour la fausse question d'un différentiel de taux entre la devise américaine et l'euro. La BCE a franchi un nouveau cran dans la baisse de ses taux, au printemps, mais c'est l'euro qui a fini par monter à la surprise générale en 2017. La réalité de la conjoncture économique a été la plus forte en application de la dynamique quantique.

# IT'S THE ECONOMY, STUPID !

*« It's the economy, stupid ! »* cette déclaration est devenue célèbre lors de la campagne qui a conduit à la victoire de Bill Clinton en 1992. Elle est particulièrement bien adaptée au rappel de ce qui anime les marchés même si elle ne leur était pas destinée. Les investisseurs ont des états d'âme, les marchés jamais. Il arrive que ces derniers révèlent une réalité que les experts ont le plus grand mal à accepter. Les exemples ne manquent pas qui soulignent leur objectivité à la base de la cohérence impressionnante de leur comportement. Les taux longs ont amorcé une baisse en 2004 au moment où les banquiers centraux disaient encore craindre l'inflation. Cette baisse qui a stupéfié les grands argentiers, à commencer par Alan Greenspan, ne faisait qu'annoncer l'amorce d'une diminution structurelle des tensions inflationnistes qu'ils n'ont perçue que quatre ans plus tard.

La façon dont les rendements ont bousculé toutes les formes plus ou moins rigides d'évaluation de leur niveau basées sur l'inflation a fait craindre, après la récession de 2008, une déflation qui a laissé de très mauvais souvenirs mais l'histoire ne se répète pas, tout au moins pas dans ses modalités. Le contexte a radicalement changé. Les causes de la présence grandissante de forces déflationnistes dans les années 2010 n'a rien à voir avec celle des années 1930. La fermeté des bourses, en particulier la succession de records à la hausse de Wall Street au cours des deux dernières décennies a bien marqué la différence entre l'environnement actuel et celui qui prévalait alors. Le marché a montré que le postulat selon lequel les taux longs devaient être supérieurs à l'inflation n'était pas fondé. C'était une règle inspirée d'un passé qui n'avait pas de caractère universel.

La croissance et l'inflation déterminent l'évolution des taux. La dégradation de la qualité de la croissance, cause invisible de l'accélération de l'inflation, a longtemps donné à cette dernière le rôle principal. Les taux se sont envolés. L'amélioration considérable de la qualité des économies à la suite de l'adoption de politiques de « supply side » a progressivement éradiqué les tensions inflationnistes pour donner une place déterminante à la seule croissance.

Les variations d'un PIB (ou d'un quelconque chiffre d'affaires ou bénéfice) ne représentent pas toujours la période dont ils sont censés faire le bilan. Ce qui s'est produit au cours de la période précédente peut influencer de manière significative les chiffres (l'intégrale) de la période suivante au risque de donner une mauvaise idée des faits auxquels les marchés réagissent. Cette simple remarque souligne les travers dans lesquels peuvent tomber les modèles économétriques concernant la croissance. Un exemple parmi tant d'autres illustre la confusion. Les pays candidats à la création de la zone euro sont tombés en récession au second semestre de 1992. Le PIB annuel de la France s'est contracté en 1993 donnant l'impression que la récession s'était produite cette année-là. Et pourtant la bourse est montée.

Une anticipation de la reprise future a été l'argument donné pour expliquer un comportement qui apparaissait surprenant mais ce n'est pas exact. La bourse a bien reflété ce qu'il se passait à ce moment, à savoir la réalité d'une reprise qui s'était bien amorcée au printemps 1993 mais dont le mouvement n'a pas été suffisamment fort pour compenser l'ampleur de la déprime de la fin de 1992. La comptabilité nationale a enregistré, par inertie, une baisse du PIB.

Toute vie s'exerce à la marge. Christophe Colomb a traversé l'Atlantique dans des conditions limites pour sa sécurité et celle de son équipage, mais il a réussi. S'il avait rencontré le cyclone Katrina, son nom n'aurait pas été inscrit sur les tablettes de l'Histoire. D'autres ont eu moins de chance. Les modalités d'un parcours sont de la plus grande importance ! Ce principe vaut pour le déroulement de la vie économique qui détermine le comportement des marchés de capitaux. Ces derniers réagissent non seulement aux changements de tendance de la conjoncture (ce qui correspond au changement de signe d'une dérivée première) mais encore bien davantage à la vitesse de son évolution (sa dérivée seconde).

Une baignoire de forme ancienne permet d'illustrer cette dynamique, son profil représentant l'évolution de la conjoncture. En partant d'un bord, la courbe du côté choisi connaît sa pente la plus forte en son milieu, soit au moment de passer son point d'inflexion qui signale l'amorce d'une diminution de la pente mais ce n'est qu'au fond de la baignoire, en son point de retournement, que la pente s'inverse. Appliqué à la conjoncture, ce profil est celui d'une récession dont l'intensité diminue avant que la croissance ne se déclenche. Les bourses amorcent leur remontée à partir du point d'inflexion c'est-à-dire au moment où la vitesse de la dégradation des conditions d'exploitation des entreprises diminue. À l'inverse, elles abordent un repli quand la courbe passe le point d'inflexion de l'autre bord de la baignoire. Les marges s'améliorent toujours mais de moins en moins. En comptabilité, le devenir de ce processus sert au calcul d'intégrales qui correspondent au bilan d'une période sans en refléter la vie. La sensibilité des marchés à la notion de dérivée seconde donne une impression d'anticipation qui entretient les fantasmes.

L'intégrale ne reflète pas le comportement d'un marché. Ce dernier n'est sensible qu'à la manière dont elle se constitue, c'est-à-dire à la vie. Les chiffres publiés peuvent provoquer un effet d'annonce. Ils ne sont pas déterminants du comportement des cours dans la durée car, intervenant en retard, seule compte le déroulement présent de la conjoncture. Les marchés y sont attachés avec une précision de plus en plus redoutable, chacun d'entre eux, que ce soit celui des changes, celui des taux ou celui des actions, étant lié à des variables économiques différentes. Toutefois, un critère vaut plus que les autres : le devenir de la qualité de la croissance importe plus que la quantité.

Les marchés subissent des fluctuations apparemment erratiques qui sont simplement dues au fait que la conjoncture n'avance pas en ligne droite. C'est dans les moments de très grands retournements conjoncturels, comme en septembre 2008 puis en mars 2009, que l'osmose entre la conjoncture et le marché apparaît le plus clairement. Le principe est général bien qu'il soit plus facile de le cerner dans des conjonctures aux couleurs vives que dans des conjonctures pastel. La crainte de la dépression était à son paroxysme quand les bourses des pays occidentaux sont brutalement remontées début mars 2009. Ce ne sont pas les individus qui ont décidé du mouvement puisque « tout le monde était noir ». Un phénomène du même genre s'était produit en octobre 1998 et il se répètera.

Les bourses auraient-elles provoqué la reprise après avoir participé au déclenchement de la récession comme l'affirme l'axiome sur le rôle des flux de capitaux ? Assurément non ! Elles ont seulement suivi l'évolution de la conjoncture quasiment en temps réel. En mars 2009, elles ont entériné le ralentissement de la dégradation des conditions d'exploitation des entreprises, provoqué par la décélération de la récession qui précède toute reprise. C'est à la veille du printemps que les conditions du retour de la croissance se sont déclenchées. Le *National Bureau of Economic Research* a déclaré que la reprise américaine était intervenue au début du troisième trimestre de 2009. En fait, elle s'est amorcée en mars si l'on prend en considération le mouvement et non les chiffres. À l'inverse, au cours de l'été 2008, la dérivée seconde de la croissance était devenue négative avant que l'économie ne s'enfonce dans la récession. Les bourses ont amorcé leur plongeon en juillet.

Les réactions des bourses aux changements de vitesse de la croissance sont devenues de plus en plus violentes. Elles ont nourri une notion de « bulle » qui n'a probablement jamais été proposée aussi fréquemment qu'au cours des trois dernières décennies, soit au cours d'une période qui a été particulièrement favorable aux entreprises. Cette peur des « bulles » donne l'impression que les cours des actions ont des comportements excessifs alors qu'ils répondent à une mécanique naturelle et objective qui projette dans le futur les conditions du moment.

La manière dont la sensibilité des cours des actions au devenir de la conjoncture s'est amplifiée au cours des dernières années est la contrepartie du renforcement de la santé financière des entreprises, condition essentielle de la qualité de la croissance. L'accélération de l'activité entraîne un renforcement plus ou moins marqué des résultats des entreprises qui provoque une poussée d'une ampleur variable des cours de leurs actions. Au moindre accroc intervient une réaction en sens inverse. Il n'y a pas là un problème d'état d'âme des investisseurs mais la conséquence d'une mécanique qui anime les marchés. C'est ainsi que les cours des actions réagissent à l'évolution de la tangente à la courbe des conditions d'exploitation des entreprises qui se retrouveront, plus tard, dans la publication de leurs résultats. Leur devenir est complètement étranger à l'exercice dérisoire d'une actualisation de résultats futurs, par construction, inconnus.

On est très loin du rapport des cours de leurs actions à leurs bénéfices qui a un caractère statique. Le prolongement dans le futur de la dynamique du moment vaut aux mouvements des cours d'apparaître comme amplifiant la réalité alors qu'il ne s'agit que de la conséquence d'une mécanique naturelle. Les entreprises ont été les grandes bénéficiaires du basculement des politiques économiques dans le « supply side ». Elles ont profité de chaque phase de croissance pour améliorer leurs marges. Mais un tel mouvement a sa contrepartie, un retournement brutal de la conjoncture provoque une réaction violente des bourses.

Pour les sociétés nouvelles, les « start-up », les promesses d'un développement exceptionnel comptent plus que les résultats du moment. Dans les années 1970, les sociétés d'informatique, comme *Digital Equipment,* ne distribuaient pas de dividendes, leurs actions sont montées de manière spectaculaire. Le réinvestissement des résultats se justifiait par le niveau élevé de la rentabilité potentielle des capitaux investis. C'est une situation qu'ont connue les entreprises de haute technologie en 2000 dans un nouveau domaine à fort potentiel de développement. Les espoirs ont été si intenses que certains ont senti le besoin de justifier la montée des « P/E » qui atteignait des niveaux stratosphériques en remplaçant les bénéfices par les chiffres d'affaires. L'idée était au service d'un besoin d'assurance qui s'est transformé en leurre.

Les perspectives de hausse des résultats animent la montée des cours. Mais une forte pente ne peut pas durer. Son retournement finit toujours par arriver avec ses conséquences brutales sur les marchés. La douche a été glacée quand la fête s'est brutalement arrêtée lors de la récession de 2001. Plus récemment de grands groupes qu'il est convenu d'appeler par l'acronyme « GAFA[22] » ont connu des montés vertigineuses de leurs actions. Ces dernières connaîtront des retours plus ou moins violents lorsque la dynamique de leurs profits ralentira.

[22] GAFA, google, amazon, facebook, apple

Un marché n'interprète pas, il ne prévoit pas, il ne dépend pas des individus. Il a un comportement objectif que lui dénient maladroitement toutes les approches qui se servent des déplacements de capitaux investis donc des avis des opérateurs. Il ne justifie en rien la réputation d'irrationalité qui porte tant préjudice à son image.

# UN DRÔLE DE QUIPROQUO

Une bourse est l'endroit où s'échangent des titres contre de la monnaie pour éventuellement acheter d'autres titres. Si les échanges modifient les positions individuelles, globalement, le nombre de titres ne varie pas, si l'on ne prend pas en compte les nouvelles émissions d'actions. Seule change leur valeur. Les échanges ne concernent qu'une partie des actions en circulation mais les prix qu'ils génèrent déterminent la capitalisation d'un marché. Leur comportement étant imposé par des données économiques, les variables monétaires n'ont pas l'importance qui leur est donnée. Le devenir des cours sur un marché financier n'en dépend pas quoi qu'en disent ceux qui croient que les « Q.E » ont joué un rôle essentiel dans la hausse des bourses au cours du cycle commencé en 2009. La réalité de leur comportement permet de douter fortement d'un tel lien.

Avec une masse donnée de liquidités, un marché peut monter ou baisser. Quand il monte, il serait inexact d'en chercher la cause dans un accroissement de liquidités qui s'y seraient investies Une condition de ce genre n'est ni nécessaire ni suffisante. La vitesse de circulation des titres peut remplacer la notion de liquidité. Seul, le financement de l'économie qui réclame plus de monnaie. Le niveau de capitalisation d'une bourse n'a rien à voir, en direct, avec la notion de quantité de monnaie

Une capitalisation est très sensible, en revanche, à la qualité de la politique économique mise en œuvre qui, en influant sur les marges, joue un rôle déterminant sur l'évolution de l'inflation et sur la pérennité de la croissance. La faiblesse actuelle de la première met en exergue la deuxième au potentiel de fluctuation limité. La combinaison des deux explique le bas niveau actuel des taux de marché ainsi que leurs faibles variations.

Les théoriciens n'ont pas cessé de vouloir trouver un lien direct entre l'évolution des bourses, des changes et des taux longs d'une part et la création de monnaie de l'autre. La réalité ne dit pas cela. Aucune recherche n'a pu le confirmer car il n'existe pas. S'il y a bien un lien commun à ces trois compartiments d'un marché financier, il est indirect. Il passe par l'intermédiaire de variables économiques. L'injection massive de monnaie dans le monde au cours du cycle commencé en 2009 n'a pas empêché de violentes baisses des bourses. C'est ainsi que celle de 2016 s'est même traduite par la réduction de leur capitalisation de plus de 5000 milliards de dollars au cours des trois premières semaines de l'année avant que la conjoncture ne permette de la récupérer. Le niveau des bourses de la zone était inférieur de plus de 15 % à celui de début mars 2015, date du lancement du « Q.E » de la BCE. L'euro est resté ferme. Pourtant, la BCE avait injecté 500 milliards d'euros au cours de cette période. Dans les années 1970, les masses monétaires ont crû sur un rythme supérieur à 10 %, les bourses ont eu un comportement décevant. L'inflation s'est envolée.

Au cours des dernières années, l'économie mondiale a été inondée de liquidités. Les bourses ont eu tendance à monter alors que l'inflation classique a disparu. Le concept d'« inflation des actifs » a faussement remplacé l'inflation par les prix d'une manière maladroite. Ces deux « inflations » ne se comparent pas. Les banquiers centraux n'ont pas les moyens, dans l'absolu, de générer de l'inflation classique et encore moins une « inflation des actifs », concept complètement farfelu.

L'inflation classique intervient en réaction de la dégradation des marges des entreprises provoquée par la baisse de leurs charges. Les embauches diminuent. La croissance ralentit, les bourses baissent. Un exemple de cette dérive est celui de l'hyperinflation des années 1970. La prétendue « inflation des actifs » est un détournement de la signification du mot « inflation ». La dynamique est inverse de la précédente. Elle n'intervient que dans un contexte économique qui s'améliore. La capacité retrouvée des entreprises à gérer leur compte d'exploitation alimente le renforcement de leurs marges. Cette dynamique est à la base de la montée des cours de leurs actions et de la disparition de l'inflation au cours des dernières décennies.

L'importance donnée aux flux de liquidités crée la confusion. Quand les bourses baissent et que les obligations montent, il vient tout de suite à l'idée que les investisseurs vendent les unes pour acheter les autres. Le principe des vases communicants des « entrées » et des « sorties » de capitaux d'un type de placement vers un autre serait motivé par le désir des investisseurs de trouver de meilleurs placements voire des « valeurs refuges ». Ce genre d'argument est considéré comme pesant lourdement sur le comportement des marchés. Il est pourtant inadapté. Le solde des capitaux « entrant » et « sortant » des marchés dans le cadre des échanges qui s'y produisent est toujours égal à zéro car pour vendre ou pour acheter des titres une contrepartie est nécessaire. Les échanges entre les intervenants comme à l'échelle d'un marché se traduisent par des déplacements de capitaux. Cela explique l'importance donnée aux « flux de capitaux ». Pourtant, l'évolution des cours des actions comme des obligations n'en dépend pas. Il s'agit d'un leurre parce que, « net-net », il n'y a pas d'apports ou de retraits de capitaux d'un marché. En revanche, plus un marché est profond, qu'il atteint sa taille critique, plus il est assuré de son bon fonctionnement. Les transactions s'y font avec une grande fluidité qui aide à l'optimisation des conditions de financement.

Les cours des actions comme des obligations évoluent au gré du déroulement de la conjoncture et non en relation avec les états d'âme d'opérateurs dont le rôle se limite à anticiper leur devenir. Les modalités de remboursement d'une émission d'obligations sont fixées lors de son lancement. Néanmoins, leur valorisation change au cours de leur vie sans qu'il y ait un apport ou un retrait de monnaie. Cela vaut pour l'ensemble d'un marché en dehors de nouvelles émissions.

Toute transaction suppose un acheteur face à un vendeur sans qu'il soit nécessaire de faire une différence entre les capitaux étrangers et les autres sur un marché libre. Tous sont motivés par des plus-values potentielles. La baisse d'une bourse ne peut pas être déclenchée par les seuls opérateurs étrangers pressés de rapatrier leurs capitaux. Elle intervient en conséquence d'une conjoncture qui tend à se dégrader.

Les marchés sont traversés par des ondes qui sont « émises » par la conjoncture sous-jacente. Comme pour la mer, elles demeurent des ondes tant que l'espace est dégagé. Au moindre écueil, c'est-à-dire quand le marché perd de sa profondeur, elles peuvent se transformer en vagues aux conséquences négatives. Le réflexe premier des gouvernements est de prendre des mesures de conservation quand la tenue de la devise de leur pays est menacée. C'est une erreur. Les déconvenues qu'ils ont régulièrement essuyées par l'intermédiaire de leur banque centrale les ont obligés à plus de prudence. La mise en place d'un contrôle des changes ne peut qu'exacerber les tensions. La mécanique des changes flottants les évite.

L'image des ondes souligne qu'une globalisation financière n'a pas pour vocation de perturber le déroulement de la conjoncture économique. Elle accompagne le développement des échanges de biens et de services qui peut être plus ou moins faussé par des gouvernements cherchant à doper leurs exportations. La libre circulation des capitaux ne pose pas ce genre de problème, bien au contraire, elle facilite l'accès aux financements dont l'économie a besoin. Les entraves qui la contrarient à tort s'expliquent par un quiproquo formidable.

Les gouvernements se méfient du comportement des marchés. Ils les surveillent alors qu'il suffirait d'être attentif à la solidité de l'économie de leur pays pour constater que, dans une conjoncture apaisée, les loups sont, en fait, des agneaux. Malheureusement, certains pays, dont la France, s'échinent à vouloir contrarier une mécanique capable de fonctionner simplement. La taxe sur les transactions financières fait partie de ces mesures aux retombées potentiellement négatives par son impact sur les volumes échangés.

Un pays qui cherche à protéger son marché de capitaux perd de vue que seule la solidité de son économie compte. Cette dernière est indispensable au bon fonctionnement du premier et, plus globalement, à de bonnes conditions d'appel au marché pour financer sa croissance. Plus un marché est profond et plus les transactions sur titres se font avec une fluidité qui aide à l'optimisation des conditions de financement.

Les capitaux étrangers y participent largement comme le montre la baisse significative des opérations sur les bourses européennes quand Wall Street est fermée. Ce simple événement ne signifie pas que les capitaux sont partis. Le volume des échanges avec l'extérieur a seulement diminué. Les pays ont tout intérêt à favoriser la libre circulation des capitaux plutôt que de chercher à perturber le comportement d'un marché qui ne plait pas car le marché est le miroir de la conjoncture. Les réglementations contraignantes concernant les entrées et les sorties de capitaux sont contreproductives.

La plupart des pays occidentaux ont subi de douloureuses expériences en cherchant à gérer la valeur de leur monnaie bien que les changes flottants aient souligné l'importance des variables économiques. Le message a été mal compris.

Les pays émergents et, plus généralement, les pays économiquement fragiles ne sont toujours pas convaincus de l'avantage de la libre circulation des capitaux. Inquiets des conséquences d'une sortie de ces derniers, ils croient se protéger en érigeant des barrières, comme ils avaient cru au bien fondé d'un *« peg »* qui engage le pays à défendre la parité fixe de sa monnaie par rapport à une devise de référence, la plupart du temps le dollar. Un tel lien ne peut pas tenir si la conjoncture ne le permet pas. Il saute après l'épuisement des réserves de change comme ce fut le cas, en Asie, en 1997. Ces barrages artificiels sont contreproductifs. L'exception de Hong Kong ne suffit pas à démontrer le contraire. De telles barrières ne protègent pas, elles provoquent juste des désillusions.

Les déplacements de capitaux interpellent quand une crise économique dont on ne voit que l'apparence financière se déclenche. Le décalage dans le temps qui intervient très souvent entre l'évolution des marchés et celle de la conjoncture économique conduit, comme ce fut encore le cas en 2008-2009, à la conclusion habituelle que les premiers entraînent la seconde. Les variations des bourses sont alors clairement associées à celles des devises pour désigner la pression des capitaux comme la responsable des désordres voire d'une récession. C'est une grave erreur car ces mouvements sont imposés par la conjoncture et non l'inverse. Il n'y a pas de « désordres » financiers.

Il n'y a pas de comportements systématiques des marchés car ils dépendent des caractéristiques changeantes de la conjoncture. La baisse de la livre s'est accompagnée de la hausse de la bourse de Londres après le référendum de 23 juin 2016. C'était en conséquence de l'accélération de la reprise britannique amorcée en mai. La vérité des marchés s'est imposée face à un état d'esprit très négatif des investisseurs convaincus par une pensée unique très sombre !

La manière dont les pays émergents ont résisté au mauvais vent de la crise de 2008 a montré qu'ils avaient su renforcer leur économie depuis 1997. La politique d'austérité de la zone euro a, au contraire, fragilisé ses maillons faibles qui se sont retrouvés, à leur stupéfaction, dans la situation désormais ancienne des pays émergents. La grave crise qu'elle a traversée, en 2011, a rappelé qu'elle dépendait toujours de la conjoncture américaine. Celle-ci a été d'autant plus mal affrontée dans les pays les plus fragiles de la zone que l'euro n'a pas pu jouer le rôle de soupape d'ajustement qu'une monnaie, en faiblissant, peut remplir habituellement. L'euro n'a évidemment pas servi de protection contrairement à ce que ses promoteurs osent encore dire. Il est monté contre le dollar alors que les partenaires les plus faibles de la zone avaient besoin du contraire. L'ajustement s'est fait dans la déprime. C'est là le tendon d'Achille de la zone entretenu par une croissance trop faible. La zone s'est enlisée à cause de la multiplication d'erreurs dans sa construction.

Face à une globalisation irrésistible, les retardataires ont tout intérêt à renforcer leur économie. Les pays émergents s'y sont engagés après 1997. La zone n'a toujours pas compris qu'il convenait de ravaler à un rang subalterne des contraintes financières dont les marchés ont montré qu'elles n'avaient pas le caractère décisif qu'elle leur attribue. Dans un contexte dénué de tensions inflationnistes, il lui revient de promouvoir la croissance pour contenir les effets dépressifs d'ajustements indispensables. Le pari vaut la peine d'être tenté même si l'histoire montre malheureusement que les changements nécessaires mais douloureux interviennent trop souvent sous la pression des évènements.

L'Espagne en a fait la démonstration. Après une véritable purge, elle bénéficie d'une croissance plus forte que celle de ses partenaires sans avoir de problèmes pour se financer dans des conditions inespérées. La France est sur une pente dangereuse mais la force de son économie l'épargne encore. Le maintien de son chômage à un très haut niveau et la dégradation de sa balance commerciale sont les signes les plus choquants du malaise qui la touche.

Si un pays dispose de moyens pour gérer sa conjoncture, il ne peut pas maîtriser la tenue de sa monnaie et, plus généralement, le comportement de ses marchés. Ceux qui ont utilisé et abusé de l'arme des taux pour défendre leur monnaie ont perdu en efficacité et en points de croissance. Au bout des interventions des banques centrales, une dévaluation s'impose la plupart du temps. La zone euro s'est privée de cette faculté en refusant le principe des changes flottants entre les pays qui la composent. Il est urgent qu'elle s'implique dans l'animation de sa conjoncture en débloquant sa situation. Il lui revient soit de garder une monnaie unique à la condition qu'elle n'impose pas de contraintes financières aberrantes soit de permettre à ses participants de revenir à leur monnaie nationale sous peine d'aller au-devant de nouvelles déceptions. La deuxième solution est la plus percutante mais il n'est pas dit qu'elle soit la plus simple à mettre en œuvre.

Un gouvernement qui croit protéger son économie en adoptant un contrôle des changes tombe dans l'illusion. Il a toutes les chances d'obtenir des résultats inverses de ceux recherchés car il se trompe de cible. S'il veut être efficace, il lui revient de prendre des mesures favorables à son économie et rien d'autre. Toute intervention fait partie de la panoplie des règles malthusiennes qui créent des tensions sur la conjoncture et donc sur les cours des bourses. C'est ce qui est arrivé à la Banque de France, en 1983, avec le franc financier quand elle a voulu « punir la spéculation » d'avoir cherché à précipiter une dévaluation du franc dans le week-end du 14 mars. Les opérateurs qui l'ont jouée ont dû payer jusqu'à 1000 % le taux au jour le jour, au lendemain d'un week-end où elle ne s'est pas produite. Néanmoins, les monnaies finissent par être entraînées par la force des données économiques. Le franc a été dévalué au cours du week-end suivant.

Les tentatives d'obstruction ne font pas le poids par rapport au fonctionnement naturel des marchés. Elles sont d'autant plus maladroites que les capitaux ne peuvent pas s'en retirer globalement. Les échanges qui s'y opèrent supposent seulement une capacité de substitution des détenteurs de capitaux et de titres par d'autres. Sur un marché libre et fluide, les transactions se déroulent sans qu'aucun frein ne les contrarie. La bourse, les taux et la monnaie du pays en difficulté s'ajustent à la situation de ce dernier. Il en va différemment quand un contrôle des sorties de capitaux est instauré. Il crée des artifices qui freinent les échanges et provoquent des tensions bien inutiles.

Un contrôle des changes ne protège pas, il expose à une amplification de la dégradation de la situation économique du pays qui le décide car en se trompant de cible, il provoque l'effet contraire à celui recherché. Il ne se confond pas avec des mesures visant à réagir à une concurrence déloyale. Une libre circulation généralisée des capitaux permettrait l'optimisation du financement de la croissance dans un monde où chaque gouvernement serait tenu de renforcer la qualité de la gestion de son économie.

# UNE MONDIALISATION PRÉCIPITÉE

C'est en atteignant ce qui peut être qualifié de taille critique que les marchés ont pu résister à un ordre que l'homme a toujours cherché à leur imposer pour enfin disposer librement de leur fonctionnement naturel. Ils ne doivent pas être craints mais respectés pour leur objectivité et leur réalisme. Toutes les constructions destinées à expliquer leur comportement par des raisons autres qu'économiques travestissent la réalité. Le lien entre les marchés et l'économie est naturel et donc irrévocable. Son efficacité tend vers une asymptote qui suppose une profondeur illimitée des marchés.

Contrairement à une idée bien partagée, les marchés ne se trompent pas. Les gouvernements et les banquiers centraux devraient les prendre en considération pour les renseignements conjoncturels qu'ils transmettent en temps de plus en plus réel au lieu de les craindre. Les marchés ne sont utilisés que pour financer une économie alors que ce sont des indicateurs économiques encore plus efficaces que les enquêtes qui peuvent être menées par des organismes spécialisés.

La conviction que le Brexit allait vite entraîner une récession était partagée par le plus grand nombre au point de ressembler à une pensée unique. La bourse de Londres a continué de monter au second semestre de 2016. C'est elle qui avait raison : la croissance britannique était restée plus vigoureuse que de l'autre côté de la Manche. Les gouvernements et les banques centrales ont tout intérêt à porter leur attention sur l'économie en ne s'inquiétant du comportement des marchés que pour mieux ajuster leur gestion.

La pression exercée par des pays émergents devenus des concurrents à bas coûts de production a obligé les entreprises des pays riches à contenir leurs charges salariales. Cette contrainte a pesé sur le pouvoir d'achat et donc sur la propension à consommer des ménages de ces pays qui avaient l'habitude d'animer la conjoncture internationale. La croissance mondiale s'en est trouvée affaiblie mais l'inflation a disparu. Elle ne reviendra pas tant que la nature des politiques économiques ne changera pas. La pression de la concurrence mondiale garantit non seulement le contrôle des coûts mais elle a imposé la généralisation des discounts.

La crise de 2008 a libéré un espace de croissance qui aurait dû inciter à l'offensive. Et cette offensive commençait par abandonner la priorité donnée au contrôle des déficits publics pour ne s'intéresser qu'à la qualité des dépenses et à des restructurations que la globalisation rend indispensables. C'est ce qu'encourage à faire le niveau exceptionnellement bas des taux d'intérêt malgré l'appel massif des Etats au marché. La réduction de ces déficits suivrait alors.

Certains pays sont tentés de remettre en cause le théorème de l'avantage comparatif cher à Ricardo[23] même si, il en a convenu lui-même, il n'est applicable que dans un contexte de concurrence parfaite. Ce serait une erreur d'oublier ce théorème mais la globalisation est allée trop vite. Comme toute avancée trop rapide, elle est appelée à subir des ajustements qui ont, malheureusement, beaucoup de chances de se faire par l'adoption de mesures protectionnistes susceptibles de dégrader les relations entre les partenaires commerciaux. S'ajuster à la globalisation qui a entraîné un formidable développement du monde et permis aux pays émergents de se développer en produisant à des coûts très bas n'est pas sans conséquence sur les pays industrialisés aux systèmes sociaux coûteux.

La période actuelle très favorable aux entreprises a alimenté un agrandissement des écarts entre les rémunérations qu'il n'est pas souhaitable de laisser s'amplifier. Un changement de nature de la politique économique ne serait pas judicieux. Il risquerait d'entraîner le retour de l'inflation, synonyme de dégradation de la situation économique du pays qui le déciderait. Si les entreprises découvraient qu'une hausse des salaires permettant la paix sociale pourrait être compensée par une baisse de la monnaie du pays où elles sont établies, le désordre risquerait de remplacer la rigueur qui a prévalu au cours des deux dernières décennies. Ce genre de scénario reste improbable. La peur de la concurrence est le début de la sagesse.

---

[23] Cf. p. 221, note David Ricardo.

Comme il n'est pas souhaitable de toucher à la politique économique, il reste alors les relations au sein des entreprises. Les marchés ne devraient pas être un facteur de clivage entre les actionnaires et ceux qui travaillent dans les sociétés. Les deux parties ont le même but à savoir assurer la bonne marche des entreprises. Les cours des actions ne montent que quand leurs conditions d'exploitation sont préservées voire s'améliorent. Tous les acteurs ont intérêt à ce qu'il en aille ainsi car cette dynamique est la meilleure garantie de l'emploi. L'inégalité des revenus ne pourra pas être réduite sans un profond changement dans les mentalités qui se répercutera dans les relations de travail. Le temps de Zola est révolu. Les exemples de salariés qui reprennent leurs entreprises souvent dans des conditions précaires avec succès, en manifestant une grande responsabilité, militent pour qu'ils soient davantage impliqués dans la marche de grandes sociétés et dans la distribution de leurs résultats. La relation entre le capital et le travail changerait. Toutes les parties auraient intérêt à aller dans le même sens. La relation patrons/ employés changerait de nature pour tendre vers une véritable coopération.

Le principe de la cogestion qui existe en Allemagne paraît une solution mais elle n'est pas la seule. Jusqu'à présent, ce sont les dirigeants qui ont surtout bénéficié des retombées favorables du « supply side » sur les entreprises. Il convient maintenant de trouver une répartition moins dispersée des revenus qui ne peut se concrétiser que par une meilleure répartition des revenus du capital, voire du capital lui-même.

Les salariés ne doivent plus être considérés comme une simple « force de travail » régulièrement dans une position conflictuelle avec les patrons mais comme des acteurs qui s'impliquent dans la marche de leur entreprise. La lutte des classes chère à Marx appartient au passé, certainement pas à un futur, sous la pression d'une globalisation que personne ne maîtrise. Si les salariés contribuent au processus de décision déterminant la marche d'une entreprise, cette responsabilité doit se retrouver dans la participation à son capital. Tous les actionnaires auraient à y gagner. Les salariés récupèreraient, en tendance, dans les plus-values sur leurs actions le manque à gagner sur les salaires dans un environnement très concurrentiel.

Si les gouvernements veulent bien accepter la vérité du comportement des marchés, ils renforceront leurs moyens de pilotage de la politique économique dont ils ont la charge. Les marchés transmettent des messages qui ne sont pas toujours entendus. Une fois leur comportement bien perçu, ils pourraient être appréciés de tous. Bien utilisés, ils serviraient de facteur d'apaisement dans les relations entre gens responsables.

# DES FAITS PLUS TÊTUS QUE LES FANTASMES

Les temps changent mais pas les mentalités. Les marchés financiers traînent une image sulfureuse parfaitement injustifiée. Cette image pouvait s'expliquer quand y opérait un petit monde argenté. Ce contexte a été bousculé dans les dernières décennies par la mise en œuvre de politiques économiques favorables aux entreprises. En faisant bondir les cours de leurs actions, elles ont provoqué une augmentation spectaculaire du nombre d'intervenants et de transactions. La confusion demeure entre les marchés et les opérateurs qui les animent mais les marchés ont acquis une telle profondeur que les motivations des individus ne peuvent plus se confondre avec le comportement de leur ensemble qui est appelé à traduire les effets du déroulement de la conjoncture dans le comportement des marchés. L'ensemble des opérateurs entérine. Il ne maîtrise rien. Il suit la conjoncture comme son ombre.

Le meilleur exemple du fonctionnement objectif d'un marché reste le marché des changes dont le fonctionnement se rapproche le plus des conditions d'un marché de concurrence parfaite. Les marchés de taux et les bourses ne réagissent pas différemment. Toutefois, les montants échangés étant plus faibles, des « frottements » peuvent s'avérer plus importants. Néanmoins, seul compte le devenir de la conjoncture économique dont ils sont les fidèles reflets. Et cela pour une simple raison. Si les marchés sont financiers par la matière qui les constitue, ils ne réagissent qu'au comportement de variables économiques. La confusion continue d'entretenir une acrimonie infondée à leur égard. La France incite les ménages à épargner tout en critiquant les rentiers. La contradiction ne s'arrête pas là. Le pays se laisse leurrer par la comptabilité nationale qui affiche une identité entre l'épargne et l'investissement qui ne vaut qu'a posteriori. Elle confond cette identité avec une égalité qui suggère qu'une épargne existante financerait les investissements. Ce n'est pas l'incitation à épargner qui importe mais la qualité de la politique économique qui est menée. C'est elle qui permet aux investissements de trouver naturellement les capitaux nécessaires à leur financement. Les bons débiteurs n'ont jamais de difficultés pour trouver les moyens de financement dont ils ont besoin.

Les flux de capitaux n'ont pas d'influence sur le comportement des marchés. Des règlements visant à les freiner, en contrariant le processus naturel d'ajustement de l'offre et de la demande, tend à amplifier le mouvement qu'ils étaient censés prévenir. Mario Draghi, président de la BCE surpris de voir l'euro monter a cru bon d'accuser les Américains, en février 2018 de « bafouer » un accord international contre la manipulation des taux de change. Il aurait mieux fait de saisir l'occasion pour s'interroger sur la portée d'un différentiel de taux d'intérêt car c'est la monnaie au taux d'intérêt le plus faible qui est monté. Mais quand le doute n'existe pas, la remise en cause d'idées toutes faites n'est pas possible.

L'influence des décisions des banquiers centraux sur la conjoncture n'est pas essentielle. Leurs décisions ont été marginalisées à mesure que la politique de l'offre a fait sentir ses effets. Les montagnes de liquidités qu'ils ont injectées n'ont guère dopé la croissance. En revanche, ils conservent un rôle fondamental, celui de s'assurer que les banques ne prennent pas trop de risques dans une phase de croissance au point de provoquer une crise financière dans une période de déprime de la conjoncture. Mais là encore, leur pouvoir a des limites.

Si le gonflement de l'endettement peut être critiqué, l'excuse de ne pas léguer un fardeau aux générations futures n'est qu'une simple ineptie. Le passif des dettes ne peut être jugé que par rapport à la qualité de l'actif qui est en face. Tout endettement visant à optimiser cette qualité ne peut avoir que des retombées économiques positives. Ce n'est donc pas le niveau des dettes qui importe mais leur utilisation.

L'accroissement considérable des échanges sur les marchés au cours des quarante dernières années a engendré une véritable fusion de leur comportement avec celui de variables économiques dans un seul sens, celui de l'économie vers les marchés. Leur comportement n'est qu'une conséquence et non une quelconque cause de perturbation de la conjoncture. Les marchés ne jugent pas, ils reflètent des situations en devenir. Ce n'est pas leur comportement qui est critiquable mais la politique économique qui l'induit. Les crises financières ne déclenchent pas de récessions, ce sont les forts ralentissements et, bien sûr, les récessions qui déclenchent les violents remous sur les marchés.

La science économique restera une science expérimentale à laquelle manque l'expérience aussi longtemps qu'elle ne se soumettra pas à des expériences utiles à l'évaluation des théories qu'elle promeut. Les marchés lui offrent une formidable opportunité pour avancer dans ce sens. Leurs réactions, au-delà d'effets d'annonce ponctuels, sont autant d'indicateurs objectifs de la portée des politiques économiques choisies. Le court terme futur est critiqué mais il a le mérite d'être vivant alors que le passé pétrifié peu conduire les exégètes à des conclusions trompeuses. Les marchés qui reflètent, en temps réel, le devenir de la conjoncture ont un rôle précieux d'indicateur objectif qui n'est pas suffisamment utilisé. Le long terme futur ne peut pas être ignoré mais le court terme est son complément indispensable.

Ce ne sont pas les individus qui assurent cette « efficacité » comme le suggère « l'hypothèse de marchés efficients » (*efficient market hypothesis)* développée par Eugène Fama[24] en 1970 mais leur ensemble qui, par une intrication quantique, assure la fusion des marchés avec le comportement de l'économie.

Ce livre est issu des expériences tirées d'une vie d'études et d'implication dans le réel. Je l'ai commencée dans l'analyse financière et dans la prévision économique avec l'obsession de passer au concret, c'est-à-dire de prendre des positions dans les marchés. C'est ainsi qu'il m'a été donné de constater non seulement la relation imparable qui existe entre les marchés et l'économie mais le sens dans lequel s'exerce un lien qui, étant naturel, ne peut être contrarié par qui que ce soit. Ce constat explique l'importance prise par l'analyse chartiste qui se base sur le comportement des marchés pour évaluer leur devenir. L'inertie sous-jacente de la conjoncture y joue un rôle clé.

La science économique ne pourra diminuer ses risques d'erreurs qu'en utilisant les marchés comme témoins et cette condition oblige à les affronter dans leur devenir. Le procédé aiderait à éviter de graves

---

[24] Eugène Fama, économiste américain, auteur de la théorie d'efficience des marchés financiers, prix Nobel d'économie en 2013.

erreurs dans les décisions de politique économique qui nuisent à la croissance et au bien-être des populations qui les subissent. La zone euro en est un exemple navrant. La priorité donnée au contrôle des déficits publics et la création d'une monnaie unique ont correspondus aux pires erreurs depuis les années 1930. Les taux longs sur des plus bas records dans des pays où les déficits publics sont élevés a montré que la masse des emprunts n'avait pas l'impact sur les marchés que les théories lui prêtaient. Les données économiques sont visiblement plus déterminantes.

Tous les partenaires sont fautifs dans la mesure où ils s'obstinent à accepter des règles qui pénalisent visiblement leur croissance. L'image de la zone en souffre à un point tel que son avenir reste très mal assuré quoi qu'en dise une pensée unique devenue de plus en plus impérieuse.

Si la zone euro dont le devenir ne se confond pas avec celui de sa monnaie n'est pas un beau fiasco, elle en a tout l'air. Sa croissance a été beaucoup plus faible que celle de grands pays comme le Royaume-Uni et les Etats-Unis. L'attraction de la zone ne cesse de diminuer malgré des grandes déclarations tentant de cacher la réalité. Le Royaume-Uni cherche à quitter l'Union Européenne. Ce choix a été condamné par les grands pays qui la compose sous le prétexte que le Brexit a été voté à une faible majorité de 51 % des voix mais quand le traité de Maastricht a été accepté avec le même type d'écart de résultat dans un pays comme la France, personne n'y a trouvé à redire.

La pensée unique n'accepte pas la critique. Elle suppose donc qu'elle est dans le vrai et dans le « juste » selon un adjectif particulièrement galvaudé. Les responsables politiques entretiennent une pression qui peut les conduire à s'enfoncer dans l'erreur c'est ainsi qu'ils détournent l'attention de la vraie question, celle de savoir pourquoi la zone euro n'arrive plus à avancer. Ils ne veulent pas voir que son image a été abîmée par les moyens utilisés pour la mettre en œuvre. Seul, un peu de réalisme permettrait de corriger des erreurs grossières qui en ont fait le poids mort de la conjoncture mondiale.

Un minimum de bonne volonté de la part des partenaires permettrait de remettre tout à plat. À défaut, la survie de la zone n'est toujours pas assurée un quart de siècle après son lancement.

Les faits l'ont montré : pour être unique, une monnaie n'interdit pas des écarts importants entre les taux longs des pays qui l'ont adoptée. Ces écarts dépendent de la manière dont les différentes économies sont gérées. Trop de contraintes financières tuent le projet d'Europe. Ceux qui condamnent le « populisme économique » devraient commencer par s'interroger sur les raisons économiques d'un tel mouvement qui préconise la croissance plus que la chasse aux déficits. Les tenants de la pensée unique verraient alors qu'il avance sur la base de raisons économiques sensées. Il serait alors facile de constater que ce sont des choix malheureux qui ont émoussé l'espoir mis dans une zone mal « vendue » avec des rigidités qui ont pénalisées sa croissance. Si rien ne change, ce n'est pas le « populisme économique » qui sera responsable du naufrage qui s'annonce mais la pensée unique.

Un emprunt fait au nom de la zone dans un esprit fédéral et donc solidaire est refusé par une Allemagne inquiète d'avoir à payer pour des partenaires prodigues. Un emprunt est une hypothèque sur une croissance future dont tous les partenaires bénéficieraient. Le pari vaut la peine d'être tenté car, « net-net », l'Allemagne n'aurait guère de risque d'en supporter le coût. Elle serait même probablement la grande gagnante de l'opération. Voilà un test non partisan sur les chances du devenir de la zone.

Le temps des fantasmes est révolu. Les faits les ont bousculés. La finance n'a pas le rôle de nuisance que l'image populaire lui donne. L'explosion du volume des transactions qui s'y opèrent inquiète alors qu'il devrait rassurer car il rend de plus en plus improbables les « coups tordus » qui ont abîmé l'image des marchés. Le paradoxe est flagrant. Les critiques se multiplient, en particulier, sur leur capacité à troubler la conjoncture. Ils sont souvent condamnés alors qu'ils n'ont jamais aussi bien reflété le devenir des économies gérées par ceux qui les jugent.

Si le cycle économique commencé en 2009 a été « mou », les conditions très favorables dont ont bénéficié les entreprises les ont encouragées à arbitrer leurs fonds propres contre de l'endettement. Les sociétés ont racheté leurs actions sous le prétexte que leur résultat par action s'en trouverait renforcé. L'effet de levier de l'endettement et donc l'incitation à y recourir a été d'autant plus fort que les taux sont bas et la rentabilité du capital investi élevée. Une bonne gestion, diront certains. Une politique à courte vue dira le sage. La gestion par l'emprunt fragilise les entreprises qui s'y adonnent et, avec elles, les finances d'un Etat qui en dépendent. Ce cycle pourrait se terminer dans des conditions très négatives.

L'histoire économique est un éternel recommencement. Seules les modalités de son déroulement changent.

# SCIENCES ÉCONOMIQUES
# AUX ÉDITIONS L'HARMATTAN

*Dernières parutions*

## INTÉGRATION OU... DÉSINTÉGRATION ?

**Comment refonder la dynamique de l'intégration régionale en Afrique ?**

*Groupe Initiative Afrique*

Pour traiter les grands problèmes qui se posent aux pays africains, l'échelon national est de moins en moins pertinent. Le niveau régional apparait même comme le seul réaliste pour parvenir à une véritable émergence. Pour transformer la région en véritable « force » économique l'architecture générale de l'intégration doit être simplifiée et les structures régionales renforcées. Pour jouer leur rôle de pôle d'organisation, 5 mesures sont essentielles, au plan interne comme au plan international. Face à ces défis, des opportunités considérables se présentent à l'Afrique. Les saisir impliquerait cependant un changement d'attitude dans la manière de négocier l'insertion de l'Afrique dans la mondialisation.

*(Coll. Harmattan Côte-d'Ivoire, 76 p., 8 euros)*

*ISBN : 978-2-343-16175-4, EAN EBOOK : 9782140104602*

## AFRIQUE-OCCIDENT : LE NEW DEAL INDUSTRIEL

**Stratégie et politique économique**

*Amos René Martin Tonye*

Ce livre jette les bases d'un front commun à bâtir entre l'Afrique et l'Occident pour pouvoir stopper l'immigration clandestine qui décime la jeunesse africaine en Méditerranée et qui risque de détruire les Occidentaux. Il propose une alternative et formule des modèles économiques qui sont en adéquation avec les ressources budgétaires et naturelles des États africains pour parvenir à améliorer les facteurs de production afin de préparer une véritable industrialisation de l'Afrique et créer des emplois sur le sol africain sans provoquer ni le chômage ni l'inflation dans les économies occidentales.

*(Coll. Points de vue, 342 p., 29 euros)*

*ISBN : 978-2-343-16004-7, EAN EBOOK : 9782140102646*

## LE TRAVAIL NON RÉMUNÉRÉ

**Enjeux pour le développement**

*Barbara Ky*

*Préface de Jacques Charmes*

Le constat de l'importance du travail des femmes traduit un hiatus relatif à la manière dont l'analyse économique appréhende la contribution productive des femmes et l'intègre à la lutte contre la pauvreté. Le travail des femmes, souvent non rémunéré, est largement sous-estimé dans les pays en développement.Cet ouvrage établit le lien entre l'évolution dans la pensée économique du discours sur la pauvreté, l'intégration progressive des rôles sexués à l'analyse économique et la comptabilisation du travail non rémunéré en prenant comme cas pratique le Burkina Faso. Il propose une alternative en faveur d'un développement humain reposant sur des fondamentaux économiques soucieux d'équité.

*(Coll. Éthique Économique, 270 p., 28 euros)*

*ISBN : 978-2-343-14685-0, EAN EBOOK : 9782140102684*

## LE TRANSFERT ÉLECTRONIQUE DE FONDS

**Le transfert rapide d'argent et la monnaie électronique**

*Cheikh Abdou Wakhab Ndiaye*

*Préface de Abdoulaye Sakho*

Ce livre est une mise à disposition des nouveautés juridiques que la BCEAO a prises dans le domaine de la finance numérique. Il est aussi une contribution à la réflexion sur le droit et la prise en charge des nouveaux rapports économiques issus de la révolution numérique. Quel droit pour favoriser l'innovation et accélérer la croissance dans le pays ? Quelles conditions juridiques pour développer de l'économie numérique au Sénégal ?

*(Coll. Harmattan Sénégal, 154 p., 17,5 euros)*

*ISBN : 978-2-343-15690-3, EAN EBOOK : 9782140101526*

### L'ÉVOLUTION DES TRANSPORTS MARITIMES EN AFRIQUE DE L'OUEST ET DU CENTRE (1968-2018)

*Serigne Thiam Diop*

*Préface de Lamine Fadika - Postface de Mamadou Ndione*

Ce livre retrace l'histoire des transports maritimes en Afrique de l'Ouest et du Centre de 1968 à 2018. De manière exhaustive, l'auteur revient sur les combats victorieux, les échecs et les compromis menés par les acteurs gouvernementaux et associatifs en Afrique. Il étudie également le fonctionnement des organismes africains du secteur des transports maritimes, les difficultés qu'ils rencontrent, les défis qu'ils ont permis de relever et les perspectives qui s'ouvrent aux pays africains, dans un secteur en pleine mutation

*(Coll. Harmattan Sénégal, 394 p., 38 euros)*

*ISBN : 978-2-343-15611-8, EAN EBOOK : 9782140101410*

### DID YOU SAY FREE TRADE ?

**The economic'Partnership' Agreement European Union - west Africa**

*Jacques Berthelot*

*Prefaces of Mamadou Cissokho and Ken Ukaoha - Translated by Jean Lucien Dibombe Tshamulamba*

The headlong rush of the European Union (EU) in Free Trade Agreements reaches the paroxysm of absurdity when it imposes them on West Africa, whose per capita GDP is 21 times lower than its own. This Economic Partnership Agreement (EPA) would make West Africa lose 76% of its customs revenue on its imports from the EU and lead to a sharp rise in unemployment due to the loss of competitiveness of its companies including the informal sectors.The latter will be worsened by the premature signing, with support from the EU, of the Continental Free Trade Area by 13 of 16 West African States, all this based on a number of untruths from the European Commission, as identified in this book.

*(144 p., 15,5 euros)*

*ISBN : 978-2-343-15840-2, EAN EBOOK : 9782140100451*

### L'ÉCONOMIQUE, UNE PSEUDO-SCIENCE HOSTILE À L'ÉCONOMIE DURABLE

**Pour un XXIe siècle durable soutenu par une citoyenneté rebelle**

*Jean Cornelis*

*Préfaces de Jean-Marc Nollet, Olivier De Schutter et Pierre Santacatterina*

Le développement durable est d'une impérieuse nécessité au XXIe siècle. Parce qu'une économie qui dégrade les écosystèmes de la Terre n'est pas une politique responsable. Et qu'une économie qui produit une inégalité abyssale entre classes n'est pas une politique éthique. L'économique du XXIe siècle est une pseudo-science, incompétente à guider l'économie durable, mais elle est socialement dominante. Le citoyen rebelle doit refuser d'être privé de démocratie par des économistes arrogants. Ce livre décrit les conditions pour réussir la révolution scientifique et la révolution politique de l'économie durable.

*(Coll. Les Impliqués, 264 p., 27 euros)*

*ISBN : 978-2-343-15142-7, EAN EBOOK : 9782140100864*

### MARX : LIMITES D'UNE OEUVRE INACHEVÉE

**Conséquences historiques**

*Pierre Roubaud*

La science est inachevée comme l'Histoire. Tout au long de notes de lectures éparses sur des textes de

Marx et divers auteurs de sa postérité, Pierre Roubaud pense avoir démontré que Marx s'est contredit et trompé sur des questions théoriques importantes.

*(Coll. Questions contemporaines, 254 p., 26,5 euros)*

*ISBN : 978-2-343-15266-0, EAN EBOOK : 9782140099076*

## QUAND LES STATISTIQUES MINENT LA FINANCE ET LA SOCIÉTÉ

**Risque, responsabilité et décision**

*Sylvestre Frézal*

Face à l'incertitude, les outils statistiques aident à décider et à se justifier. Mais ils biaisent notre perception, dégradent la qualité de la prise de décision et déresponsabilisent. Cet ouvrage montre que les outils de quantification des risques sont issus de la transposition illégitime et mal maîtrisée des concepts statistiques depuis un champ où ils avaient du sens vers un domaine où ils n'en ont pas. Il détaille plusieurs cas d'école, montrant comment l'économie et la finance se fourvoient et expliquant pourquoi la société est incapable d'appréhender le risque. Surtout, ce livre permet d'identifier les limites de ces outils et propose une alternative.

*(Coll. L'esprit économique, 162 p., 17,5 euros)*

*ISBN : 978-2-343-15216-5, EAN EBOOK : 9782140098581*

## LA DÉPRÉCIATION DU FRANC CONGOLAIS (2001-2018)

**Effet d'hystérèse**

*Blaise Sary Ngoy*

Ce livre aborde la dépréciation à répétition du franc congolais, caractérisée par l'effet d'hystérèse. Il affirme qu'aucune politique monétaire ou budgétaire ne peut porter des fruits dans le contexte actuel, car la monnaie représente la santé de l'économie. Elle est malade. Tant que celle-ci souffre, la valeur de la monnaie reflète ces maux. L'auteur suggère de soigner le virus qui ronge cette économie. La stabilité de la monnaie ira de soi, dès lors que les réformes structurelles permettent l'équilibre de ses fondamentaux.

*(Coll. Études africaines, 240 p., 24,5 euros)*

*ISBN : 978-2-343-14982-0, EAN EBOOK : 9782140098482*

## BOMB "N": RESSOURCES, MYSTERIES AND OPPORTUNITIES OF THE CONGO BASIN

**Advocacy of Denis Sassou N'Guesso for the protection of the planet**

**The green vision reviewed and deepened**

*Michel Innocent Peya*

this book is devoted to the Congo basin, the second largest reserve in the world: its natural ressources, its mysteries, legal and institutional framworks, national, subregional and international levels that protect it. The basin of Congo is an African opportunity for the whole world. its preservation and its protection over time are an action of conscience, will, commitment, determination ans sacrifies for the benefit of humanity.

*(268 p., 28 euros)*

*ISBN : 978-2-343-15595-1, EAN EBOOK : 9782140098154*

## MOSAICA JAPONICA

**Lecture Culturelle du Japon socio-économique**

*Philippe Huysveld*

*Préface d'André Jaumotte*

La mondialisation croissante de ces dernières années conduit le manager, tout comme le citoyen du monde, à faire l'effort de comprendre et d'accepter la pensée de l'autre. L'objectif de cet ouvrage à caractère socio-économico-culturel s'inscrit dans cette démarche et consiste à amorcer une réflexion en profondeur sur les liens et les analogies entre l'économique et le culturel au Japon.

*(210 p., 22,5 euros)*

*ISBN : 978-2-343-15309-4, EAN EBOOK : 9782140097539*

## INITIATION À LA RECHERCHE EN SCIENCES ÉCONOMIQUES

**Guide de travail des masters et doctorats**

*Mathias Marie Adrien Ndinga*

*Préface Moustapha Kasse*

Cet ouvrage, qui n'a pas la prétention de proposer une panacée, est un outil pour gouverner les premiers pas des étudiants chercheurs dans l'univers de la méthodologie de recherche. Les étudiants en sciences économiques trouveront en cet ouvrage un outil d'accompagnement dans la rédaction de leur mémoire de master ou leur thèse de doctorat.

*(128 p., 14,5 euros)*

*ISBN : 978-2-343-14290-6, EAN EBOOK : 9782140096860*

## LA CHAMBRE DE COMMERCE ET D'INDUSTRIE DE CÔTE D'IVOIRE

**Pouvoir économique et instrument politique (1908-2008)**

*Tanoh Raphaël Bekoin*

La Chambre de commerce et d'industrie de Côte d'Ivoire a accompagné l'histoire de ce pays sur près d'un siècle. Elle a régenté pratiquement la vie économique de la Côte d'Ivoire pendant et après la colonisation. Après l'indépendance de 1960, la Chambre de commerce fut reformée par l'Etat et joua un rôle important dans l'animation de la vie économique. Elle est demeurée pendant un siècle le baromètre de la vie économique ivoirienne.

*(Coll. Études africaines, 536 p., 49 euros)*

*ISBN : 978-2-343-14008-7, EAN EBOOK : 9782140096259*

## L'ÉMERGENCE DE L'EMPIRE RUSSE

**L'Europe byzantine jusqu'à Catherine II**

*Jean-Paul Guichard*

L'émergence de l'Empire russe est le premier opus d'un ensemble de trois ouvrages présentant l'histoire et la géopolitique de l'Europe byzantine du cinquième siècle à aujourd'hui. Le divorce religieux entre Rome et Constantinople est un élément essentiel de la coupure de l'Europe, entre l'Occident et l'Orient dont le substrat religieux est orthodoxe. Avec la chute de Constantinople et alors que les Balkans passent sous domination ottomane, Moscou s'affirme comme la Troisième Rome, la Russie étant la principale héritière du monde byzantin. Débarrassée de la domination turco-mongole, elle devient, au dix-huitième siècle, un empire puissant ouvert sur l'Europe et le monde.

*(Coll. Questions contemporaines, 248 p., 26 euros)*

*ISBN : 978-2-343-15327-8, EAN EBOOK : 9782140096204*

## POLITIQUES MONÉTAIRE ET DE CHANGE

**Le franc CFA, un choix optimal pour l'Union monétaire ouest-africaine ?**

*Bassambié Franck Bationo*

*Préface d'Adama Diaw*

Ce livre expose les grands principes de gouvernance des banques centrales, la pertinence du choix des régimes de change, les stratégies de mise en oeuvre de la politique monétaire commune, les résultats obtenus ainsi que les perspectives envisageables pour l'Union monétaire ouest-africaine (UMOA). Il est le fruit d'une réflexion issue d'une longue expérience dans la pratique, l'analyse et la recherche économique, monétaire et financière.

*(Coll. Études africaines, 322 p., 33 euros)*

*ISBN : 978-2-343-15108-3, EAN EBOOK : 9782140096037*

## Structures éditoriales du groupe L'Harmattan

**L'Harmattan Italie**
Via degli Artisti, 15
10124 Torino
harmattan.italia@gmail.com

**L'Harmattan Hongrie**
Kossuth l. u. 14-16.
1053 Budapest
harmattan@harmattan.hu

---

**L'Harmattan Sénégal**
10 VDN en face Mermoz
BP 45034 Dakar-Fann
senharmattan@gmail.com

**L'Harmattan Cameroun**
TSINGA/FECAFOOT
BP 11486 Yaoundé
inkoukam@gmail.com

**L'Harmattan Burkina Faso**
Achille Somé – tengnule@hotmail.fr

**L'Harmattan Guinée**
Almamya, rue KA 028 OKB Agency
BP 3470 Conakry
harmattanguinee@yahoo.fr

**L'Harmattan RDC**
185, avenue Nyangwe
Commune de Lingwala – Kinshasa
matangilamusadila@yahoo.fr

**L'Harmattan Congo**
67, boulevard Denis-Sassou-N'Guesso
BP 2874 Brazzaville
harmattan.congo@yahoo.fr

**L'Harmattan Mali**
Sirakoro-Meguetana V31
Bamako
syllaka@yahoo.fr

**L'Harmattan Togo**
Djidjole – Lomé
Maison Amela
face EPP BATOME
ddamela@aol.com

**L'Harmattan Côte d'Ivoire**
Résidence Karl – Cité des Arts
Abidjan-Cocody
03 BP 1588 Abidjan
espace_harmattan.ci@hotmail.fr

**L'Harmattan Algérie**
22, rue Moulay-Mohamed
31000 Oran
info2@harmattan-algerie.com

**L'Harmattan Maroc**
5, rue Ferrane-Kouicha, Talaâ-Elkbira
Chrableyine, Fès-Médine
30000 Fès
harmattan.maroc@gmail.com

---

## Nos librairies en France

**Librairie internationale**
16, rue des Écoles – 75005 Paris
librairie.internationale@harmattan.fr
01 40 46 79 11
www.librairieharmattan.com

**Librairie l'Espace Harmattan**
21 bis, rue des Écoles – 75005 Paris
librairie.espace@harmattan.fr
01 43 29 49 42

**Lib. sciences humaines & histoire**
21, rue des Écoles – 75005 Paris
librairie.sh@harmattan.fr
01 46 34 13 71
www.librairieharmattansh.com

**Lib. Méditerranée & Moyen-Orient**
7, rue des Carmes – 75005 Paris
librairie.mediterranee@harmattan.fr
01 43 29 71 15

**Librairie Le Lucernaire**
53, rue Notre-Dame-des-Champs – 75006 Paris
librairie@lucernaire.fr
01 42 22 67 13

www.ingramcontent.com/pod-product-compliance
Lightning Source LLC
LaVergne TN
LVHW011454061026
849535LV00004BA/1081
* 9 7 8 2 3 4 3 1 6 1 0 6 8 *